纪念中国人民抗日战争暨
世界反法西斯战争胜利70周年重点出版物

"十二五"国家重点出版物出版规划项目

华 侨 华 人 与 抗 日 战 争 系 列

走过日据

120位幸存者的泣血记忆

[马来西亚] 萧依钊　主编

暨南大学出版社
JINAN UNIVERSITY PRESS

中国·广州

图书在版编目（CIP）数据

走过日据：120位幸存者的泣血记忆/（马来）萧依钊主编. —广州：暨南大学出版社，2015.7（2015.9重印）
（华侨华人与抗日战争系列）
ISBN 978 - 7 - 5668 - 1480 - 7

Ⅰ. ①走…　Ⅱ. ①萧…　Ⅲ. ①华侨—抗日斗争—史料—马来西亚　Ⅳ. ①K338.406

中国版本图书馆CIP数据核字（2015）第135360号

出版发行：暨南大学出版社

出 版 人：徐义雄
责任编辑：黄圣英　吴筱颖　冯　琳
责任校对：何　力

地　　址：中国广州暨南大学
电　　话：总编室（8620）85221601
　　　　　　营销部（8620）85225284　85228291　85228292（邮购）
传　　真：（8620）85221583（办公室）　85223774（营销部）
邮　　编：510630
网　　址：http：//www. jnupress. com　http：//press. jnu. edu. cn

排　　版：广州联图广告有限公司
印　　刷：深圳市新联美术印刷有限公司

开　　本：787mm×1092mm　1/16
印　　张：15
字　　数：300千
版　　次：2015年7月第1版
印　　次：2015年9月第2次

定　　价：56.00元

（暨大版图书如有印装质量问题，请与出版社总编室联系调换）

序｜血和泪的见证

廖宏强

每个人都有一段过去的回忆。然而，如果回忆竟是不堪的画面，我想许多人会如余朗朗灭村惨案的幸存者黄妹女士一样——"若命运可以选择，我宁愿在首次被杀时就死去，也不愿活着忍受更多的坎坷。"

这本书记录了在太平洋战争期间，日本占领马来亚的三年零八个月里，一百多位侥幸活下来的人在那段时期的故事。

对许多幸存者来说，这是人生中最痛苦的一页。这些人口述的当时的状况，无疑是活生生的最好的历史见证。

口述历史难免会令人有"事实是否真的如此"的疑惑，因随着时间的过去，口述者年事已高，记忆必定衰退，而且叙述的是几十年前发生的事情，回忆的事件必定会有偏差，尽管是同一事件，比如关丹战后在光华学校前大草场所进行的奸细公审，就会有"一人指证是奸细而处死"与"三人指证才成事"的误差。另外，对于日军在太平轰炸的战机数目及罹难人数也有不同的叙述，甚至还有口述者个人研判罹难人数为何众多的猜测。

相对的，同一事件也可能因为口述者的记忆模糊而显得苍白，但借由不同口述者的集体叙述，交相比对后也就更能真实地还原当时的面貌，比如槟城李引海先生对日本军机轰炸"港仔边"的描述——"误以为停泊在路旁的人力车是高射炮，于是在那里投下了许多枚炸弹，还用机关枪扫射，杀死了很多无辜的人。"同样的事件，通过槟城温子开先生的口，就了解了日军误判的原因：因为"停靠在港仔墘的人力车，后车身较重，于是车子自然地向后倾，致使把手向上直伸，乍看似高射炮"。

集体回忆把单一口述者无意间表露的不愉快记忆所涉及的情绪、立场等个人因素的干扰降到最低，事实也确实如此。

除了惨绝人寰的大屠杀，通过叙述者的回忆，我们也发掘了许多鲜为人知的事件，比如：

（1）战前中国演艺团体在马来亚的募捐活动。

"在 1937—1938 年，武汉合唱团应华玲筹赈会的邀请，到华玲献唱，华玲居民反应热烈。我的老师随后还编导了一出抗战戏剧，让学生们参与演出，我是其中一员。"——张清源

（2）类似电影《辛德勒的名单》中的情节，人性因为战争而扭曲，却也在无意中绽放出光辉的一面。

"文律有一个战前就嫁给英国人的日本女人，在日据时期救了很多人，当地人称之为'Puan U'。"——冯笃生

"当地居民全被赶到巴刹去，杀气腾腾的日军已架好机关枪准备大开杀戒。幸好一个被迫嫁给日本军官的本地女子及时赶到，担保所有村民都是好人，才避免了一场屠杀。"——郑来

"有位嫁给马来人的日本妇女挺身而出，告诉日军被抓的人当中有她的亲属，而她以人格担保这些人都不是抗日分子，日军才同意放行。"——李国祯

（3）实践后备军的计划。

日军训练马来亚各民族的年轻人，"除了马来亚，菲律宾与新加坡也有类似的后备军军事训练计划"。——许进得

（4）种族之间的矛盾、纠纷与冲突。

"日军初来时，当地马来人除了把那些来不及逃走的英军交给日军以外，还谎报当地华人为抗日军。当时，被抓走的人当中有不少是我在启智学校的同学。许多青年因害怕被马来人诬陷，纷纷躲进山林里。"——黄利益

"1945 年日军投降后，距离安顺 4 英里的双溪马立（Sungai Manik）发生了种族冲突事件。虽然有抗日军持枪抵抗马来人的攻击，但仍造成三百多名华人伤亡，同时有一百多名马来人死伤。"——梁伟凤

《走过日据——120 位幸存者的泣血记忆》这本书让我深刻地了解到幸存者的每一句话、每一个字，都是那个时代最真实的声音。日据时期这块土地的个人回忆，尤其是经历大屠杀的幸存者们的回忆，都是血和泪的历史见证，无须言语，一抹瞬间掠过脸庞的不安表情也会让你感受到当时惊骇莫名的恐惧。

过去的错误可以原谅，但是不能忘记，因为历史是一面镜子。对每位幸存者来说，这是一段被刻意埋藏的记忆，而今忍着悲痛地一字一字叙述，听了让人鼻头一酸，眼眶微湿。当每个人的故事浓缩成了文字，就成了这本《走过日据——120 位幸存者的泣血记忆》。马来西亚的华裔不能不看此书，尤其要看余朗朗灭

村事件幸存者的回忆。即使职业生涯已历经无数的生离死别哀恸场面，但看完余朗朗那一段历史，我仍然感觉心很痛，眼泪禁不住掉了下来。这是一本了解自己先辈在这块土地上生活的一部血和泪交织的感人之著。

（廖宏强，马来西亚籍旅台医生、作家。）

自序｜历史，不会泯灭

萧依钊

1941 年底，日本发动太平洋战争，迅速占领了马来亚等地。日军占据马来亚期间，犯下的暴行罄竹难书。但由于部分撰写历史者对日据时期的历史事实进行歪曲，年青一代完全不清楚那段血迹斑斑的历史。

以我的家族为例，日据时期，家里好几位宗亲惨死在日军刺刀下，我的母亲和阿姨因为怕被日军玷污，入夜即躲进树林里，不敢在家里睡。一位婶婶更因此怕得才十三四岁即赶忙下嫁给我叔叔，还削发成平头，作男生打扮，却还是被日军无端抓去，施以灌水、夹指甲的虐刑，差点死在牢中。日军投降后，英国人回来继续统治马来亚，许多抗日游击队员受国际上民族独立运动影响，转入森林打游击抗英。在位于山林边缘的橡胶园以割胶为生的我的双亲，也曾经因偷运粮食给游击队，几乎丧命于英国官员的枪下。我家族中的老一辈对这些惨痛回忆仍讳莫如深，但是年青一代已完全不了解这段家族史，因而他们不理解为何奶奶不肯穿日本拖鞋。

著名学者陈寅恪的史观值得我辈学习。他在 20 世纪二三十年代看到外国特别是日本，对中国历史研究的猛进，相对于中国史学界工作的落后，痛感"今日国且存，而国史已失去正统"。在其父因绝食抗议日军侵华罪行而亡后，处于惨境的他哀呼："国可亡，而史不可灭。"他认为，国亡，只是暂时的，可以集合国民力量救国复国；而史灭，给后人留下历史的空白、盲区，文明的传承必然会出现断裂。

70 多年前的日军残酷暴行穿越了长久的时光，时至今日仍然令我们的前辈战栗。

为了留下这一段历史的雪泥鸿爪，3 年前，我策划了"日军铁蹄蹂躏下幸存者口述历史"的采集工作，并且委派星洲日报文教部记者戴丽佳、张德兰、陈莉莉、赵雪芬，分头到马来西亚各地去采访经历过日据时代的幸存者。

谨此感谢马来西亚多位文史研究者、星洲日报驻马来西亚各地的采访主任和记者们对这项口述历史工程的支持。在他们的帮助下，4 位记者用一年多的时间，走访了近 150 位年逾八十的幸存者，并记述了当中 120 位的回忆。这些回忆充满

血淋淋的画面，可能会使读者心里不舒服，但真相就是如此残忍，相信读者可以包涵。

纵使我和参与编写工作的星洲日报文教部的编辑及记者都很努力地查证和补充了一些历史事件的资料，但我们都不具备历史研究的学术背景，有的只是补充民族受难历史空白的意愿和热情；我们的素材难免粗糙，充斥着这样那样的缺误和疏失。感谢作家廖宏强和文史研究者李宝钻愿意费神费时，替我们梳理文稿、修订谬误、撰写序言。同时感谢文史研究者林青青协助我们校对文稿。

"国可亡，而史不可灭。"我们深信，一个民族的历史记忆建构了这个民族的精神气质。尽管记忆惨痛，但我们决不能让军国主义者的暴行以及蒙难者的血泪冤屈湮没在历史雾霭中。

只要我们努力，历史是不会泯灭的。

目　录

引　言

　　1941 年 12 月 7 日，日本突袭美国在太平洋的海军基地珍珠港，掀开了太平洋战争的帷幕，日军在西太平洋对马来亚、新加坡、印度尼西亚和菲律宾等地发动地海空大袭击。

　　12 月 8 日，日军兵分三路在泰国南部的宋卡、北大年及马来亚北部吉兰丹州的哥打峇鲁市登陆，沿着东西海岸迅速南进，英军未有顽抗。1942 年 1 月 31 日，英军退守新加坡，日军全面占领马来亚，至 1945 年 8 月日本投降，历时三年零八个月。

　　日本占领马来亚期间，肆意蹂躏、奸淫、滥杀、囚禁、虐待马来亚人民，尤其是当地华人，其主要原因是海外华人在 1937 年爆发的抗日战争中多方支援中国。日军从 1942 年 2 月开始，不但以各种名目的大检证和肃清行动，几个月内屠杀了十几万人，更通过华侨协会强迫华人缴纳多达 5 000 万元的奉纳金。

　　这段悲怆的岁月，人民生活在水深火热当中，许多幸存者迄今都不愿重提那一段泣血的历史。

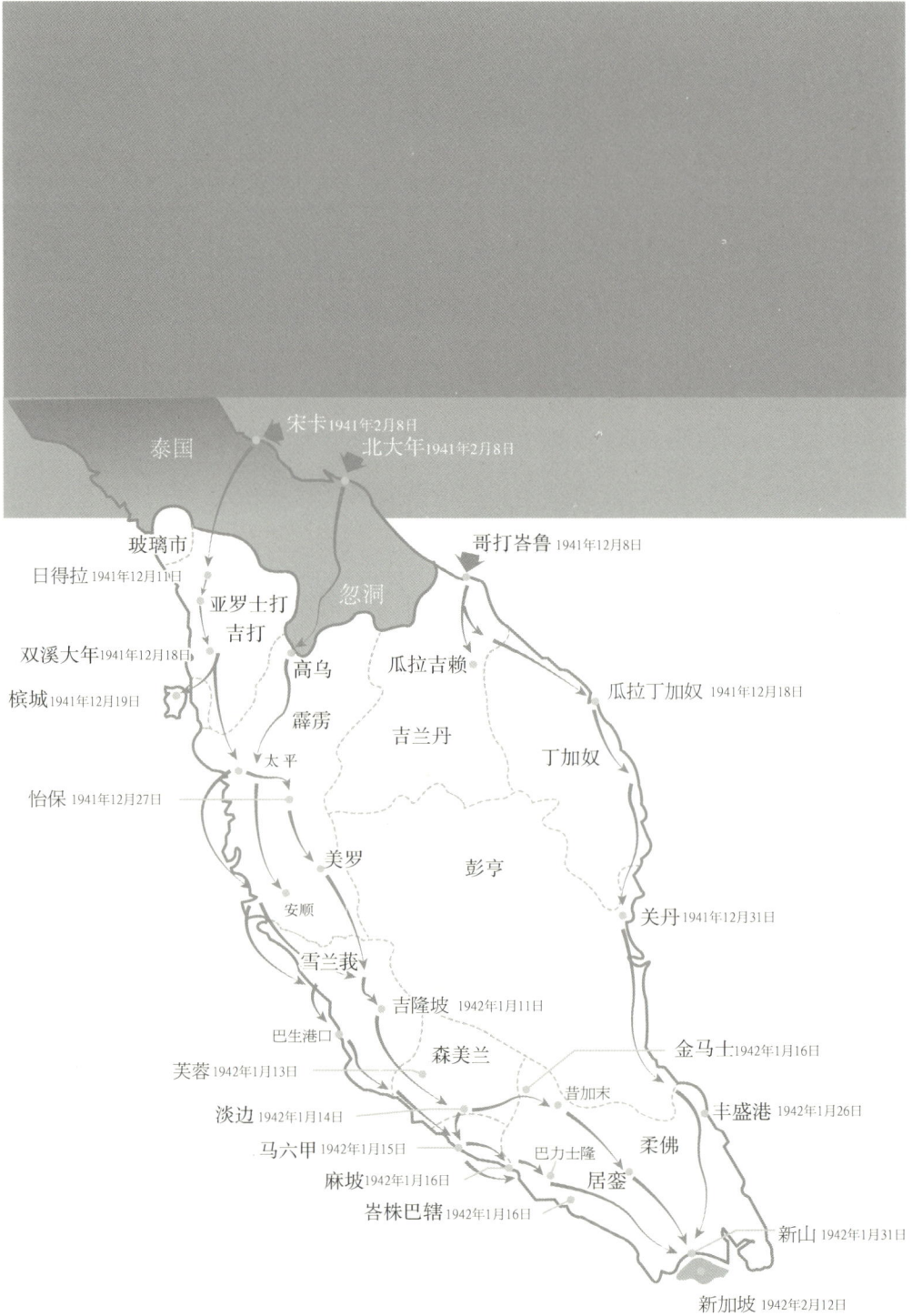

泰国

宋卡 1941年2月8日
北大年 1941年2月8日

玻璃市

日得拉 1941年12月11日

亚罗士打
吉打

忽洞

哥打峇鲁 1941年12月8日

双溪大年 1941年12月18日

高乌

瓜拉吉赖

槟城 1941年12月19日

霹雳

瓜拉丁加奴 1941年12月18日

吉兰丹

太平

丁加奴

怡保 1941年12月27日

美罗

彭亨

安顺

关丹 1941年12月31日

雪兰莪

吉隆坡 1942年1月11日

巴生港口

金马士 1942年1月16日

芙蓉 1942年1月13日

森美兰

淡边 1942年1月14日

昔加末

丰盛港 1942年1月26日

马六甲 1942年1月15日

柔佛

麻坡 1942年1月16日

巴力士隆

居銮

新山 1942年1月31日

峇株巴辖 1942年1月16日

新加坡 1942年2月12日

日本入侵马来亚路线图

2

北马 **吉打**

日军夺渔船在宋卡登陆

　　1941年12月8日，日军分三路展开进攻马来亚的行动。第一支从吉兰丹州（Kelantan）首府哥打峇鲁（Kota Bahru）登陆，迅速占领吉兰丹州。第二支从泰国南部宋卡府（Songora，现称Songkhla）登陆，攻占吉打州（Kedah）日得拉（Jitra），之后往亚罗士打（Alor Setar）及双溪大年（Sungai Petani）挺进，18日吉打州沦陷。第三支从泰国南部的北大年府（Pattani）登陆，攻占霹雳州（Perak）的高乌（Kroh，现称彭加兰乌鲁，Pengkalan Hulu）。日军三支分队冲破英军重要防线后，一路南下，于1942年1月31日占领柔佛州（Johor）新山（Johor Bahru），全面占领马来亚。

日军攻入亚罗士打

　　1943年8月，日本按照当初与泰国签订的协议，将马来亚北部的吉打、玻璃市、吉兰丹和丁加奴交给泰国政府。[①]

　　对当地人而言，泰国管治期间，人民的生活并没有改善。劫后余生的钟金华说："泰国军人放任山贼作乱，在泰国治理下，人民的生活更辛苦。"幸存者的回忆重现了那段历史。

　　[①] 吉打、玻璃市、吉兰丹和丁加奴原为暹罗（今泰国）藩属，英国于1909年用归还治外法权与暹罗交换，取得四邦宗主权。英殖民时期，此四邦与柔佛合组为马来属邦（Unfederated Malay States），又称五州府，自治程度比马来联邦高。

黑木山

玻璃市

浮罗交怡

红桥头
咙呀

吉打港口

日得拉
甲抛峇底
亚罗士打

吉打

十字港

茹嫩
莪仑   锡

铅

日莱峰

华玲

双溪大年

北海

居林

槟城

许进得   受召受训   助日本攻中国

　　许进得 1922 年出生在吉打十字港五英里（Batu 5, Simpang Empat）。许家以务农为生，许进得是家中长子，下有 7 名弟、妹。

　　1941 年，日军空袭吉打州时，在巴刹卖菜的许进得不但没逃，还跑到战场偷看。

　　英军在红桥头（现唐人街和马来由街交界处）以高射炮射击空中 24 架日军战机。许进得说，当时参与行动的并不是英军，而是尼泊尔籍的雇佣兵。"当时日本战机没有主动攻击，只是在红桥头绕了一圈，飞到甲抛峇底（Kepala Batas）的飞机场油库上空投下火药，油库爆炸后，燃起熊熊烈火。"此情此景，让他毕生难忘。

　　英军随后退守莪仑（Gurun）重设防线，但最后还是节节败退。英军在撤退时把旺默哈目沙曼石桥（Wan

许进得

Mohammad Saman Bridge）炸毁，站在桥上的 3 名日军也都被炸死。

日军占领亚罗士打之后，便驻扎在咙呀（Jalan Langgar）的苏丹阿都哈密学院（Kolej Sultan Abdul Hamid）。军营的厨师是个台湾人，平日会到巴刹选购食材，偶尔也会光顾许进得的档口。这名厨师有好几次要求许进得把食材送到兵营，也因此让他发现营里除了日军之外，还有几名日本军妓。许进得曾因忘记向站岗的日军行礼，而遭日军用藤鞭抽打背部 3 下，过后才被放走。

同年，许进得到吉打港口叔叔的杂货店打工。杂货店的位置靠近另一个日军驻扎点——培实学校。某次，许进得骑脚踏车经过该处，又因没停下来向站岗的日军行礼，再一次被日军惩罚。日军命令他双手高举大石，直到有另一个人犯同样错误而将石头交给该受惩者后，他才可以离开。

许进得曾被日军征召到十字港三英里半（Batu 3 1/2, Simpang Empat）的一间马来人学校接受军事训练。马来人村长每天都会到学校点名，以确保没有人缺席。马来人村长还告诉他们，受训后他们就成为日军攻打中国的后备军人。除了马来亚，菲律宾与新加坡也有类似的后备军军事训练计划。由于语言不通，日军在训练时只能比手划脚，用手势沟通。日军曾教他们开枪，但训练用的枪支都未上子弹。一个月后，军事训练突然停止，他们不用上战场当炮灰了。

许进得也曾在十字港的警局附近看见日军虐待两个疑似"山芭佬"（抗日军）的人，一个马来人，一个华人。军官命令灌水，待两人肚子灌满水后，日军便踩踏他们的肚子，直到他们吐出大量的水和血。

现在的红桥头——早期华人的落脚地

现在的甲抛峇底飞机场

吉打河畔

钟金成 日据时期的吉打河畔

钟金成

　　钟金成 1928 年出生在吉打河畔，在亚罗士打生活了大半辈子。

　　小时候，钟家向仄迪人（Chettiar）租店，在吉打河畔开了一间咖啡店。咖啡店附近一个福建面档口对面的浮脚楼，被一对日籍夫妇租住了下来。日籍夫妇平日制作蛋卷（Kuih Kapit）到乡下兜售，可能是为了记下路线，提供情报给日军。

　　另外，这对夫妇也自制幸运券①来卖。当时，还有一名日籍妇女住在附近的浮脚楼，大家唤她"欧巴桑"（日语"大婶"的意思）。欧巴桑专门售卖供冷藏用的大冰块。她不喜欢喝她家附近咖啡店卖的咖啡，反而喜欢叫钟家送咖啡到她家。如果店里客人多，咖啡送得慢了，欧巴桑便会以日语大骂"巴伽呀罗"（日语"笨蛋"的意思），待钟金成去收杯时，她还会故意将杯子丢进水沟里。

　　1941 年 12 月 8 日，还是华侨中小学（现为吉华 H 校）高小三年级学生的钟金成正在学校上课，日军突然朝距离学校四五英里外的甲抛峇底油田投掷炸弹。学校警铃大响，

---

　　① 一张一分钱的票券，背面用肥皂写好中奖号码，玩的人撕下后浸在水里，透明的字就会浮现，对照有无中奖。奖品有时是一片蛋糕，有时是一两元现金。

老师让学生们各自回家去，学校宣布停课，所以钟金成没有机会考完小学的最后一场考试。

日军很快来到亚罗士打，英军仅在日得拉稍作抵抗，便弃械往亚罗士打方向撤退。日军进驻亚罗士打时，尚有五六名英兵守在"达公司"（警察局对面的店屋）。石桥被炸毁后，这几个投降的英军被日军带到大桥旁用刺刀刺死。

英军弃守亚罗士打时，在旺默哈目沙曼石桥下埋了炸药。日军先锋队知道桥下有炸弹，便在过桥前派士兵拆弹。然而任务失败，不慎引爆炸弹，多名日本兵当场丧命，陈尸沙堆。当时，不知天高地厚的钟金成还和朋友一起到沙堆去看被炸死的日本兵。炸死的日本兵被埋在桥下，墓碑上面扣了顶军帽。至今桥下坟墓仍在。

达公司旧址

旺默哈目沙曼石桥与钟家的咖啡店只相距一百多米。炸桥之前有十多架日本军机在天空中盘旋，大家都猜想英日双方可能开战，于是纷纷逃亡。钟金成一家除父亲只身留守咖啡店外都逃到了1/4英里外、靠近吉打港口的"十间店"（Simpang Kuala），因当地养猪场建有防空壕，能提供庇护。尽管当时店门紧闭，但炸弹被引爆时仍震倒了店面的几块门板。当天下午，有人趁乱到店里抢粮食、啤酒。钟父无力阻止，只能任由他们为所欲为。

日据时期，每晚都有两名日本兵在钟家居住的社区巡逻。他们会在半夜时分敲门，查看屋内是否有可疑人物。有一次，日本兵来钟家检查，陪在军官身旁的翻译员认出钟父后，便说钟父只是一名普通的咖啡店老板，告诉日军无须再调查这一户人家。军官随后写了张纸条，让他们贴在门前。自此以后，日本兵再也不敢打扰钟金成一家，每次经过钟家门，还会对着这张纸立正行军礼。

日据第二年，当地发生了一件事。某日黎明，日军命令各年龄段的各族男

英军炸桥时被炸死的日本兵的坟墓

市民被大检证的草场，现改建为钩球场

女都必须到火车路（旧称 Jalan Sungai Korok，现称 Lebuhraya Sultan Abdul Halim）钩球场旁的"足球坡"（现为青黄体育中心 Kompleks Hijau Kuning）集合，当时有逾千人。集合场地的四个角落都架着机关枪，情势相当紧张，这群被召集的人被命令在草场上蹲着等候日军长官的到来。两个小时后，军官坐车来到球场，随意张望一下，什么也没说，就离开了。之后，大伙儿被允许回家。

钟金成的堂叔钟德源在巴刹摆档卖菜。某天，一名乘着军用罗里[①]的蒙面人来到巴刹，将堂叔及附近数人带上车，载到宪兵部。被点名的人不经审问就被日军灌水、殴打，扣留在宪兵部内。钟父知道钟德源被捕后，立即联络上马来狱卒末沙烈（Mat Salleh），送去钱和烟，拜托他照顾钟德源等人。钟德源一直被关到日军投降之后。

宪兵部旧址（现为250建都纪念碑）

日军当时征用了位于拉惹街的英殖民政府政治部为宪兵部，但该建筑现已拆除。钟金成回忆说，当时日军带着蒙面人到处追捕钟灵中学的师生和知识分子。

郭楚通 惨无人道的灌水酷刑

郭楚通

郭楚通 1933 年出生在武吉士南卯（Bukit Selambau）。当地居民大多以种烟草为生，也大量种植木薯，并开加工厂，制作木薯粉。

郭母在武吉士南卯街场（街市）经营一家名为"新友成"的杂货店，郭父则替人"开芭"（开垦种植），赚钱养活 8 个孩子。

日军踏足马来亚时，郭楚通还只是个小学生。他记得有个晚上，日军脚踏车队从"新友成"门前经过。他们一家躲在店里，不敢出声，怕被日军发现。

日军占领马来亚后，曾到武吉士南卯，将和"新友成"

---

① 罗里：英语"lorry"的译音，意为"机动卡车，运货汽车"。

日军脚踏车队

档案照

同排的"和成发烟厂"的潮州籍股东拖到"新友成"门口灌水，待灌满水后，日军便将拆下的店门门板放在他的腹部上，用脚像玩跷跷板那样左右踩踏，逼他把水吐出。这名潮州人最终口吐鲜血而死。

张清源

钟灵课本掀底牌　兄长受尽折磨

张清源

张清源出生于 1928 年，小时候与家人住在华玲（Baling）。战前，华玲是个华人聚居地，住有数千名华人，加上它是槟城通往泰国的必经之地，因此非常热闹。相较之下，今日的华玲已不复往昔的繁华。

日军攻占马来亚那一年，张清源是育智小学四年级学生。他记得当时学校里有两位老师非常爱国，经常在上课时间宣传抗日活动。在 1937—1938 年，武汉合唱团应华玲筹赈会的邀请，到华玲献唱，华玲居民反应热烈。张清源的老师随后还编导了一出抗战戏剧，让学生们参与演出，张清源便是其中一员。

张清源的父亲是筹赈会成员，大哥张清泉、二哥张石城皆是钟灵中学的学生。两个哥哥在槟城念书时，暂住在

老师管亮工家。日军入侵前，两人已是筹赈会的活跃分子。而大哥和同学李炯才都是钟灵中学的高材生，私底下也是志同道合的好友。

　　1941 年末，他们一家听说日本兵将要攻入吉打，便急忙躲到郊区，只留下张清源和父亲留守在小杂货店里。日军脚踏车队从泰南蜜洞（Betong，现称勿洞）南下，途经高乌，一两天后便来到华玲。日军抵达华玲时已是晚上 9 时左右，突如其来的嘈杂声惊动了准备就寝的张家父子。他们躲在店里，隔窗偷看，惊见百多名日本兵骑着脚踏车，背着背囊和武器，浩浩荡荡地前行。

　　这批日本兵大力拍打张家店门，张清源把门一开，四五名持枪的日本兵即一拥而入，挟持两父子。这些饿坏了的日本兵冲进厨房里翻找食物，吃了剩饭菜，还把米、罐头和装着剩饭的锅子统统带走，还向张父要钱。

　　日据时期，华玲常常有肃清行动，由驻扎在双溪大年的宪兵部派人进行。大肃清是命令所有居民到特定地点集合，小肃清则是到个别居民家中搜查。张清源第一次见到日军的十日后便发生了第一次肃清。当时，暗探领着日军挨家挨户搜查，有的看了看便走，有的则一一问话。搜查过程中，他们特别留意 15 岁以上的青少年，有些甚至直接带走。日军会随意掌掴 15 岁以下的孩子，张清源也被日军打过。

　　日军搜查时会把车子停在被搜查者的家门前，准备随时抓人。张清源还记得，一个来自外地的中年男子被日军查问时，非常害怕却又不会回答，在欲逃跑之际，被日军抓住，当场对其灌水。日军灌水后还一再踩踏该男子鼓胀的肚皮，直到他吐出血水，当场毙命为止。

有一次，日军来到张家，意外发现屋里有钟灵中学课本，便把他们全家带走。当张家到集合处排队时，发现有近百人等着被搜查，当中还有一些路经华玲的商人。所有人都必须走到头盖黑布者的面前，让他辨认，可疑者立刻被捕。张清源一家走过时，头戴黑布者朝他的两个哥哥点了点头，他们就被带到一旁，听候发落。这次肃清共抓了四五名钟灵中学的学生。

张清源的哥哥被抓到双溪大年的宪兵部，被日军灌水、虐打，关在那里 3 天后，又被运到另一个地点，但因人太多，军车载不了，两个哥哥得以获释。之后，他们一家便从市区搬到 2 英里外的农村，投靠亲戚。

后来，在机缘巧合下，张父遇见来自香港的曾振文。曾振文是曾在印度受训的降落伞队队员，主要负责打电报、通消息。日本投降前几个月，他从英军的 B29 战机跳伞降落在华玲森林地带。虽然日军对待帮助抗日人士者十分残暴，但一般居民还是热心帮助这些抗日人士。曾振文靠张父传递与接收情报，而且只要他开口，张父便会在冒险将粮食或他需要的东西藏于某处后，通知他去取。他们一行五人，以一个洋人为首，来到马来亚训练抗日军，得到华玲人民的全力帮助。

曾振文的配备均由英军提供，偶尔他也会送一些果酱、鞋子等给张父。张家人担心这些物品会招来横祸，因此只是小心收好，不敢使用。日军投降后，曾振文决定留在马来亚，英政府给他一些钱买罗里，并发给他一张执照，让他可以靠载货维持生活。

张清源的一名小学同学与其兄长曾当奸细，害死了不少华玲人。张清源一直到战后才知道那几个蒙脸的日军帮凶之中，有自己的同学。与之相反，不少育智小学的同学在战时跑进山里加入抗日军。

钟金华 亲共哥哥狱中囚一年

樟仑(Changlun)位于吉打州北部，是个衔接泰国南部边界的小镇。"Changlun"源自泰语"Chang Loon"，直译为"大象跌倒"。据说有一位泰王骑着大象来到该地时，大象突然跌倒，自此当地便被命名为"樟仑"。

70 年前的樟仑市区住了百多户华人。1929 年出生的钟金华，就住在距离樟仑市区 5 公里外的一个橡胶园附近，钟父是该橡胶园园主。那一区只住了钟家一户华人，其余四五户都是马来人。

钟金华

1941 年 12 月 8 日，樟仑下了一整天的雨，原本宁静且人烟稀少的橡胶园突然涌入很多市民。钟金华说，当时他们的小木屋收容了上百个冒雨逃难的人，把整间屋子挤满了。据说，樟仑市区的居民尚未见到日军，只听闻日军登陆马来亚的消息，便已经吓得往郊区逃。在小木屋住了约两个星期后，逃难者就在橡胶园附近搭建了几间临时难民屋，并住在那里。

日据时期，钟金华甚少上街，大多时候都留在橡胶园里。日军偶尔也会到橡胶园的木屋去抓鸡、取鸡蛋，并没有伤人。有个日本军官几乎每晚（持续约一个星期）都带着一个二十几岁的华裔女子到木屋，要钟父为他准备房间。钟金华说："他们每次来都直接进房间，没有与我们交谈。"

1944 年，新笃（Sintok，现为北方大学）成为日军关注的据点，邻近的樟仑(距离新笃约 5 公里)也被列为黑区。

钟金华的哥哥钟锡华比他年长 10 岁。1944 年，25 岁的钟锡华已经成家，育有一个女儿。钟锡华虽然不是共产党员，但向来信仰共产主义，也认识一些党员。某天，日军到家中把钟锡华夫妇及他们尚在襁褓中的女儿抓走。两天后，钟金华的嫂嫂和侄女回来了，钟锡华却一直被日军扣留在亚罗士打的宪兵部。一星期后，钟锡华被送到距离市中心 50 公里外的苏丹娜路（Jalan Sultanah）监狱。钟金华到监狱探望哥哥时，发现他已遭受灌水、殴打等种种酷刑。

1945 年，家人收到已被监禁近一年的钟锡华从监狱里托人捎来的字条，上面写着"离自由不远了"。同年 7 月，钟锡华获释。他被折磨得骨瘦如柴，所幸伤势不严重。

日军统管樟仑两年后，将执政权交给泰国政府。钟金华说："泰国军人放

黑木山
玻璃市
新笃
★ 樟仑
日得拉
吉打港口
亚罗士打
吉打
日莱峰 ▲ 瓜拉姆达
双溪大年
华玲
北海
槟城
居林

任山贼作乱，在泰国统治下，人们的生活过得更辛苦。"钟金华有个名叫吴桂发的朋友，二十多岁才随父母弟妹搬到樟仑。由于山贼经常进村抢劫，吴桂发便将村民组织起来，说若山贼再来，他就会吹响号角通知其他人，让大家有充足的时间对付山贼。然而，当吴桂发发现山贼并吹响号角时，却不幸被山贼打死。

亚罗士打监狱

许映英 父亲因手上刺青送命

许映英 1928 年出生在双溪大年。

13 岁那一年，她在美农 7 英里[①]（Batu 7, Bedong）的烟厂学做"朱律烟"（rokok cerut），并住在烟厂的浮脚厝（高脚屋）里。据她回忆，1941 年末，火车停驶[②]次日，日军即登陆哥打峇鲁。

当时，由于烟厂粮食已尽，厂方遣散员工。许映英把刚烫好的卷发剪短，和另外 12 名工人共乘小客货车回双溪大年老街的家。一路上，他们都很担心自己成为日军轰炸的目标。

许映英

许映英好不容易回到家，却发现家中空无一人，母亲出走，父亲与两个妹妹躲进了武吉士南卯的山林中。她随后跟着同乡叔叔到山林里与父亲会合。他们一家后来迁到位于瓜拉吉底路（Jalan Kuala Ketil）老婶婶的稻田小屋里避难。日后，许家又躲到更偏僻的北海新芭（Kampung Simpah, Butterworth）去。

日本飞机轰炸双溪大年时，许父用刀辟出一条山路，将他们带到当时尚未开发的"盐城山"上避难。曾是一家

---

① 据许映英的女儿说，美农没有7英里，烟厂应位于双溪拉兰。
② 即大园主或大公司提供给割胶工人的宿舍。

洋人橡胶园工头的许父，随后又带着孩子们到"公司屋"①去。"公司屋"收容了约三百人，非常拥挤，连躺下的空间都没有，许映英只能坐着睡觉。几百人的三餐只由一间杂货店供应。由于环境太恶劣，许映英一家仅住了两天，就返回稻田小屋，后又辗转回到双溪大年的家。

1942年2月初某天清晨四五点，日军到街场挨家挨户搜查，见到男人便抓。这些男人被带到火船头街（Jalan Pengkalan）列队，让日军检查手上有没有刺青。凡在虎口文上五点刺青的男人都被带走，文上龙凤图案的反而放行。42岁的许父因手上有五点刺青而被抓走，此后再也没有回来。有人告诉许映英，双溪拉兰（Sungai Lalang）也有两名娘惹②因虎口处有五点刺青而被抓走。

许映英的母亲后来改嫁到亚罗士打，许母在动身前曾劝她一起走，但她不肯。母亲见她如此倔强，只抛下一句"不走，以后没有机会了"，便转身离开。后来，许映英得知母亲再婚刚满一个月就病逝了。

父母相继离世，许映英与弟弟、妹妹成了孤儿。身为大姐的许映英带着弟弟、妹妹到武吉士南卯工作，辛苦养活一家。直到日本投降以及弟弟、妹妹渐渐长大后，许映英才放心嫁到莪仑。

---

① 即大园主或大公司提供给割胶工人的宿舍。
② 娘惹，中国人和马来人结婚后所生的女性后代，就是nyonya，也是土生华人，在马六甲、新加坡都比较多。

林玉财 屠杀梦魇缠父一生

林玉财

林玉财没有经历过"二战"的动荡，但他的父亲林木坚却是从"二战"中死里逃生的幸存者。林玉财重述了父亲亲口说给他听的故事。

林木坚在中国出生，23 岁那年南下至马来亚，在双溪拉兰落脚。他是"泰丰园"橡胶园（与双溪拉兰相距约 2 公里）的除草工人。几年后，日军侵占马来亚。

据他说，双溪拉兰在日据时期发生过两次屠杀事件。

第一次的屠杀是针对身上有刺青的人。日军认为，身上有刺青者都属抗日分子，虎口处刺有梅花者更是日军的首要目标。林木坚并没有细述该次肃清行动中的实际遇害人数，他只提到，肃清时，一名妇女的虎口处因曾被猪咬伤而留下疤痕，日军看作是三点刺青，将她一并带走。

另一次的屠杀事件则与林木坚工作的泰丰园有关。事因泰丰园的橡胶树幼苗屡次遭牛群践踏，而那群牛是一名印度人养的，橡胶园员工遂向该名印度人投诉，但没有结果。橡胶园员工为报复其不负责任的行为，便将这些牛绑了起来。岂料这个印度人一气之下到宪兵部向日军告状，进而在泰丰园掀起了一场腥风血雨。

日军将整个橡胶园的十多名员工以及橡胶园附近的居民共三十多人全抓起来，带到附近一个炭窑。日军把他们绑起来，命令他们站在预先挖好的大坑旁，围成一个大圈。当天晚上十点左右，日军请了个道士到屠杀现场，绕着大坑念经。当道士绕完三圈之后，日军就开始屠杀。

现场共有四名日军，但只有一名日军举起刺刀屠杀，其余三人均守在一旁。排在队末的林木坚在日军杀人以前就成功挣脱了绳索却不动声色，以免打草惊蛇。他目睹日军将绳索松开，举刀往村民的背后一刺，再将他们踢进坑里。日军不断重复着这一连串血淋淋的动作，那死神般的

身影没有一丝人性，任村民哭闹以及高喊"冤枉！冤枉！"，日军仍不为所动，手上那把刺刀依旧嗜血。

林木坚看日军刺杀到第六个人时，便决定不再坐以待毙，拔腿拼命往双溪大年河的方向跑，跳入河中躲起来。当日军发现有人逃走时，即刻追上来向河面开枪扫射，所幸没射中潜到河底的林木坚。双溪大年河阔逾30尺，对岸是一片茂盛的红树林。林木坚奋力游过这条宽阔的河，一上岸便立即爬到红树上躲着。

日军召集了大批宪兵到对岸搜索"逃犯"，不断用探照灯照射双溪大年河面，躲在树上的林木坚吓出一身冷汗，据他所说，当时他紧张得连头发都竖了起来。天亮以后，林木坚爬下树，沿着红树林走到10英里外的双溪拉兰。身穿短裤、满身泥垢的林木坚在双溪拉兰河附近遇上日军。他若无其事地向日军行礼后，便径自走开。林木坚回忆，当时蓬头垢面的自己像个精神失常的疯子，所以才没引起日军的怀疑。

林木坚步行到一个相熟老伯的小木屋，在那里住了一段日子。附近的村民都知道泰丰园员工罹难的事情，但当他们看到林木坚毫发无伤地出现时，便开始对他议论纷纷、指指点点。林木坚受不了大家的异样眼光，便迁到基锐（Kejai）园区工作。

林玉财说，父亲离世前十年一直都生活在恐惧之中，有好几年只肯睡在床底下，每晚都担心日军半夜来袭，精神异常紧张。或许是因为年纪越大，对过去的事情记得越清楚，一幕幕触目惊心的屠杀场面，以及跳河逃命、爬树保命的恐怖经历都如梦魇般纠缠着林木坚，一直到他80岁逝世。

日军用的有刺刀的步枪

北马**槟城**

空袭后建筑物损毁

牛干冬街上被炸毁的房舍

占领槟榔屿

1941 年 12 月 7 日，日军突袭美国太平洋珍珠港基地；8 日，日军兵分三路，从马来半岛吉兰丹州的哥打峇鲁市、泰国南部的宋卡和北大年登陆，长驱南下；3 天内，北马即告沦陷。

1941 年 12 月 11 日，槟榔屿（槟岛的全称）上空突现日军战机，未曾见过战机的民众感到好奇，还抬头计算战机数量，殊不知接下来是一连串恐怖轰炸。日军战机在"唐人街"商业中心投下炸弹，还用机关枪四处扫射，唐人街顿时烽火连天、哀鸿遍野。在毫无预警的情况下，老百姓来不及逃命，到处可见断肢残骸。此时英军已悄悄撤退，弃人民于不顾。整个槟榔屿陷入无政府状态，没有警察，公务机关也停止办公，几天内掠夺事件频发，无助的人民纷纷逃往郊区避难，市区犹如一座死城。

槟榔屿在日军侵占后易名为"彼南岛"。

12 月 19 日，柑仔园（Jalan Dato Keramat）大草场上竖起写着"入城"两个汉字的白布条，标示日军登陆槟榔屿。入城后，日军首先把两个华人斩首，并将他俩的头颅悬挂在"四方楼"[①]。日军还下令民众返回原居地，违令者一律被没收财产且被逮捕严惩。

[①] 四方楼即位于槟榔路（Jalan Penang）的州总警局。

唐人街
四方楼
柑仔园
四坎店

钟灵中学

升旗山 ▲　　乔治市　北海　　　双溪西廊　　● 巴东津拿
亚依淡 ★

浮罗山背　　牛汝莪 ●　　　　　　　　★ 居林　　老火较桥

槟岛

大山脚　　　　　吉打

槟城

威省

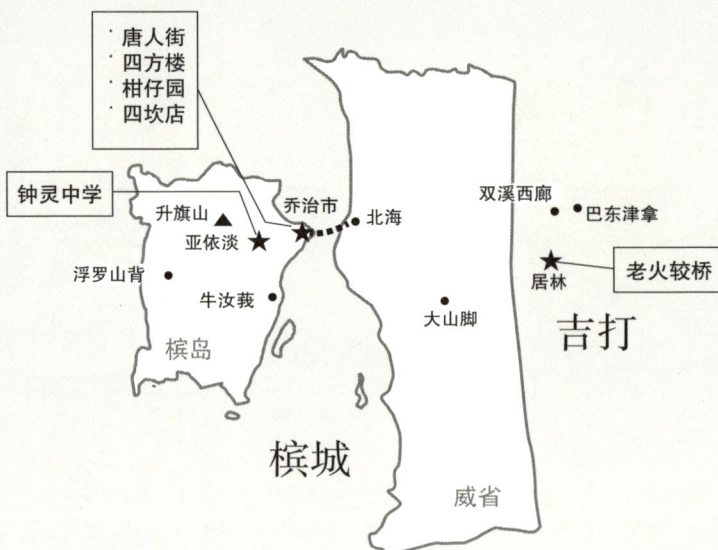

纪元节肃清行动

　　日军入侵槟榔屿造成人心惶惶，为了粉饰太平，日军发动"治安维持委员会"（简称"维持会"①）举办大游行，强迫平民一起庆祝纪元节②。但有人在游行中丢掷手榴弹，炸死不少日军和平民。这起爆炸事故激怒了日军，他们到处持枪搜查，逮捕了数十名无辜青年。这次小规模肃清行动之后，日军开始在槟榔屿施行暴政。

图源：《居安思危》

大肆暴力相向

　　侵占槟榔屿的日军嚣张残暴。当时，槟榔屿和北海双边码头都有日军驻守，市民往来都得向他们行礼。狂妄的日军高兴起来，会伸腿绊倒正行着礼的人们，然后哈哈大笑；心情不好时，路人便成了他们的出气筒，受到各种处罚。

日军统治期间，规定平民见到军人时，一定要恭敬地上前鞠躬，否则将遭到掌掴或更重的刑罚

---

　　① 维持会是日军利用奸细建立的一种临时性的地方傀儡政权。维持会的任务是为日本侵略者实现"以华治华"、"分而治之"服务，担负着给日军筹集钱、粮，替日军提供粮秣、民夫，向日军汇报抗日军队活动情报等任务，成为其侵略和奴役当地人民的工具与帮凶。
　　② 纪元节即日本建国之日，其来源是《日本书纪》中神武天皇即位之日，以纪念大和朝廷的建立。这个节日在"二战"结束后废除，其后改为日本建国纪念日。

大检证时，日军规定市民必须到检证中心报到

日据时期，每年四月庆祝
天皇生日时会举办大游行

"四六大检举"

对日军而言，抗日分子、知识分子和共产党人，都是他们必须清除的目标人物。1942 年 4 月 6 日，日军发动第一次大规模的名为"四六大检举"的肃清行动，分七区进行。当天早上，各街道挤满了日军和警察，他们命令所有市民到特定地点集合，不分男女老幼，伤者和病者亦不能幸免。所有人在烈日底下曝晒，不能随意走动，也不许吃喝。中午时分，日军开始将男女分成两排。男的被令脱去上衣，走到军官面前接受检查，凡手臂或胸背有刺青者（被认定是共产党的标志）必须站到一旁，然后抬头望向旁边屋子楼上的半开百叶窗，大概是供奸细辨认，不少青年被指认出来，一车车拉去宪兵部。肃清行动进行到下午 2 点左右，民众原以为可以回家了，却又忽然被拉进广场让蒙面人辨认，直到晚上 9 点才能回家。隔天，日军继续在郊外各区检举，之后则是零星的搜捕。在这次大检举中，超过两千人被关进监牢，不少冤死狱中，活着出来的不到 1/4。日军在 4 月 19 日释放了两百多人，4 月 29 日的天长节①又赦免了三百多人。

钟灵泣血的一页

在这次肃清行动中，被列入黑名单的钟灵中学师生更是难逃日寇的魔掌。热心爱国的钟灵师生之前曾积极为中国筹募抗战经费，日军因此认定钟灵中学是共产党的据点。加上日军占领槟榔屿之前，曾通过"治安维持委员会"劝导人民

---

① 天长节即日本天皇诞辰纪念日。

现在的钟灵中学

"hold white flag"（举白旗）以示投降，这样日军才会停止轰炸，但钟灵中学始终没挂上白旗。另外，据说有一个小贩从钟灵校舍捡回一车旧报纸、杂志和书籍，打算用来包东西，却被日军密探发现当中有一些抗日文稿。于是日军便大肆搜查钟灵中学的宿舍，拘押了不少人。

"四六大检举"当天，被奸细指认出来的师生都被关进了四坎店监狱（Penang Jail, Jalan Dato Keramat）。牢房里人多，空气不流通，环境不卫生。年仅29岁的钟灵教师管亮工在狱中因缺乏营养而患上足肿病。他曾绝食抗议，可是日军根本不管囚犯死活，两个月后管亮工不幸身亡，其遗体和遗物都无法领回。关于他的死因还有另一个说法，据之后释放出来的狱友说，管亮工在受笞刑时，日军用皮鞭鞭向他的脸，在抽回皮鞭之时，整颗眼球也随之被抽出，他的双眼就这样瞎了，后来惨死狱中。

同样是钟灵教师的王世毅，也在"四六大检举"当天被关进四坎店监狱，但他却幸存下来，直到七月初获释。据他事后重述，当天入狱后，全部人都被带到操场集合，逐一点名，分房囚禁。每间牢房关了约12个人，也许是不幸中的大幸，王世毅与钟灵教师查企唐被关在同一室，互相有个照应。足足饿了两天之后，日军才发饭团给他们吃。囚室空间狭小昏暗，晚上更是伸手不见五指，他们只能通过声音来探知外面的情况，隔壁房传来的开关门声、点名声、传讯声，让大家意识到日军已经开始审问。

王世毅曾多次听见钟灵人如管亮工、朱宣义、柯梓桐、林振凯的名字被叫到。偶尔室友会以人叠人的方式攀上窗沿，从窗隙中窥看不远处的审问，看了后，大家心里更生恐惧。因为他们亲眼看见囚犯们被折磨得遍体鳞伤，尤其第一次见识到日军施行的灌水酷刑，没有人不吓得胆战心惊。

4月23日下午，终于轮到他们那间房，查企唐第一个被带出去，王世毅则于隔天被审讯。审问室内摆满了各种刑具，令人不寒而栗。王世毅被命令跪在日本军官面前，另有一位女翻译站在一旁。由于王世毅完全不会讲福建话，日军后来给他换了一个讲普通话的女翻译，幸运的是，这个相熟的人帮了他一把，让他免吃苦头。凶神恶煞的审判官首先质问王世毅知否学校董事王景成是共产党人士，然后还丢给他一张钟灵中学职工名单，叫他指出谁是共产党员。王世毅表示他在学校只是教数学，并不清楚共产党之事。军官当然不满意这样的答案，于是出口恐吓，甚至还把王世毅的眼镜扯下戴在自己脸上。彼此僵持一阵后，王世毅就壮胆问军官可否放他回家，他点点头，过后有人把王世毅带走，关到另一间牢房，没料到反而在那里重遇查企唐。查企唐显然没有那么幸运，他惨遭灌水、吊打和炮烙，浑身是伤，血迹斑斑。

图源：《日军南侵暴行实录》

嫌疑分子惨遭日军殴打，并被施以灌水及晒太阳的毒刑

此后被监禁的二十多天，大家长期没有洗澡，又满身伤口和血迹，狱中有一股令人作呕的气味。牢房里放了一个便桶和一个水桶，不顾卫生的囚友竟在大解后往水桶洗手，大家都不敢喝水，后来实在忍无可忍，为了活命，只好连脏水也照喝，因此染上痢疾。

为了改善牢房的卫生，日军允许囚犯每日轮流出外倒粪桶，王世毅和查企唐常趁此机会出去走走，偶尔还会遇见钟灵中学的教师，约略知道他们的近况。王世毅之前已从查企唐口中得知另一位同事柯梓桐在入狱 3 天后被审问且被鞭至奄奄一息，5 天后，柯梓桐拟好一封遗书为钟灵人申辩，然后打算跳楼自尽，他大命不死，只是跌伤了一条腿。这次重逢，柯梓桐告诉王世毅，他的腿伤已好，只是每日吃不饱，感叹大概没有出狱的希望了。

图源：槟城战争博物馆

王世毅也曾碰见管亮工和朱宣义，却无法交谈，因为一旦他们讲话，负责监管的马来人就会挥棒打他们。至于未曾见面的李词佣和林振凯，则听说都惨死在日军的极刑之下。

刑具

时间一天天过去，大家的心情越来越沉重，而查企唐此时染上痢疾，病情日

益严重。7月8日早上，日军突然下达赦令，王世毅当时已浑身浮肿、屠弱不堪，

半滚半爬地下楼，恰好碰见一位友人，请他帮忙把查企唐带下来，因为病入膏肓的查企唐已完全无法动弹。所有人都被驱赶到广场集合，王世毅在那里遇见钟灵教师黄苔福和饶百迎。饶百迎也染上痢疾，形容枯槁；黄苔福则较为健康，但他的一只眼睛已瞎。他们在烈日下排队、

图源：钟灵文物馆

钟灵中学罹难教师

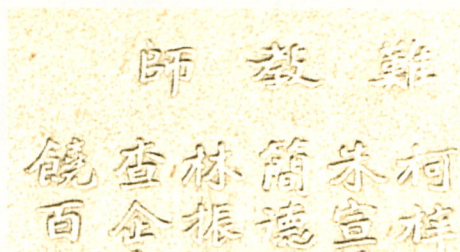

钟灵中学殉难师生纪念碑

被点名，以及经蒙面人检查，直至日本军官训话完毕方可离开。

一直昏迷不醒的查企唐，在坐三轮车回家途中死在了车上。出狱后，王世毅才得知柯梓桐、朱宣义和简德辉已命绝于狱中，一些钟灵学生亦不幸罹难。为了纪念这群壮烈牺牲的师生，钟灵中学于1947年12月8日在旧教学楼门口的小厅特别竖立了一块"钟灵中学殉难师生纪念碑"。

虎口余生

虽有一部分钟灵师生侥幸逃过牢狱之灾，但他们在这段日据时期也有难忘的经历。在钟灵教书逾30年的黄霜仁老师就是其中一位。有一回，宪兵到他家搜查时找到一张探测海岸深浅的地图，士兵们的脸色突然凝重起来，围在一旁商讨。黄霜仁心想死定了。幸好，经该宪兵队队长审

查后，日军就离开了，让黄霜仁捏了好大一把冷汗。

学校关闭期间，为了维持家计，黄霜仁只好到冰水厂打工。厂里有一位工人因假造五角钱的军用票而被抓，连累黄霜仁也遭点名入狱，在牢中不断被拷问和虐打，甚至在最后一次审问中硬被指是抗日分子和共产党。他出狱后不久，身体还未来得及调养好，家里就破产，过了一段相当困苦的日子。

而当年年仅 18 岁，还在念初二的钟灵学生马庆正也有受难的遭遇。一天，他坐朋友的车经过宪兵的哨站时，一时没留意，未行礼就直驶而过，结果日军追上来，喝令他们停车，马庆正与朋友只好忐忑不安地下车接受诘问。当时他们瞄到日军腰际挂着的长刀，赶紧道歉赔罪，最后化险为夷，但冷汗已湿透全身，可谓虎口余生。

同样是 18 岁，钟灵学生沈纪谋，考完年终试后即返回家乡鲁乃双溪西廊（Sungai Seluang, Lunas），等着参加毕业典礼。当时居林（Kulim）的局势仍相对平静，直至某一天天亮之前，居民发现 47 辆满载英军的军用卡车从双溪西廊开往巴东津拿（Padang Cina）。沈纪谋当时觉得奇怪，到了傍晚时分，他与家人在屋外乘凉时，望见日军战机穿梭在高空中。隔天清晨，沈纪谋看见日军骑着数十辆脚踏车浩浩荡荡进入小镇。蛮横无理的日军把镇上所有的脚踏车都占为己有，作为他们继续南下的交通工具。那个时候，英军已全部撤走，所以日军很轻易就

图源：槟城战争博物馆

日军攻占马来亚时所用的脚踏车

攻占了居林。

英军在撤退时炸毁了老火较桥（Kelang Lama Bridge），交通一度受阻。日军占领居林后，人民因害怕而纷纷逃亡，一些妇女甚至把头发剪短或女扮男装，免得被强迫当"慰安妇"。日军一旦发现人民身上有刺青就格杀勿论；那些逃走被抓回来的人也遭枪毙或刺杀。但是，最残忍的酷刑莫过于五马分尸。

现在的居林市中心交通圈处曾是日军刑场，沈纪谋曾在那里目睹血淋淋的五马分尸，那一幕至今仍历历在目。还有一件让沈纪谋永远忘不了的惨案，那就是日军曾误将48名轻罪犯当作重犯，全数枪毙。日军此暴行令当时的县长，即后来成为马来西亚首任首相的东姑阿都拉曼（Tunku Abdul Rahman）都难过得流泪。另外，日军曾招募当地青年成立军方辅助队及足球队，沈纪谋亦曾被选为球队组长。

"九一五大检举"

"四六大检举"发生后不到半年，日军又进行第二次恐怖大检举。1942年9月15日当天，日军按照手上的黑名单到各区抓人，有好几个蒙面人坐在车里负责指认，然后在那些被捕青年的背上画上"X"或"共"字，把他们载到监牢去。据知，这次被捕的人数多达三千，尤以文化界人士居多。他们中的很多人不是在牢中因饥饿患病而死，就是被虐打或受酷刑致死，至于那些逃过死劫的人也多半处于奄奄一息的状态。之后被释放出来的人越来越少，想必大多已冤死狱中，成了无人认领的一堆枯骨。

国旗案

"九一五大检举"发生后三天，一些抗日志士为了纪念"九一八事变"，在亚依淡（Air Itam）菜市场的门口挂上两面马来亚小型国旗，同时贴上反法西斯的宣传品。日军得悉后马上出动大批人马进行肃清。他们抓走一些青年，并冠以莫须有的罪名，加以严刑拷问。

日本投降后

战后，人们到牛汝莪（Gelugor）乱葬岗，为无辜牺牲的亲友捡骨，包括被炸死的人以及被日军枪毙的人。乱葬岗中除了尸骨以外，还找到许多钟灵中学学生的纽扣、印有校徽和校名的牌子。这些蒙难者的骨骸随后被移到亚依淡华侨殉难公墓安葬。

日本投降之后，一个曾当过奸细的日本军官情妇被市民逮到后，被扒光衣服，绑在日落洞渔村的一棵树上示众。围观的人纷纷向她吐口水，最后将她推下海溺毙。

重新回到马来亚的英殖民政府设立了战犯法庭，审判杀害无辜人民的日军。1946 年 6 月 26 日，首批 12 名日军宪兵部战犯被押返槟城受审。1946 年 8 月 30 日审讯开始，初任记者的李炯才负责采访。当时，槟城高院挤满情绪高昂的群众，李炯才听到人群中有人说："上天有眼了！" 9 月 28 日，槟城法庭法官判处 20 名日军宪兵部人员绞刑、1 人枪决、11 人有期徒刑，各人刑期长短不一，另外 3 人则当场获释。有"槟城死神"之称的寺田大尉，被控在日据时期需为多宗屠杀事件负上责任，因而被判无期徒刑。至于被判死刑的 20 人，于同年 12 月 12 日上了绞刑台。

槟榔屿华侨抗战罹难同胞／殉职机工纪念碑，马来西亚每年11月11日举行公祭

李炯才

反日钟灵生剃发隐身丛林三年[1]

李炯才

李炯才于 1924 年出生在一个富裕的大家庭里，他的父亲是李金福，生母是二姨太，家中共有 11 个兄弟、5 个姐妹。李金福从中国海丰南来，白手起家，成为马来亚北海当时的首富。1932 年世界经济大萧条时，李金福面临破产危机，同年逝世，自此李家家道中落。

李金福生前把孩子都送到英校上课，唯有李炯才独爱华文，要求父亲让他读华校，因而进入父亲创办的育侨学校（现为北海中华公学总校）就读。学校用的是中国出版的课本，老师也是从中国来的，长期熏陶之下，李炯才骨子里满是中国情结。

父亲逝世后，家里没钱让李炯才上中学，李炯才骑脚踏车到钟灵中学校长家求情，校长陈充恩最后决定以半免学费的方式让他升学。李炯才每天从北海骑脚踏车到码头搭渡轮，再从乔治市码头骑脚踏车到亚依淡，至少要走 6 英里路。

李炯才入读钟灵中学的那一年（1937 年），中国抗日战争爆发。他上学的第一天，便有学生在校内进行抗日示威，慷慨激昂地唱着反日军歌："不愿意做奴隶，不愿意做牛做马……"他们不仅募款支持中国抗日，甚至抵制日货，向卖日货的商店掷石头。来自中国的老师们也经常在课堂上与学生讨论祖国战事，并且捐出自己

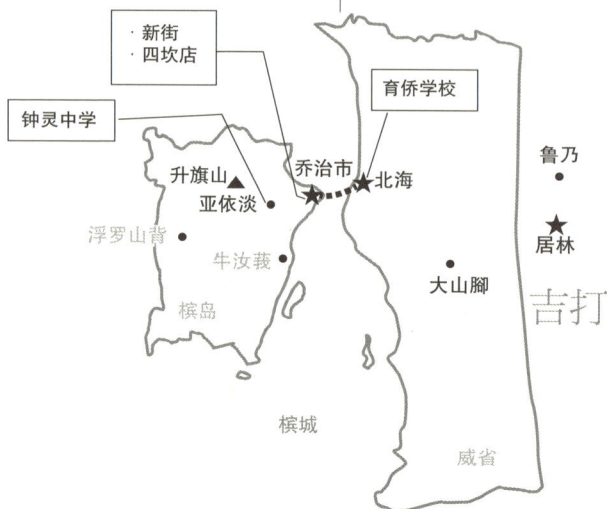

新街
四坎店

育侨学校

钟灵中学

鲁乃

升旗山
亚依淡
乔治市　北海

浮罗山背

牛汝莪

居林

槟岛

大山脚

吉打

槟城

威省

---

[1] 整理自李炯才自传《追寻自己的国家——一个南洋华人的心路历程》。

的工资。全校师生都满腔热血，想做轰轰烈烈的事。

李炯才也积极参与反日活动。当时有几位同学，如蔡和昆、林锡江，参加志愿军，并返回中国与日军作战。他也想跟他们一起回中国，但因不忍心抛下母亲而作罢。李炯才参加小学校长何真民成立的怒潮社，在一场义演中扮演一个欲蹂躏中国女孩而被开枪打死的日本人，表演照片还刊登在报章上。怒潮社也组织了口琴队，由李炯才担任指挥，到音乐厅表演筹款。

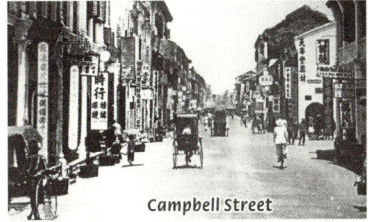

Campbell Street
图源：韩江华人文化馆
1890—1960年新街街场

1941年12月，李炯才和哥哥李亚烈一起参加剑桥考试。在他做最后一份试卷时，警报声忽然响起，监考员叫考生赶快离开。两兄弟匆匆交卷后就一起骑脚踏车回家。路上，他们看见天空有很多飞机。两人从未见过这么多飞机，便好奇地停下来看。路旁两排店铺的人也走到街上张望。忽然，飞机投下多颗炸弹，人们急忙逃命。李炯才和哥哥转过街角到新街（Campbell Street）暂避，炸弹不断掉落，有一两颗还在他们附近爆炸，差点炸中他们。他们扔下脚踏车，躲进沟渠避难，一身白色校服一下子就变灰了。

炸弹一颗接一颗落下，而且越来越接近他们，吓得两人直发抖。整整一个小时后，警报声又响起，这时战机已飞走。李炯才和哥哥爬出沟渠，见脚踏车完好无损，就赶紧骑回家去。沿途所见尽是被炸毁的房屋、残垣断瓦，一些房屋仍在燃烧；烧焦了的尸体随处可见，有些人被炸至重伤，躺在街上呻吟求救；还有一些人趁火打劫。警员很快赶到现场，当空鸣枪警告抢掠的人。李炯才从未见过这么惨烈恐怖的场景。路上挤满了携带行李涌往亚依淡升旗山（Penang Hill）逃避战祸的人群。

位于牛干冬街和椰脚街交界处的余仁生公司，于1942年2月16日遭轰炸

位于槟榔路上环的奥迪安戏院一带建筑遭炸毁

图源：槟城战争博物馆

第二天，日本军机又来轰炸。所有商店都关门了，逃亡人数骤增。李炯才骑脚踏车到钟灵中学，探望住在宿舍的师生。商店和住宅都挂出白旗投降，希望军

机不要再来轰炸，就只有钟灵中学没有挂白旗。

1941 年 12 月 19 日，日军侵入槟榔屿，此后，岛上一片混乱，社会脱序，呈无政府状态，物价飞涨，人们生活艰苦。钟灵中学的老师领不到薪水，唯有另谋生计，例如功夫教练管亮工卖冰水；年纪较大的荣渭生老师卖鸡蛋；校长陈充恩则乔装成普通工人，逃到金马仑高原避难，每日三餐由学生供应。

当时，据说有两百多位钟灵学生遭拘捕，日军下令他们一排排站着，然后开机关枪扫射，把他们全部杀死。日本人把尸体抬出来埋葬时走漏了风声，日军扫射钟灵学生的消息很快传遍槟榔屿。

为了应考而暂住亚依淡姐夫家里的李炯才听说这件事后，心生不安，遂决定乘船返回北海家中。途中，他看见一群人围拢在一起，心下好奇，便趋前去看。原来大家正在看"杀头"。只见一个华人跪在地上，身前有一个新挖掘的坑，后边站着的一个孟加里人（Bengali）用手扯着他的头发。华人旁边站着一个脸上没有血色、身材瘦削的日本人，据说是北海宪兵部负责人铃木。铃木用刀在那人颈项上比了比，喃喃几句日本语后随即挥刀"喀嚓"一声，把华人的头给砍了下来。死者颈项血如泉涌，铃木一脚把尸身踢入坑里，而那个孟加里人则提着头颅，走到一家穆斯林饭店前，挑起来让大家看个清楚，接着把头颅放在一块木板上，旁边写着："这个人冒充日本人到处骗钱，若有人犯同样的错，下场便是如此！"事后，饭店三天没开门营业。李炯才每天经过饭店，看见披头散发的头颅时，都禁不住发抖。第三天，头颅发出的恶臭实在令人受不了，日本人于是把它移走。这次"杀头"事件，让李炯才毕生难忘。

日军在进城处设置了一个哨站，凡经过的人都要下车，走到站岗的士兵面前鞠躬后才能离去。有一次，日军嫌李炯才的姐夫鞠躬时态度不够恭谨，当场掴了他几巴掌，直至姐夫恭恭敬敬地鞠了一个躬才放行。站岗的士兵很凶恶，稍有不顺，就会大声喝斥"蠢材"、"笨蛋"等。

曾经积极反日的李炯才一直担心日军会找他算账，听到怒潮社创办人何真民在北海被捕的消息后，更是恐慌不安。

何真民原已定居新加坡，因为听到住在吉兰丹的弟弟被疑是反日分子，且已被押到槟城四坎店监狱的消息，便赶赴槟城打探消息，却被宪兵部一个密探（他以前的学生）认出。日军拘押何真民，并对他用刑，幸亏他沉着应对，拿出证据说他其实住在新加坡，而且拥有一张在新加坡学习日文的证件，于是不久后便获释。

李炯才多年后重遇何真民，并听他说起获释时的情景："释放那天刚好是

"五一"国际劳动节，监房楼上囚禁的一群钟灵学生正在唱国际歌。我被囚时，他们曾提醒我不要喝囚室里的水。后来，所有学生都在狱中遭枪杀了。"

不久，同为怒潮社创办人的姚乐民遭枪毙，成员张利瑞也被拘留。张利瑞是钟灵中学毕业生，在育侨小学任教。一个月后，张利瑞被放出来。他在接受盘问时并没有供出任何人，扣押期间也只被叫去扫地板。

李炯才还是决定逃亡。橡胶园工人黄亚锡陪他一起骑脚踏车到大山脚榴梿岗丛林（现称武拉必山，Bukit Berapit）投靠舅舅。舅舅与舅母住在僻静的丛林深处，周围种满橡胶树。为了不被人认出，李炯才把头发剃掉，在那里帮舅舅干活、养猪、种菜和榨椰子油。

尽管母亲和兄弟不时来探望他，但每当晚上听到汽车声时，李炯才都会害怕得逃入森林，躲在一丛矮树下，因为日军经常在附近出没。一天，他正在喂猪，刚好有几位穿着军服的抗日军经过。他们对李炯才说："干吗浪费时间喂猪，来，一起去打日本人。你以前不是反日的吗？干吗要躲？起来打他们。"李炯才深知自己不愿伤害任何生命，婉拒了他们的邀请，不过却答应为他们提供物资援助。他们看起来颇为失望，以后再也没有来找他了。

李炯才在丛林里待了 3 年多时间。日军投降前，他的哥哥李亚峇来找他。原来哥哥有一个帮日本宪兵做事的朋友陈仁庆曾在和日军巡视丛林时看见过李炯才，但是他当时并没有声张。陈仁庆事后立刻通知李亚峇，叫他劝李炯才走出丛林，否则被日军抓去就保不了他了。

后来，在陈仁庆的协助下，李炯才拿到了良民证[1]。这个时候，他才放心地离开丛林返回北海。

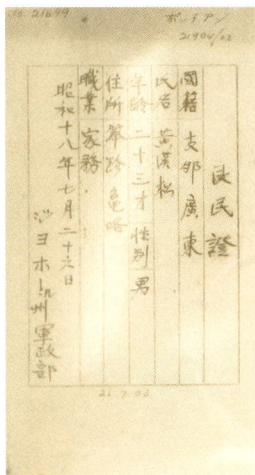

图源：新山华族文物馆

良民证（新山）

李炯才用 3 个月时间学会日语，并当上日语教师，这也是保护自己免于被日军拘捕的最好方法。在日语学校，老师和学生每天早上都要向日本昭和天皇作九十度鞠躬，然后听收音机做体操。大家每天都要唱日本国歌，参加太阳旗的升旗礼。黄昏时分，街上就会播放日本流行歌曲。日军在马来亚任意施暴，却想借播放日本

图源：新山华族文物馆

日文课本与结业证书

---

① 日军为了杜绝匪徒、游击队与抗日分子聚众生事，给普通民众发放良民证，用于证明其对所谓"大日本帝国"的效忠，增强行政区的安全性，同时加强人口管理。

歌曲来挽回民心。

当时，必需品都经由合作社配给，米、糖和盐严重缺乏，因此出现黑市买卖。李炯才一家买不起昂贵的黑市米，每天只能喝稀肉汤、吃木薯，经常饿肚子。兄长们冒险组织了一支脚踏车队，从吉打鲁乃（Lunas）偷运大米到北海，除了供自己吃，也在黑市卖，以增加收入。某天，李炯才的两个哥哥被日军拘捕，扣留在居林警署，等候押往双溪大年枪毙。全家听到消息后如同晴天霹雳，幸得日语学校校长朋友的帮忙，李炯才最终成功把哥哥从死神手上救回来。

1945 年 8 月，日军投降的消息传到北海，全镇顿时欢声雷动，热烈庆祝。在英军尚未返回的过渡时期，抗日军和日军共同维持社会秩序，经常可见这两批敌对的士兵一起站岗，尽管他们彼此之间没有交谈。双方交锋多年，此时竟然可以互相容忍，也算是件"怪"事。

英军迟迟不至，引得街头巷尾议论纷纷。民众虽然感到失望，但仍兴致勃勃地准备盛大庆典。在镇上，华人同乡会、同业公会及联谊会属下的建筑物上，旗帜随风飘扬，有人甚至燃放鞭炮，庆祝战事结束。

1945 年 9 月 3 日早上，英国海军陆战队乘着"纳尔逊号"战舰回到槟榔屿。英军来，日军退。群众涌到港口迎接英军，英军上岸时，群众的欢呼声响彻云霄，有人燃放鞭炮，有人表演舞狮，整个槟城欢腾雀跃。李炯才当时也在现场见证了这一个历史性时刻。

英国重新以军政制度统治马来亚。初期，社会秩序未能马上恢复，抢劫、盗窃的问题很严重。华人自行处决日据时期的"奸细"和"走狗"，为家人与亲属报仇。李炯才曾在北海目睹自己的兄弟为了报复，痛殴一名奸细。

林汉荣 父亲义助英军逃出日兵魔掌

日据时期，浮罗山背（Balik Pulau）是个山明水秀、依山傍水的淳朴山村。1902 年出生的林汉荣住在与市区相距甚远的一个乡村双溪槟榔（Sungai Pinang），其父林亚瑟是村里橡胶园园主。

林家全部成员都是虔诚的天主教徒。林汉荣当时在市区的圣心学校念书，和堂兄弟姐妹、祖母、姑姑共七人同住在圣心学校附近的一间小屋里。1941 年日军攻占哥打峇鲁时，他们急忙搬回双溪槟榔山上的老家。此时英军已经撤退，但还没见到日本人的踪影。

浮罗山背虽然没被轰炸，却可以清楚看到日本战机以"品"字阵飞越浮罗山背。13 个吃败仗的英国散兵想从吉打撤退到新加坡，却走进了林亚瑟的橡胶园，并藏身于此。林父发现了夜间出来觅食的英兵后，便与几个朋友商量，决定一起收留这些散兵。

在橡胶园住了几天后，有六名英兵决定逃亡。途中，他们不断与留下的七人保持联系。然而，当他们逃到升旗山附近时，却突然失去了联系。林父相信，他们应该是被日军抓走了。

小队逃亡失败，让林父觉得把逃兵藏在橡胶园里非常危险，于是把他们安置到更深的森林里。在林父及其朋友的帮助下，英兵成功在森林里躲了 25 个月，期间有四人病逝。

两年又一个月后，由于有人告密，日军前来搜捕藏匿林中的三名逃兵。林父及其朋友知道此事后，匆忙逃走。

那三名被抓的英兵在日军严刑逼供下，始终不肯供出救助他们的救命恩人。然而，父亲的友人谢宋吉最终没有逃出日军的魔掌，被带回宪兵部处决。

日军投降以后，英军开始追寻被日军带走的那三个散兵的下落。他们查到日军曾想将这三人送去新加坡，但在靠岸时，日本突然宣布投降，他们无法顺利上岸，因而行踪成谜。英军后来在太平发现其中一人的坟墓，但另外两人依然下落不明。英殖民政府随后亦派人到浮罗山背挖掘那四名在森林中病死的英军的骨骸，将他们好好安葬。

林父与那几位帮助过英军的朋友于 1952 年 5 月 15 日获英殖民政府颁发奖章，表彰他们在"二战"期间愿意不顾自身安危，支持英军。

林汉荣

峇都丁宜
升旗山 ▲
乔治市　北海
亚依淡
浮罗山背　牛汝莪
双溪槟榔 ★
槟岛　　　　　大山脚
槟城
威省

温子开

温子开 日军空袭 痛失至亲

1936 年，温子开出生于槟榔屿的槟榔路。他的父亲温丁贵是钟灵中学的毕业生，也是《现代日报》的发起人之一。温丁贵与妻子在幼时分别随着父母来到马来亚，成年后相识，并结为夫妻。温子开双亲、外婆、舅舅、姨母还有他的兄弟姐妹住在四方巷（Lorong Soo Hong）。

1937 年"卢沟桥事变"发生后，温丁贵积极参与筹赈活动。温子开的舅舅王南水那时还在钟灵中学念书，是个品学兼优、积极抗日的热血青年。

1941 年 12 月 11 日早上 9 时许，警报大响，但人们却因那几天警报会不时响起而不以为意。突然间，空中出现多架日军战机，狂轰滥炸之下，许多来不及逃跑的居民被炸死。

被投下最多炸弹的地方是人力车的聚集地——港仔墘（现新光大 Prangin Mall 所在地）的大沟渠边上。港仔墘是人潮集中地，车夫们都聚集在此处做生意。停靠在港仔墘的人力车，后车身较重，于是车子自然地向后倾，致使把手向上直伸，乍看似高射炮。估计日军从上空俯视市区时，把人力车误看成高射炮，以为该处是军防重地，便瞄准狂炸，导致人力车车夫死伤惨重。当时许多在港仔墘一带商业区上班的华人也被炸得肚破肠流，浑身浴血，倒在路旁哀嚎呼救。

空袭后，街上遍地死尸，日军吩咐当地消防队将尸体葬在牛汝莪乱葬岗。

温子开的姨母就在这起空袭事件中身亡，据当时一起逃难的亲人说，姨母在椰脚路（Jalan Masjid Kapitan Keling）上被炸死。然而，当温家人去到椰脚路时，却找不到姨母的尸体。在这次空袭事件中丧生的还包括已故富商骆文秀①的哥哥，以及温丁贵在《现代日报》的同事郭木生（已故国际篮球裁判郭双吉的爸爸）。骆文秀的哥哥被炸死在光大大厦（Komtar）现址前面，而郭木生则死在巫廷谦医生的诊所附近。

空袭事件发生前几天，温子开已随家人逃到日落洞（Jelutong）大路后方的霹雳路（Jalan Perak），和兄弟姐妹分别寄居在伯父和朋友家。那里较为僻静，人烟稀少。

过完年，外婆出资在霹雳路建了一间亚答屋给全家人住。1942 年 4 月 5 日，日军展开大肃清，肃清地点包括温家居住的霹雳路。日军包围村庄，并将所有男丁赶到霹雳路旁的日落洞警察局。温丁贵自知这一趟出去必死无疑，便冒险躲在床底下。日军进门搜查时，用刺刀在床铺四角刺了好几刀，躲在床底中央的温丁贵幸运躲过了刺刀，毫发无伤。

被带往警察局的人包括温子开的舅舅王南水。肃清现场，军车上站着一个蒙面人，大家列队走过，只要蒙面人点头，日军就会立刻将他眼前的那个人拖上军车载走。

在那场大肃清中，蒙面人一直随着日军到各地认人，还指称只要是钟灵师生都是抗日分子。因此，被抓走、杀死的人不计其数。

日军入侵以前，马来亚其实已充斥着日本间谍。槟榔路后面的日本横街（Cintra Street）是他们的聚集地。直到日军登陆后，这些间谍才暴露身份。

日军把王南水载到四坎店监狱，对他严刑逼供，要他供出同党。温子开的外婆眼看着自己唯一的儿子被抓走，尽管已知凶多吉少，但还是坚持每天往四坎店跑，求日军放过自己的儿子。然而，老母亲的泪水与哀求感动不了冷血、残忍的日军，王南水最后还是被杀死了。

事隔七十多年，忆起惨死的舅舅，温子开仍非常悲痛，强忍着泪水说："小时候，舅舅很疼我。"

日本横街

外婆在短时间内失去了女儿与儿子，终日以泪洗面。温子开时至今日仍清楚感觉到当年那种撕心裂肺的伤痛。

温子开的父亲温丁贵在肃清行动后，乔装逃亡到金马仑，半年后才敢回家与家人团聚。不久，日军即展开第二次肃清行动。日军这次根据情报与名单，逐家逐户抓人，被抓的多数是女生，当中许多是福建女校（现在的槟华女中）的学生。

---

① 骆文秀（1915—1995），通过买卖二手车生意白手起家，后成为槟城首富。

图源：韩江华人文化馆

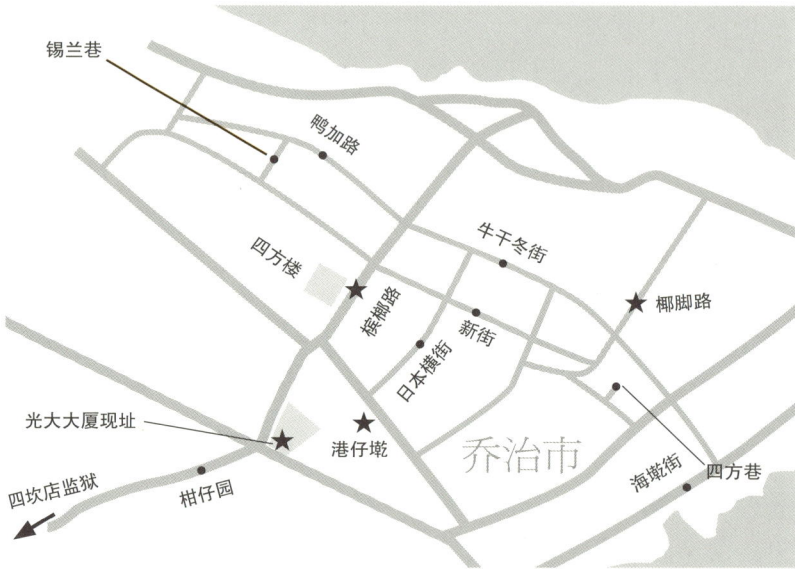

港仔墘早期的照片

福建女校

升旗山　乔治市　北海
亚依淡
日落洞
牛汝莪　霹雳路
浮罗山背
大山脚
槟岛
槟城
威省

锡兰巷

鸭加路

四方楼

牛干冬街

椰脚路

槟榔路

新街

日本横街

光大大厦现址

港仔墘

乔治市

四坎店监狱

柑仔园

海墘街

四方巷

乔治市地图

被逮捕的女生除了被日军毒打以外，还被他们以烟头烧胸部、私处等部位。有个来自吉打的钟灵女学生，虽受酷刑，却坚持不讲华语和马来文，只讲泰语，加上皮肤黝黑，最终成为少数被释放的人之一。

有个叫李星南的中医师，也在同一时间被囚禁在监狱里，目睹了女学生们遭受的各种酷刑。她们不愿出卖朋友，因而受到

福建女校

图源：韩江华人人文化馆

日军的凌辱、虐打。李医师也常被日军灌水、热铁烙身，以致伤痕累累。他靠挖墙脚的红砖充饥，最终活着出狱。

1944 年，8 岁的温子开在经过日军的哨站时，因不知道要行礼，被驻守的日军掴了一记耳光。温子开说："那一巴掌打下来时，我顿觉晕眩、耳鸣，痛了三四天后，左耳就失聪了。日本人送给我的是一只听不见声音的左耳！"

郑清林　日军搬空店里铜铁制武器

郑清林

郑清林生于 1931 年，小时候与家人住在槟榔屿市区牛干冬街（Jalan Chulia）五福书院隔壁，一家人靠收废铜、废铁为生。

1941 年 12 月 8 日，槟榔屿上空突然出现的 27 架日军战机轰炸市区。轰炸行动前一天，郑家早已迁到升旗山脚的一间祖屋避难。在轰炸行动的两三天后，郑清林听说日军的踏脚车队已经登陆槟榔屿。一星期后，他们一家人搬回牛干冬街，毕竟父亲经营的店就是他们家所有的财产。郑父之前并没有跟大伙儿一起逃，一人留下来看店。郑清林偶尔会回来陪陪父亲，但只待到下午，晚上就回去升旗山脚。

1943 年的某日，日军"小字部队"（编号 2944）派人到郑父的店，将所有的废铜、废铁搬走，估计是要运回日本制造武器。他们虽然没有伤害郑家的人，却把郑家的财产全都拿走了，没有留下一分钱。

后来，又有一个"田字部队"来到店里，把剩余的铜、铁搬光。日据时期，郑父的店铺生意本来就一落千丈，加

牛干冬街早期的照片

上所有东西被搬空，便索性转行做米干生意①。

当年只有 10 岁的郑清林清楚记得，有一个名叫铃木的日本军官披着一头长发，为人凶悍，身上常佩带着一把没有刀鞘的长刀。铃木有一辆专用车，每一次只要远远听见车声，所有人都会立即把门关上，躲在家中。据说，铃木亲手砍下的头颅都会挂在四方楼警局前展示。

住在市区的郑清林曾经历过两次肃清行动。两次肃清行动都发生在清晨，他们一家大小被叫出去，与其他居民一同列队被蒙面人辨认，只要蒙面人点头，便会被抓。郑清林猜想，日军要找的是钟灵学生。

兴南彩券

一位有名望的王姓商人不幸被蒙面人点名，关押在四方楼，又是灌水又是虐打，受尽折磨。后来虽然被释放，但由于身体伤重，没几年就去世了。

除了这两次肃清行动以外，日军还常到民宅搜查、盘问居民。郑清林的叔叔曾参加华侨筹赈会，是日军的目标之一。为了不被日军发现，叔叔长期藏匿在郊外，甚少回家。

根据郑清林的记忆，日本人当时还以"赌"来腐蚀本地人的意志。当时的本地人尤其喜欢赌"字花"②。虽然"字花"表面上由本地人经营，但幕后老板却是日军。

伍玉兰 痛恨日军凌辱女生

伍玉兰于 1931 年出生。战前，伍家一共五口人，除伍玉兰以外，她的祖父、双亲及幼妹都住在锡兰巷（Lorong Ceylon）的一间板屋里。父亲在律师行任职。

日军入侵那一年，她不过 10 岁，在辅友小学就读。

1941 年 12 月 11 日，日军大肆轰炸槟榔屿。那一天，伍玉兰因麻疹在家休息，当战机飞到槟榔屿上空时，她躲在窗口处偷看。战机不断投下炸弹，还以机关枪疯狂朝地面扫射。

---

① 米干生意是将吃剩的米晒干再转卖出去。
② 字花：即我国民间所称的"花会"，一种赌博方式。

当时伍玉兰的祖父和父亲都在外面，赶回家的路上十分惊险，幸好都安全回到家。伍父说，看到许多邻居被炸弹、枪弹击中，横死街头。很多楼房被空投的炸弹炸得只剩断壁残垣。

日军曾将许多市民，包括伍玉兰全家，赶到槟榔路上的四方楼前集合。在日军枪口下，市民完全不敢反抗，只能听从命令，在烈日下曝晒9个小时后才获准回家。

伍玉兰还记得当时有个蒙面人在辨认人，只要蒙面人对某一个村民点头，那人就会被抓走。其中一位被抓走的人是她的邻居。虽然她现在已忘了那位邻居叫什么名字，但还记得他是在机器行任职，家中有两女六子。这名邻居被抓走后就再也没有回来了，连尸体也找不到，他留下的孤儿寡母靠在街上卖油条为生。

一天清晨，伍玉兰目睹一名年轻貌美的女子全身赤裸，哭着从路口跑回家。11岁的伍玉兰认出这个姐姐是她家斜对面那家理发店老板的女儿，并知道这个可怜的姐姐被日军强奸了。

当时，在伍玉兰住处路口的鸭加路（Jalan Argyll）上驻扎了很多日军，他们将鸭加路的一间英校据为己有，改为宿舍。伍玉兰断定，那名少女是被住在英校内的日军强奸了，这令伍玉兰对日本人恨之入骨。

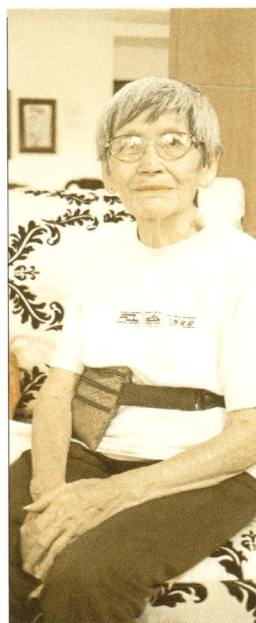

伍玉兰

乔治市地图

李引海　躲入偏僻村庄避肃清

李引海生于1918年，1941年离开中国，定居槟榔屿。李引海的第一份工作是在南益树胶公司上班。他记得日军曾在公司附近投下了一枚炸弹，但是不知何故，炸弹只是跌落在大草场上，没有爆炸。

日本军机盘旋在市区的"港仔边"（福建话，即海墘街）上空时，误以为停泊在路旁的人力车是高射炮，于是在那里投下了很多枚炸弹，还用机关枪扫射，杀死了很多无辜的人。

李引海还记得日军曾在市区举行了五六次肃清行动。肃清期间，他躲进垄尾（Paya Terubong）的"小留村"避难。"小留村"是个非常偏僻的地方，日军因担心"小留村"有埋伏，不曾到该地搜查。

有一次，李引海目睹逃避不及的人被日军重重摔在地上后，再拖上罗里，带回宪兵部审问的全过程。

日军的缉捕目标是钟灵学生以及曾为中国抗日筹款的明新社会员。

海墘街

升旗山
亚依淡
乔治市
★
垄尾
牛汝莪
槟岛

李引海

管槟玉　父亲狱中被虐死

管槟玉于1940年出生。她的祖父管震民（又名管线白）是个文人，由中国浙江南来槟榔屿钟灵中学教中文。后来她的父亲管亮工也在钟灵中学教体育。当日军侵略中国时，满腔热血、义愤填膺的钟灵中学老师们出面筹款，并以月捐或日捐的方式捐出自己的薪水，支援中国人民抗日。

日本攻入槟榔屿时，管槟玉的弟弟才刚刚出生。他们一家5口住在亚依淡的"九间厝"（由Jalan Batu Perempuan进入，靠近石母），距离钟灵中学约1公里。

当父亲被日军抓走时，管槟玉不过是两岁大的孩子，

管槟玉

祖父和父亲的事迹，都是管槟玉从母亲口中得知的。

日军侵占槟榔屿后，由于筹赈会的名单落入日军情报部手中，钟灵中学的教师纷纷逃难。1942年初，躲到升旗山后面芭地的管亮工，因挂念家中稚子，偷偷回家看望，结果碰上日军肃清行动，被蒙面人认出后关进了四坎店监狱。

管槟玉的母亲每天都会到监狱去，却始终不被允许进去探望。后来一名与管亮工同囚室的老师获释后告诉他们，管亮工遭受灌水、鞭笞等酷刑折磨，而且狱中极缺粮食，管亮工甚至被迫吃自己的粪便来充饥。狱中的卫生环境极差，管亮工因此染上痢疾、屙血。在慷慨就义之前，管亮工曾被释放三次，然而每次走到

管震民　　　　管亮工

当年钟灵师生的合照

日军关卡时，又被日军抓回去。管亮工知道自己已经没有生存的希望，便毅然绝食至死。

据管槟玉的母亲透露，管亮工战前曾与一个名为袁志云的女子结怨，这导致他身陷牢狱。英俊的管亮工曾与朋友打赌要让袁志云爱上他，结果袁志云真的爱上了他，但管亮工与远在中国的沈亮采早有婚约。管亮工成婚后，袁志云一直怀恨在心，一心想要置他于死地。

日军入侵后，袁志云当了奸细，与日本军官勾结，三度陷害原已获释的管亮工。日军投降后，她不敢留在槟榔屿，便随着当年的"沈常福马戏团"到海外表演，晚年回到槟榔屿亚依淡的庙里带发修行，现已离世。

另有一名钟灵中学学生，由于上课时捣蛋，曾被管亮工处罚。这名学生后来成了日本"走狗"，是指认管亮工的蒙面人之一。

管槟玉的祖父管震民当时住在亚依淡斯里珍珠女中（SMK Sri Mutiara）附近的一间平房里。当日军上门要抓他时，有人告诉日军，管震民不过是个只会喝酒作诗的老人，并无参与抗日活动。日军见他独自一人生活，不问世事，便放过了他。

日本投降后，管槟玉找不到父亲的尸骨，便为他立了一个衣冠冢，以便后人祭祀。

北马 **霹雳**

日军开枪扫射或用刺刀狂刺被抓者后，再对倒在地上的被杀者多刺几刀

日本占领马来亚之后，便把军队主力调往其他战场。为了强化统治，日军通过大检证及肃清行动，加紧逮捕和杀害抗日分子、共产党员、私会党帮派分子，以及私藏武器、扰乱治安者。每次肃清，18～50岁的人都必须到日军指定的地点接受盘问、检查，当中大多数是华人。日军无须任何理由就将人带走，被检证出来的人都立即被载到指定的地点，集体被机关枪扫射，或活埋在受难者自掘的坑洞里；女人则多被轮奸，之后再被刺杀，连孕妇及小孩都难逃魔爪。日据时期被凌虐、屠杀的人不计其数，许多家庭一夜间仿如人间蒸发；很多人家破人亡、妻离子散；还有一些人死后草草掩埋，尸骨无法认领。

日军除对平民拳打脚踢外，还用枪柄重击他们，或用刺刀把他们的头颅砍下，挂在显眼的地方示众，直到腐烂为止，借此威吓其他人。民众的灾难还不止于此。日据时期治安欠佳，老百姓除了必须逃避残暴的日军，还得提防山贼、强盗，每天都胆战心惊地生活。同时，物资匮乏也让老百姓生活在水深火热当中，他们吃的多是木薯，以及英殖民政府留存下来的些许石灰米。因营养不良，全身浮肿而死去的老百姓不在少数。

高乌

宜力

霹雳

巴里文达
太平
峇东
江沙
曼绒

沙叻北
和丰
珠宝
怡保
金宝
安顺

金马仑高原

打巴
美罗

丹绒马林

李瑞荣

李瑞荣　海南籍厨师遭割头颅示众

　　李瑞荣 1928 年出生在太平，家中有一个比他年长 15 岁的姐姐和一个大他 5 岁的哥哥。他的父亲在太平街场开店，经营脚踏车生意。

　　1942 年 1 月 20 日，日军空袭太平，4 架日军战机共投下了 4 颗炸弹。太平人初次看见飞机，觉得好奇，因而忘了逃跑，结果十几个无辜的太平人被炸死了，其中一名死难者是李父的朋友——一位姓陈的鸡农。李瑞荣说，那个人并不住在街场，那天他上街找人，结果却被炸死在古打路（Jalan Kota）。李瑞荣和家人在空袭之后逃到峇东（Matang）渔村，在舅舅家中避难。

　　随后，大队日军进驻太平，并安排几个印度人把尸体移走，正式宣布占领太平。李瑞荣一家人在峇东躲了两个星期后，回到太平街场的店，才发现店里的脚踏车已被抢空。

　　英殖民统治时期，英国官员在太平有名的避暑山庄麦斯威尔山（Maxwell Hill，当地华人称咖啡山或太平山，现官方称为 Bukit Larut）修建多间别墅，供英国白人避暑、度假。他们还聘请本地华人到山上工作，尤其喜欢雇用海南籍华人厨师。1942 年 2 月，日军到麦斯威尔山上搜查，并杀死别墅内 4 名持枪顽抗的海南人，砍下头颅，放在太平市区 4 个不同的地方示众。那 4 名海南人的枪械是英国雇主所留下的，而其雇主在日军挺进之前已逃离太平。

　　4 名海南人的头颅分别放置在东方街[①]（Eastern Road）与戏院街（Jalan Panggung Wayang）的交叉路口、郑太平街（Jalan Chung Thye Phin）与戏院街的交叉路口、林智惠路（Jalan Lim Tee Hooi）与敏路[②]（Main Road）的交叉路口、

---

① 东方街现已改称苏丹阿都拉路（Jalan Sultan Abdullah）。
② 敏路现已改称大闽沙丽路（Jalan Taming Sari）。

巴刹边与敏路的交叉路口。日军把那 4 名海南人的头颅放在木箱或油桶上，直到头颅发黑、腐烂、生虫、发出恶臭后，才逼迫一个路过的印度人拿去丢掉。

1942 年 4 月 5 日，日军在太平展开大检证行动，肃清的对象主要是身上有刺青的人。当天早上 8 点，日军召集太平居民到多个检证点集合，所有男人必须脱光衣服接受检查，而女人则只需检查手部。

那年李瑞荣才 13 岁，没被日军叫出去，他和母亲留在家里。而大姐、姐夫、哥哥和父亲全被日军召集到肃清地点。大姐曾在手掌虎口处刺了三点文身，因此家人都很担心她会被误当成抗日分子处置，于是向之前有些交情的日本兵求情，希望他可以帮忙解释。那名日本兵答应了他们的请求，这次求情，成功救了李瑞荣的大姐一命。

当天被检查到身上有刺青的二十多人全被押到太平监狱关押，两三天后即被日军拖到监狱前面的芭场屠杀，就地掩埋。

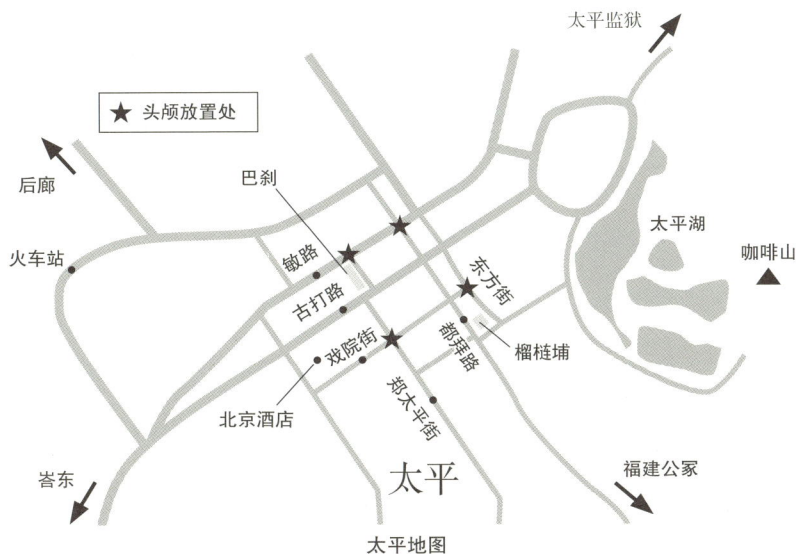

太平监狱

★ 头颅放置处

后廊

巴刹

火车站

敏路

古打路

戏院街

北京酒店

峇东

太平湖

咖啡山

东方街

都拜路

榴梿埔

郑太平街

福建公冢

太平

太平地图

黄奕山　　被诬赖国粮　父亲牢中受苦

黄奕山 1934 年出生在太平。日本入侵前，黄奕山的父亲在太平市区都拜路（Jalan Tupai，当年医院附近的一排店）44 号与古打路 118 号分别开了"新泉发"和"益成"两间杂货店。黄奕山自 6 岁起便被父亲送到私塾念书，日军入侵马来亚时，他正上小学二年级。

黄奕山

日军攻陷太平后，黄奕山一家就搬到福建公冢旁黄父所拥有的一片3英亩的橡胶园里。那里距离市区大约两公里半。在橡胶园住了3个月左右，局势稍微稳定，他们搬回都拜路旧居。

"新泉发"杂货店在日侵时已停止营业，店内囤积了不少粮食。有一名马来人前来购买粮食，但黄父表示杂货店已暂停营业。结果这名马来人向日军告状，说黄父囤积粮食。日军强行将黄父带走，载到宪兵部严刑逼供，还将杂货店内的大部分货物搬走。而一些马来人也在日军前来抓人时趁火打劫。黄奕山一家害怕日军再回来，便决定放弃"新泉发"，并把"益成"租给印度人，一家人搬到山林里去避难。

当时，有一名太平侨领出钱在福建公冢旁建了三排木板长屋，收容来自各地的难民。这个有橡林和公冢作为掩护的避难所，共住了三百多人。平日纷争不断的华人，在患难时反而能够不分彼此地住在一起，有钱出钱，有力出力，和平共处。

不过，这个难民区并不完全平静，因为这里不时会有日军前来巡逻。日军每次开着五六辆军车，不怀好意地来抓女子。他们一般会在半夜、趁人们不注意时下手。住在附近的马来人若发现日军军车，会向难民们通风报信，帮助他们逃离。大家就会纷纷作鸟兽散，有的逃到深沟里，有的逃上坟山。有一次，躲在深沟里的黄奕山听见女子的喊叫声，奈何没有人敢冒险救人。他们只能在沟里等待着，直到军车走远了之后，才敢爬出来。随后日军势力转弱，黄奕山一家又搬回市区。

黄父被关在牢里时，除了被日军虐打逼供外，还被灌水。日军把黄父的肚子灌满水，再以军靴踩踏其腹部，直到他将水与血都吐出来为止。这样的酷刑持续了一年，加上牢房环境恶劣，传染病肆虐，黄父生不如死。

黄父被扣期间，黄母典当自己所有的首饰，把钱交给住在古打路店铺对面的艺人老李，拜托他到宪兵部的各部门疏通。日军收到钱后，释放了父亲。然而，受尽折磨的父亲已行动不便，完全丧失工作能力，从此郁郁寡欢。黄父常感叹自己的遭遇，更曾用橡胶醋[①]自杀。黄父活到 70 多岁，直到临终前心中还是抑郁难解。

黄奕山曾经历过一次肃清行动。当天清晨 8 点左右，太平市区的居民都被赶到"榴梿埔"大草场（太平小贩中心现址，约有 4 个篮球场大）集合。所有人列队站好，供坐在军车上的奸细辨认，其中一些村民还被勒令脱掉上衣，检查有无文身。

肃清行动一直持续到 12 点左右。那时，日军并没有挨家挨户搜查居民，小孩也不需要接受检查。因贪玩而跟着大人到草场集合的黄奕山，在无意中目睹了肃清的情况。

黄奕山说："日军抓了不少无辜的邻居和朋友，这些人被抓走以后，便再也没有回来了。"

温碹华   父被诬蔑走私白米遭痛殴

1932 年出生的温碹华，与家人住在距离太平市区八九英里的峇东渔村，以捕鱼为生。

日军的开路先锋队路经峇东时，随意进入村民屋子里查看。一名日本兵在温碹华家里搜查时，顺手拿了几盒"222标"火柴，抓了一只公鸡和一只母鸡。温碹华后来还听说日军用刺刀掀开某家人的门帘时，差点将站在帘后的妇女刺死。

这一队开路的日军来到甘文丁（Kamunting），继续为非作歹。温碹华一位住在当地的远亲，惨遭日军拖出屋外强奸，还怀上了日军的孩子。

1942 年的清明节，日军再次来到峇东。当天半夜，无论男女老少都必须出外排队，接受日军的检查。有人途中擅自离队去洗脸，回来时被日军毒打。

肃清时，男人必须全身脱光，让日军检查身体及阳具

温碹华

---

① 橡胶醋是使胶汁凝固的化学物品。

是否有文身。温碹华的祖父日后每当想起该次搜查时，必会嚎啕大哭，说自己活了一把年纪，从未被人如此欺辱过。

村中的女人则3人站成一排，被日军检查双手是否刻有文身。温碹华的姑姑曾在虎口处刺上3个青点，原以为会被日军带走，却幸运地逃过一劫。

日据时期，有渔民从外地走私石灰米。父亲有一个叫黄泽信（温碹华只听到别人叫他，但不知正确的名字怎样写）的朋友，想买这些米，但马来文不灵光，便叫父亲帮忙。父亲和朋友去买米的路上，遇见一人问他们要不要一起到十八丁买米。岂料此人竟是暗探，把他们诱骗到警局去，还诬告他们是海盗，把他们扣留起来。

由于走私石灰米是大罪，第二天，涉及这次买卖的5人被押到槟城的四方楼严刑逼问。父亲被几个锡克警察殴打，一些人还被灌水。而黄泽信被打得最惨，不堪折磨，便折断叉子插进自己的咽喉企图自杀，侥幸不死。他们的家属拜托峇东的侨领丘天仁去求情，岂料他也被诬陷为同谋，还被关起来毒打。最后是丘天仁的亲人到槟城向相熟的日军求助，这6人才被放了出来。

张天铨　脱光衣服接受检证

张天铨在1937年随着姐姐和姐夫移居马来亚，先是在霹雳州的巴里文达（Parit Buntar，又名新巴来）居住，后来迁居至太平。

日据时期，他们3人住在太平戏院街的南光咖啡店（后来改为"瑞士咖啡店"），白天在咖啡店工作，晚上则睡在咖啡店楼上。

张天铨已无法清楚记得日军空袭太平的具体日期，只记得某天，太平市区上空突然出现了3架没有国旗的战机。初时市民以为是英军战机，所以没特别留意，还跑到店外

张天铨

抬头看飞机，直到战机开始扫射，街上的人才震惊慌乱地找地方躲避，张天铨也随着人群躲到水沟里。

日军战机用机关枪扫射一轮后，投下炸弹，轰炸太平。

张天铨提供

张天铨全家福

据张天铨所知，在这起袭击事件中单单戏院街就有四五个人罹难，横尸街头。尽管已事隔多年，但他还记得日军战机在面积不大的街场投下了 3~4 枚炸弹。日军轰炸太平后，张天铨一家便逃往峇东渔村的朋友家中躲了一个星期，直到街场局势平稳后才回去。

回到街场，他们发现街上商店的货物全被人打劫清光，南光咖啡店也同样被洗劫。当时局势混乱，他们不敢开店，但无处可去的张天铨还是在南光咖啡店楼上居住。有一天，店里来了 3 个日本兵，他们三人要求张天铨煮食招待，所幸没有伤害任何人。

太平街场多处设有关卡，凡经过的人都必须向驻守的日军行礼，不然会遭到日军的毒打。张天铨曾亲眼看见有人因没有行礼而被日军拳打脚踢。

张天铨没有亲眼看见日军杀人，却看到日军为警告居民而在太平街场悬挂的头颅，悬挂处还放了写着遭处决者的名字和罪名的牌子，一贯的罪名是"抵抗日军"。太平街场共有四处悬挂头颅，而张天铨所看见的是东方街与戏院街交叉路口处、郑太平街与戏院街交叉路口处的两个头颅。

张天铨说："那两个头颅已经腐烂，就连头皮都掉到地上了。当时刚好有个骑三轮车的人经过，日军便命令他将地上腐烂的头皮捡起来丢掉。"

1942 年 4 月 5 日清明节当天，日军发动了名为"四五太平大检证"的肃清活动，他们在多个地点设立检证站，全面检查身上有刺青的人。被带到榴梿埔检证站的张天铨和其他受检者一样，必须脱光衣服受检。日军还会用小藤棍提起男性的阳具，仔细查看是否有刺青，并以此手段践踏男性的尊严。被日军发现身上有刺青者必死无疑。

由于张天铨身上没有刺青，接受检查以后被放回家。他的一位朋友（潮州人）身上原有龙图案的刺青，但听到风声后赶紧用药消除刺青，让皮肤溃烂、结疤，刺青变得模糊不清。

张天铨说："和平以后，我朋友手上还有明显结痂的伤疤，而且还可以从伤疤中看出那是个龙的图案。"

屋里。英军撤走后，日军脚踏车队来到加地。后来大批开坦克车以及骑马的日军也陆陆续续抵达加地。

苏国兴提供

1941年12月14日，日军五师团脚踏车部队进攻太平

加地在中央山脉脚下，高山森林围绕，适合打游击战，因此成了抗日军的大本营。黄利益指出，当时的加地村民，经常受到日军的威胁与欺凌。

随着抗日军日渐活跃，并且暗杀了"鬼头"（奸细）后，日军便展开了一连串肃清行动。虽然黄利益并没有正式加入抗日军，但许多"山顶人"（抗日军）原是加地郊区村民，一些还是黄利益的童年玩伴，与抗日军熟络，黄利益因此成为日军通缉的对象，过着四处躲藏的日子。直到他逃到峇东的亲戚家以后，才终于避过了日军耳目。

浮芦顶日治无辜蒙难青年纪念碑

1943年，一名抗日军将日军打死，连夜逃走。日军于清晨三四点包围位于加地郊区的农村——浮芦顶，并将二十余名壮丁反绑双手带走，载到加地警局用锄头毒打一番，任其在烈日下曝晒。随后一辆军用卡车载走所有人，从此音讯全无。几十年后，黄利益在义山为他们设立了一座墓碑，祭拜这些无辜百姓的亡灵。

日军的到来还引发了族群之间的纠纷。日军初来时，当地马来人除了把那些来不及逃走的英军交给日军以外，还谎报当地华人为抗日军。当时，被抓走的人当中有不少是黄利益在启智学校的同学。许多青年因害怕被马来人诬陷，纷纷躲进山林里。

日军投降以后，英军重返马来半岛，对华人与马来人的冲突采取隔岸观火的态度。

直到清真寺事件之后，英军成立新村将华人与马来人隔开，族群之间的仇恨才随着时间慢慢冲淡。

梁伟凤 双亲在轰炸声中倒下

梁伟凤

梁伟凤两岁时和父母兄姐一起来到马来亚，住在怡保市甘榜爪哇（Kampung Jawa）的波士打路（Jalan Sultan Idris Shah）。

一天，警报声大响，梁伟凤和兄、姐吓得躲在家中，等待到菜市场卖猪肉的父母回来。结果，他们没有等到父母，只等到一个同姓朋友传来的他们父母遇害的噩耗。

梁伟凤他们听罢，慌忙拔腿沿着波士打路找寻父母的踪迹，却只看见猪肉档附近有一滩血迹。"或许父母被送进医院了！"他们抱着最后希望，往医院的方向奔去，希望能够找到父母。可是，医院里的救护人员已经逃亡，半个人影也没有。

梁伟凤伤感地说："直到今天我还不知道父母的遗体在何处，可能他们已被埋到乱葬岗去了。"骤失父母后，梁伟凤随着兄姐到昆仑浪（Gunung Lang）一个朋友的家中避难，住了一个多月。1942年2月中，梁伟凤遇到六名骑脚踏车入村的日本兵，其中一人还会讲广东话。这一队日军宣称"所有东西都是我们的"，便把村民的家畜、蔬菜占为己有，并要村民包括梁伟凤帮他们杀鸡。日军在该村逗留了几个小时才离开。

梁伟凤从昆仑浪回到甘榜爪哇时，看到日军在怡保街头对三个华人和一个马来人行刑。梁伟凤说："日军当时在砍头，有很多人围观，但是我因害怕而站得很远，所以看得不清楚。"日军杀了人后，把头颅挂在街场几个不同的地方示众，以收恐吓之效。

梁伟凤在逃难期间被蚂蚁、蚊虫叮咬以致双脚溃烂。回到怡保的两个月后，他在姐姐和姐夫的陪同下到吉隆坡医治脚疾，在那里待了七八个

高乌
宜力
巴里文达
霹雳
太平 沙叻北 和丰
珠宝
江沙 怡保
甘榜爪哇 金马仑高原
昆仑浪
飞机场 金宝
打巴
美罗
安顺
双溪马立
丹绒马林

月。大哥并没有随行，而是去了泰国替别人服劳役，建"死亡铁路"，因为这样可让他赚得七百多元。自那之后，梁伟凤就再也没有见过大哥了。事隔多年，梁伟凤提起"死亡铁路"仍心有恐惧："去那种地方是九死一生的，很多人去了都回不来。"

档案照

冷血日军挥刀残杀无辜百姓

"我不喜欢在吉隆坡生活，那里时常有日军肃清，很不安全。"梁伟凤说。脚治愈后，梁伟凤返回怡保，在飞机场做了几个月清洁工，后来辗转去了安顺（旧称 Teluk Anson，现称 Teluk Intan），在日本人的船厂当学徒。船厂原是当地华人的产业，后来被日军强占，改名为"野川东印度物产株式会社"，有一百多个工人，归日军"2944 部队"管辖。

梁伟凤说，在船厂打工虽然时常被打骂，但是每个月可领到 50 块钱，还可以免去被清算的风险。因此他在船厂工作了一年多，直到日军投降为止。

这段时间，安顺曾发生肃清事件。事发前一夜，有一名日本籍警长被远距离射杀，日军为此勃然大怒，将市民赶到街上的游艺场曝晒五六个小时，并抓了一些人去。不过，

图源：《居安思危》

日本招募东南亚的劳工到泰国建"死亡铁路"

由于射杀的距离颇远，并没有人被认出来，日军只好将抓回来的人都放了。

1945 年日军投降后，距离安顺 4 英里的双溪马立（Sungai Manik）发生了种族冲突事件。虽然有抗日军持枪抵抗马来人的攻击，但仍造成三百多名华人伤亡，同时有一百多名马来人死伤。当时，有两百多人成功逃难，当中多是老弱妇孺。

据梁伟凤忆述，双溪马立当时是个马来人居多的地区，他们主要以种稻为生，近百户华人住在沿河一带。

某天晚上爆发冲突后，抗日军即派人去船厂通知工友们，他们马上组成巡逻队。梁伟凤当时也曾随着巡逻队队员前往双溪马立附近站岗，防止暴动的马来村民冲入街场。幸好，马来人没有攻击行动。令人安慰的是，当晚的族群暴动也没有蔓延至其他村庄。

后来，抗日军代表到马来领袖家中谈判，种族冲突逐渐平息，但成功逃命的村民已不敢再返回双溪马立居住，纷纷迁往别处。

蔡子并

蔡子并　"水闸路肃清惨案"　父成亡魂

　　蔡子并于 1935 年出生。日据时期，他一家九口住在霹雳冷甲（Langkap）的水闸路（Jalan Chui Chak）。蔡父以种植烟草为生，在战战兢兢中勉强度日。

　　在日军侵略时期，只要稍有风声，年轻人就躲进芭场避难。一些长辈却因担心自己拖累家人，而宁可留守家中。

　　水闸路位于郊区，距离冷甲市区 1 英里。日军占领马来亚之后，其少踏足水闸路。在蔡子并的记忆中，他只见过日军两次，都是骑着脚踏车前来水闸路抓家畜的。

　　1944 年 8 月，两名日本兵来到水闸路。由于这次抓了非常多的家畜，他们无法共乘一辆脚踏车，其中一人只好下车步行。当他们走到冷甲街上时，刚好有一个华人骑脚踏车经过。该名走路的日本兵强行抢过那辆脚踏车，连那车主也一并载走。那华人坐在后座上，心生恐惧，害怕自己会遭到对付，便趁前座的日本兵不留神时，拔出他腰间的短刀，把他杀死了。

　　日本兵被杀的消息迅速传到军官耳中。他怒不可遏，下令村长揪出那名逃走的华人。由于事态严重，村长很快就找到那个华人，并把他交给日军。

　　当大家以为这事就此告一段落时，日军竟在事发后的第二天晚上 8 点多，以机关枪扫射村民泄愤。据当时住在街场附近的居民说，执行任务的军官命令日本兵先扫射所有亮着的"大光灯"。当时，家家户户点的都是燃烧煤油的"大光灯"。扫射一轮后，日军再将枪口的角度调低，转向人群。彼时，"大光灯"全被击毁，整个街场陷入一片黑暗中。大家在慌乱中摸黑窜逃，而日军也在一片漆黑中漫无目的地胡乱扫射。

　　那时，冷甲街场有两排共七十多间的店屋，在一夜之间被日军一把火烧光。

·水闸路
·巴拉湾河

巴拉湾河

蔡子并父亲安葬处

水闸榴梿园

这起日本兵被杀事件还导致"水闸路肃清惨案"的发生。1944年8月27日，日军在当地进行肃清行动。当天清晨6点左右，蔡子并的父亲蔡美富起身解手时被日军逮个正着；住在不远处的堂叔蔡传咳也同样被日军带到集合处。

当天的肃清只锁定男人，共抓了41人。这群男人通通被带往约半英里外的巴拉湾河（Sungai Pahlawan）对面的榴梿园，然后双手被绑住，站成一排。到了正午12时，日军用机关枪击毙这41名男子。躲在家中的蔡子并听见一连串的扫射声以及几声短枪发射的声音。蔡子并猜想那是由于日军在扫射后又再补上几枪，以确保无人生还。

蔡父被日军抓走以后，蔡母一直心神不宁，但年纪尚小的孩子们却以为父亲只是出门工作，没有多问。直到让人心惊的枪声传来，母亲才绝望地说："你们的父亲没了……没了……"

那一刻，蔡子并才知道自己这一辈子再也见不到父亲了。

日军离开之后，蔡母找了几个住在附近的亲戚到榴梿园寻找蔡父。他们从屠杀现场叠压成堆的38具尸体中，找到了蔡父和蔡传咳。他们合力将尸体搬到一旁，挖了个洞穴将两人同埋一处，并立了个简单的墓碑。

隔天，共产党员收到消息后，便从山里出来，埋葬其余36具尸体。

在这起水闸路肃清惨案中，有三人成功逃命，他们是韦秀、罗士和赵成。韦秀和罗士在被押往榴梿园途中，趁日军不注意时潜入水中躲了起来，成功逃过一劫。赵成则是在日军扫射之际，急忙倒下装死，才得以保命。

蔡子并如今还住在水闸路附近，当时的榴梿园现已变成油棕园，父亲和堂叔的尸骨也还埋在此处。蔡子并说："我只认得出父亲和堂叔的坟，至于那些蒙难者的合葬冢，这么多年来都无坟无碑，无人打理。"

战后，榴梿园曾一度变成菜园。几年前有山猪、野狗在那儿挖出骨骸。相信如今要找回殉难者的骨骸再好好安葬，已不太容易了。

王家昆

王家昆　　鲜血染红屠杀现场

王家昆于 1931 年出生，自小和家人住在霹雳州沙叻北小镇（Salak Utara）的街场。镇民以华人居多。

1942 年 3 月 26 日凌晨，11 岁的王家昆和家人在睡梦中被破门巨响惊醒。当时睡在王家昆身边的王父即刻起身查看，却惊见床边站着一个持枪的日军，在无力反抗的情况下，被日军强行押走。

隔天一早，王母因担心丈夫的安危，便叫身为长子的王家昆到街场打探消息。此时，王家昆才发现原来整个沙叻北已经被日军占领，估计有 300 多名日军进驻当地。而父亲和所有男丁都被抓到兴华学校前面的篮球场。

当天下午一两点，母亲叫王家昆带点儿水和干粮给父亲。篮球场四周皆被日军包围，约有 300 名男人在球场上蹲着。王家昆走进去找父亲时并没被日军拦截，而场上不断有人向他要水喝，待他走到父亲身边时，带在身上的水已所剩无几。

王家昆打听到日军的肃清目标是身上有刺青的年轻男子，因为日军断定身有刺青者即是私会党成员，亦等同抗日分子。王家昆说："其实我那时并不明白'肃清'的意思。"

当天傍晚六点，父亲获释，王家昆一家放下心头大石。那次肃清行动，日军只把矛头指向年轻男子，妇女和小孩都不是肃清对象。

当天，共有二十多个身上有刺青的男人被抓到当时日军驻扎的兴华学校问话。王家昆记得被抓的人当中包括伯父王卡、同村人李金水和一个哑巴。

日军认为读书人都是抗日分子，因此尤其对知识分子怀有敌意。兴华学校校长殷春初、教务主任朱绩夫、王家昆的级任老师黄火生，即使他们身上没有刺青，也被抓去问话。

沙叻北兴华学校旧址

更甚的是，日军在治理马来亚期间，对各种族采取分而治之的策略，使得马来亚各族群间的战后关系紧张，柔佛、霹雳及森美兰一带还接连发生种族冲突事件。

"二战"期间，日军因海运战略物资常被联军轰炸沉没，于是计划在缅甸与泰国之间建造一条长约260英里的铁路，联系新加坡、马来亚、泰国、缅甸与中国云南，这也就是

图源：槟城战争博物馆

泰缅铁路又被称为"死亡铁路"，逾万名修路的盟军俘虏和被抓去的华人在此丧命

著名的"桂河大桥"。由于工程浩大，需要众多人力，马来亚一带的华人也被征召，很多人从此一去不回。

黄利益　与抗日军为伍　成通缉对象

黄利益

黄利益出生于 1924 年。6 岁那年，他随母亲从中国漂洋过海去到江沙（Kangsar）附近的加地（Kati）与父亲团聚。加地是来往南北马的必经之地，但是该地华人极少。在英殖民政府的鼓励下，加地人于 1910 年开辟了 21 个橡胶园，自此，当地约 80 巴仙①的华人以种植橡胶树和割胶为生。

黄利益的祖父在加地搭了一间亚答屋②，以此为店铺向马来人收取土产，再用担子挑到 6 英里外的永梧（现称宁罗 Enggor，霹雳河的码头）和加赖（Karai）售卖。祖父去世以后，由黄父继承这门生意。

在黄利益抵达加地一年后，当地华人借出房子兴办启智学校，黄利益成了该校第一届学生。这家像私塾一样的学校并没有固定的校舍，而且只有一位老师与四五位学生。黄利益念六年级那年，加地突然来了大批广西人，学校的学生人数也因此增至六七十人。

黄利益在小学毕业后便与桂姓邻居一起到槟城钟灵中学上课。由于钟灵中学老师十分关注中国抗日战争，时常在下课后与学生谈论日本如何侵略中国、日军的武器配备等。黄利益读初三时，黄父不幸病逝，他回家奔丧后便再也没有回学校去。不久后，日军在哥打峇鲁登陆，黄利益的同学也被迫停学，各自逃难。

日军甫登陆，黄利益一家便逃到橡林里，与乡亲一起住在一间临时搭建的木板

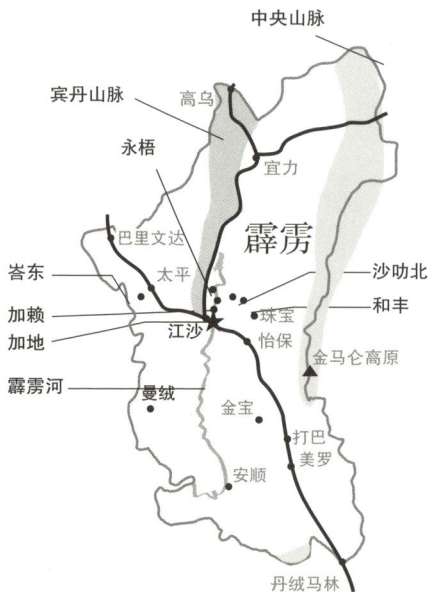

中央山脉
宾丹山脉
高乌
永梧
宜力
巴里文达
霹雳
峇东
太平
沙叻北
和丰
加赖
珠宝
加地
江沙
怡保
霹雳河
金马仑高原
曼绒
金宝
打巴
美罗
安顺
丹绒马林

① 巴仙：英语 "Percent" 的音译词。80巴仙即80%。
② 亚答屋：南洋传统建筑的一种，其最大特点是房屋离地架设在木柱上，屋面覆以棕榈叶，墙面通常用树皮或木板制成，多见于沼泽地、密林、海边等。

最后只有 5 个人被释放，包括李金水，其他男子则在 3 天后被日军处死。

3 月 29 日，王家昆在睡梦中被凄厉的惨叫声惊醒。王家昆全家人都晓得，日军开始杀人了。在那个寒冷的夜晚，一阵阵撕心裂肺的哀嚎不绝于耳，王家昆和家人都无法入睡，只期盼黎明快点到来，驱走夜里血腥的空气。

隔天清早，王家昆遇见他的同学钟二陶，两人遂结伴前往昨晚传出惨叫声的方向。由于不清楚确切的位置，他们便去询问火车站站长，才知道屠杀地点原来是在与火车站相距约 30 米的防洪沟。

防洪沟距离王家昆的家约有 200 米，由三和锡矿公司经营。沟深五六尺，宽三四尺，因三月不是雨季，水并不深，而 13 具尸体就这样层层叠叠地堆在一起。

王家昆说："从尸体堆叠的情况来看，相信受害者在被刺杀之前，是并排站在防洪沟的两边，面对面而立。日军刺死他们后，就直接把他们推进沟中。"王家昆形容，当时一阵阵浓烈的血腥味扑鼻而来，让他俩觉得非常恶心。

王家昆记得叠在尸堆最上面的是一个叫张官姐的邻居，生前住在巴刹旁，除了割胶，还靠卖菜糊口。王家昆常向他买菜。他面部朝上，胸口有个明显的刀伤，鲜血染红了整个上半身。在这次屠杀行动中，只有校长殷春初不是在防洪沟被杀，他被抓到太平监狱，此后音讯全无。王家昆猜想校长已成为日军的刀下亡魂。

而朱绩夫是这起惨案的唯一生存者。他后来忆述当时场面，听者无不心寒。

王家昆提供

殷春初遗像

当时，4 名日本兵先绑着他们的手脚，再用刺刀逐一刺死。朱绩夫站在最后一个位置，有相对多一点儿的时间可以逃跑。他极力挣脱绳子，狂奔三四十米后便跳进大矿湖里。愤怒的日军追上来朝矿湖开了三四枪，但都没击中朱绩夫。死里逃生的朱绩夫后来加入了抗日军，直到日军投降后才回到沙叻北复校，成为兴华学校的新任校长。

王家昆的伯父王卡，其实是个文盲，他在日军踏足马来亚的两三年前，由中国去到马来亚当矿工，并非抗日分子，却没想到因虎口有刺青而白白送了性命。

肃清行动之后，住在沙叻北的男子都不敢露面，王家昆的父亲和舅舅也一样。他们在橡胶园内搭建一间亚答屋，晚上就在那里过夜。

在那之后，日军在沙叻北展开过几次肃清行动，不过，日军没有在当地屠杀被捕者，而是载到别处杀害。

中马 森美兰

簡塘尾　新港
金龙　双溪罗丹
半芭

双佛里
益群学校

金马扬
日叻务　双溪镭
知知港
余朗朗村
格拉旺　葫芦顶
文丁
港尾村　马口
芙蓉　瓜拉庇劳
神安池
森美兰
波德申　淡边
郑生郎园

知知港　余朗朗村灭村事件

从森美兰州芙蓉北上 40 分钟车程，经过九曲十三弯的崇山峻岭，即到达日叻务县县府格拉旺（Klawang Jelebu）。再往北约 5 英里，就是坐落在知知港（Titi）西南方的余朗朗村（Ee Longlong）。

20 世纪 40 年代，这里群山环绕，土地肥沃，盛产黄梨、香蕉、甘蔗、慈姑、橡胶以及锡米。两百户刻苦耐劳的农民和矿工，在此安居乐业，诚然是个与世无争的乐园。日军入侵后，即在当地成立了"维持会"，大部分村民都持有安居证和良民证。

然而，谁也没想到，余朗朗村在 1942 年 3 月 18 日惨遭灭村，那是日据时期最惨无人道的血腥大屠杀。

当时，余朗朗村被指窝藏抗日分子，因为这片偏僻山野地带附近山林经常有抗日军出没。在抗日军一次袭击日军的行动后，被激怒的日军展开了令人发指的灭村行动。

《马来亚人民抗日军》的其中一章，详细记载了这一段历史："1942 年 2 月（即春节初三下午），日军获悉抗日军第二独立队（简称'二独'）司令部在知知港砚塘尾，动员两百多人，乘七八辆卡车，由日叻务向简塘尾进发。'二独'司令部接到情报，布置在驻梨望的 43 中队，在中途沿山边分四个伏击点。当敌军车进入伏击圈内，即遭到猛烈的火力扫射。敌人跳下车顽抗，抗日军一面派人上车拾

王家昆有一位学长张某，他被日军抓走后，可能因受不了严刑逼供，竟成为奸细。张某站在一辆用帆布盖着的军车上，透过帆布上的洞口认人。人们列队从张某面前经过，只要他点头，那人就会被日军带走。最后，日军带走了十多人，而这些人再也没有回来。

日据时期，王家昆曾见过沙叻北街场的大树上挂着一个发黑的头颅。街坊邻里告诉他别处尚有一个头颅，不过他却没有亲眼看到。王家昆说："我不晓得这些蒙难者是如何得罪日军而遭此下场，我也不认识他们。"

在那三年零八个月里，马来亚人民见证了日军的残暴。

沙叻北殉难旧纪念碑

沙叻北殉难新纪念碑

李金水 沙叻北小镇大屠杀生还者[1]

李金水

李金水是日军在沙叻北小镇进行的大屠杀行动中的幸存者。

当年 21 岁的李金水，住在福建公冢附近的橡胶园，以割胶为生。

1942 年 3 月 26 日清晨 6 点多，大批日军闯入沙叻北，命令全镇两三百个成年男人到学校对面的篮球场集合，等候检证。当时，兴华学校校长殷春初、教务主任朱绩夫和教师黄火生也在其中。

日军包围整个球场，有的持枪监视，有的佩长刀来回踱步。日军命令男子脱掉上衣和短裤，只剩内裤，一排排蹲在球场上晒太阳，一直到下午四五点。五六个日本兵负

---

① 李金水的经历曾刊登在2009年3月12日的《星洲日报·大霹雳》。

责检查他们的身体有无刺青，特别是拇指和食指之间的虎口位置，因为日军认为有刺青者都是抗日的私会党员。

而李金水手上恰有一个已不明显的黑色五花点刺青。当时，日军走过来检查站在他旁边的男子，随后就把那人带走。李金水的心扑通扑通跳，心想这次没命了。轮到他受检时，他拎着衣角遮住手上刺青，日军也因此没注意到，李金水暂时安全过关。

然而，没多久他便和其他人一起被拉去学校。大家一个个排队出来被日军问话。李金水因为害怕，待到最后才走出去。幸好他顺利过关了，到了晚上八九点获释。

逃出生天的李金水，和家人马上搬到马来甘榜避难，住了三年多，直至日军投降后才搬回沙叻北。回忆往事，李金水对死里逃生那一幕，至今仍心有余悸。

但其余被扣押在学校的人却没有那么幸运。殷春初校长隔日即被送到宪兵部，受尽折磨；剩下的人就在第三天凌晨被押出村子，在沙叻北火车站附近的三和矿场与和合兴矿场旁（现高压电塔边）惨遭杀害。据知，日军用刺刀疯狂刺杀这些人，那凄惨的号叫声令村民颤抖。

罗宽平 日据时期遭山贼多次骚扰

罗宽平于 1938 年在瓜拉江沙出生。他家住在一个叫 Kua 的地方，与玲珑约有五英里的距离。罗父在这个只有 20 家店铺的小市镇开了一家杂货店。

罗宽平记得日据时期的某个晚上，镇里来了一群三四十人的土匪，口操广西方言，手持刀枪，点着土油灯，抢夺居民的钱财、粮食及一切有用的物品。

后来，这群山贼又到镇上抢劫，父亲急忙躲到屋梁上，由母亲与几个孩子开门应付。尽管贼人追问到底，但他们只是说父亲"过埠"去了。贼人遂放火烧掉他们家房门的布帘，并进一步恐吓他们说出父亲的下落，但因为母亲始终表示不知，土匪最后也只好无奈离开。

罗宽平

事发第二天，日军召集全村人，以了解整个抢劫过程。当时罗宽平年纪尚小，已不记得谈话的细节。

为了逃避山贼，罗宽平一家后来搬到江沙亲戚家寄住，却正巧碰上日军进行肃清。日军在军车上用扩音器喊话，命令所有居民到篮球场上集合，接受一个以牛奶袋蒙面的人的检查。他们一家人都安全过关。

日军刚进驻江沙时，罗宽平和家人曾在该地小住了一阵子。

罗父因之前不断受到山贼骚扰，身体日渐衰弱，更因此患上肺病。后来，他们家决定关闭杂货店，举家搬到 2 英里外的老寅农村，向当地的马来人租了一片地耕作，以养家糊口。

吴鉴新

以为是相机来照相　却是机关枪来索命

吴鉴新

吴鉴新 1935 年在美罗（Bidor）的三宝岭出生。三宝岭是位于美罗往打巴（Tapah）方向约 3 公里处的小村落，四周被橡林、椰林围绕，人口只有一百多。三宝岭盛产锡、金及铜，因此大部分村民都在矿场工作。

吴父专门替人搭建金山沟①。吴鉴新的母亲早逝，由祖母抚养长大。

三宝岭有个名叫“黄毛狗”的贼人被日军抓住，囚禁在打巴的警察局里。可是，这人竟然从狱中逃走。日军认为连一个平民都无法看守好是莫大的耻辱，也怀疑“黄毛狗”的越狱能力，便决定到他所住的村子去探个究竟。

日军于清晨 5 点大举进入三宝岭，把到村里做买卖的外地人和村民一并赶到废矿场的“沙屎芭”②集合。日

---

① 常见于锡矿、金矿场，主要用水力开采法来沉淀泥泞中的矿物，后在清沟时将含矿物的沉淀物取出加工。金山沟尾端则是洗琉琅（淘锡米）的地点。
② 由洗锡米后留下的沙所堆成的一大片沙场。

军在那里架起 4 支机关枪，乍看之下貌似旧式照相机。当时村内的老人见状，还安慰其他村民说："别怕，日军是来帮我们照相的，照了就会放你们回家。"

日军训完话以后，便将村民赶下四五尺大的"泥油塘"①里。泥油塘原是一个 300 尺深的烂泥地，非常松软且难以行走。日军站在"壆头"（矿场引水沟旁两侧高起的部分）上，用机关枪对准泥油塘中的村民进行扫射。不少人尝试越过泥油塘，却因陷入泥浆里而被淹死，有些则被日军射杀。

日军不断朝村民开枪，直到血染泥地，他们才撤走。当时，吴鉴新一家 5 口刚好躲在"壆头"正下方的芒草处，不在日军的扫射范围内，得以逃过一劫。据说，有一户人家因住得偏僻而逃过了肃清，但日军在撤退时无意间发现了这一户人，便把他们反锁在家，活活烧死。

吴鉴新一家赶紧回家收拾，带着细软到美罗火车头村附近的斯罗肚（旧地名）吉兴橡胶园避难。

吴鉴新的叔父当时经营一家茶室，此外，他还用面粉袋或麻包袋缝制了很多大件的男装卖给那些想要扮男装的妇女。

后来，吴鉴新一家又搬到更隐秘的"小桃园"大树芭里避难，在森林里种植稻米、木薯糊口。直到日军投降以后，他们才搬回三宝岭。

吴鉴新听说，一个住在美罗吉冷仔（旧地名，现 Jalan Paku 至南北大道高速公路旁）椰园里的孕妇，被 2 名日本兵抛上半空后，用刀刺死。

---

① 矿场荒废以后，原本用来引水的沟便会开始积水，形成烂泥塘，俗称泥油塘。若矿产丰富，矿场隔壁可能就是另一个矿场，相邻挨着。

巫义娣　乱枪扫射下的幸存者

巫义娣 1930 年在美罗三宝岭出生。巫义娣的母亲与许多妇女一样，在矿场"洗琉琅"[1]，而巫父则在金宝（Kampar）矿山工作。

日据时期，共有两批日兵进驻美罗，并驻扎在中华学校（现中华二校）。日军的情报局长官在路经三宝岭时被一个名叫黄亚九的抗日军杀害。长官遇害后，日军连续在村子里搜查了三四天，终于在黄亚九家搜出了神符与扶乩的相关书籍。原来黄亚九是一名乩童，在自己家中设了神坛。其中有一本书写着"刀枪不入"四个大字，日军看后火冒三丈，决定看看他是如何地刀枪不入。

隔天，日军将三宝岭的村民赶到 200 公尺外的"沙屎芭"集合，准备射杀这些无辜的村民。

"沙屎芭"是采矿后留下的沙堆，有草场般大，表面平坦却长满茅草。日军在"沙屎芭"对村民训话半小时后，便命令他们走下低洼泥浆地，把架好的机关枪对着他们。村民当时以为那是相机，日军要拍他们的照片。

巫义娣站在母亲和祖父母身后，母亲抱着七八个月大的妹妹，而祖父肩上则坐着小弟，其他姐妹就站在祖父身旁。不久，日军便开始对村民乱枪扫射。巫母对巫义娣说，她宁愿溺死，也不愿死在日本人的手里，于是带着怀中的幼女跳进泥塘，也将巫义娣的头一起按进泥浆里。由于巫义娣并没有寻死之心，便挣扎着抬起头来，成功保命，可是母亲和小妹已回天乏术。其他家人则因站得靠近山坡边，没被机关枪射中而逃过一劫。

当时，许多人尝试游到泥塘对岸逃命，却不幸淹死，也有不少被日军当场射死。巫义娣估计这起惨案中的死难者有数十人。

事后，巫义娣一家匆匆回家收拾，到华侨小学过夜。

巫义娣

---

[1] 即淘锡米。

当时很多村民不敢回家，纷纷扶老携幼到华侨小学住下。她记得有个胸部中弹的妇女，被带到学校医治，但几日后不治身亡。

美罗三宝岭惨案发生地点

巫义娣一家在学校过了一个晚上，隔天回到矿场，用旧床板从泥塘捞起其母亲和妹妹的尸体，草草埋葬在"沙屎芭"的锡矿场旁。其他生还者也陆续回到矿场收尸，只剩外地人的尸体暴露在荒野，任野狗啃食。

随后，他们举家搬离三宝岭，到"巴刹背"（现公市背新村 Belakang Pasar）开始新生活。从此以后，养家糊口的担子便落到了巫义娣姐妹身上。她们当起了琉琅女，洗锡米养家。她们还曾在惨案发生的地点淘洗到骨头、牙齿、铜钱和首饰。

屠杀惨案发生之后，大部分村民迁出三宝岭，到别处生活。三宝岭逐渐荒芜，今天已看不见任何战争的痕迹。

武器，一面与日军交火。交战约一小时，虽未全歼日军，亦毙伤日军数十人。缴获手提机枪二支，长枪二十多支，自己无一伤亡。事后日军对'二独'无可奈何，只有用屠杀群众来泄愤。"

日军遭伏击事件与余朗朗村屠杀惨案仅隔一个月，极可能是日军的报复行动。另外，中日战争爆发时，森州地方委员会最先在知知港建立了"华侨抗日后援会"。这也成为日军入侵马来亚后对居住在知知港森林一带的华裔居民恨之入骨的原因，并为日后的余朗朗村灭村行动埋下伏笔。

1942年3月18日上午，约一百名日本兵在先头部队的指引下，乘着多辆军车开往知知港街场，小部分日军留在街场，其余的则逐步包围离街场不到0.25英里的余朗朗村。村民以为日军会逐家检查证件，所以都留在家中不敢外出，结果成了瓮中之鳖。

日军抵达后若无其事地进行官民对话，欺骗村民到空地及益群学校集合，然后把一二十名村民分成一队，逐一押往远处的空房子。这时候日军才露出狰狞面目，用刺刀杀害手无寸铁的村民。轻举妄动或胆敢逃跑的，全部被枪杀。他们一天内就杀害了1 474名无辜的华裔村民，老人和婴儿也不放过，并放火烧毁全村，宁静的山村顿成炼狱。

在《马来亚人民抗日斗争史料选辑》中，黄爱萍对余朗朗村屠杀事件的记录甚详，特别提及日军入村后先把15岁到30岁的女性三四十人赶到学校教师宿舍里关起来集体轮奸，然后将她们悉数杀害。

在屠杀事件发生翌日，抗日军"二独"司令部副队长兼政治部主任斯科，派人员从突岭步下山来，把在这场屠杀中幸存下来的村民带回突岭治疗。被抢救回来的村民有二十几位。其中一个老人，全家被杀，独孙胸膛被日军刺了七八刀，伤口随着呼吸不断溢出脓液，不到一周便不治身亡，老人家泣不成声，之后变成了痴呆。据一些人忆述，3月底再回到余朗朗村采集瓜菜，狼藉依旧，埋得较浅的尸体，还隐隐发出难闻的尸臭味。

活下来的小部分村民，除了痛失亲人、家园，许多都经历了不止一次被日军刺刀刺进体内又拉扯出来的痛。幸存者的回忆，是惨不忍睹的恐怖画面，狰狞、刺刀、血浆、疼痛、扑鼻的血腥味……

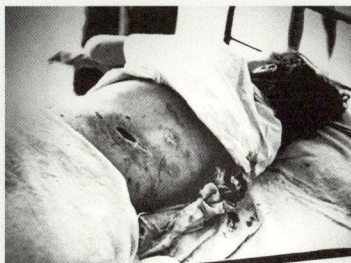

图源：槟城战争博物馆

惨遭日军强奸和刺伤的受害者

63

萧月娇

萧月娇　躲在草丛逃过死劫

　　1942 年日军占领芙蓉时，家住余朗朗村的萧月娇只有 15 岁，小学刚毕业，家里有八口人。那时治安不好，嫁到知知港金龙区的大姐认为余朗朗村较安全，便搬回娘家暂住。事发前一两天，大姐的儿子发高烧，余朗朗村没有诊所，所以大姐一家回婆家去，幸运逃过一劫。

　　3 月 18 日下午约 3 点，萧月娇正在家门前扫地，瞧见不远处有大批日军进村，赶紧进屋叫姐姐逃走。姐妹二人从后门分头逃到离家不远的"黄梨头"和香蕉芭躲起来。当时有一位寄住她们家的朋友，闻讯后赶紧跑回家，却在途中被日军发现，惨遭杀害。

　　由于日军担心芭场有埋伏，通常不会闯进来搜索。大约到了晚上 7 点，天色渐黑，萧月娇开始感到害怕。这时，懂客家话的日军点了盏灯，在芭场外用客家话向芭里喊道："你们好转咯！"（意即"你们快回家咯！"）很多躲在芭里的人听见了，误以为是自家人通知他们外头的情势已经平静，于是纷纷往外走。

　　萧月娇听见有人叫唤，也准备走出去，正要跨步时却看见两个日本兵背对着她抓鸡，赶紧跑回芭里躲着。过了一会儿，窸窸窣窣的脚步声逐渐靠近，吓得她心惊胆跳，以为日军看见她了。忽而，一声"天暗了，走咯"，原来是姐姐走过来找她，让她虚惊一场。

　　姐妹俩一起走到叔公家去。当时叔公住在一个叫双佛里的地方，与余朗朗村仅相隔一条河。叔公也不知该怎么安置她们，便叫她们暂时先躲在香蕉芭的沟渠中。大约晚上 10 点，突然下起倾盆大雨，姐妹俩这时才惊见余朗朗村已烧成了一片火海，村里还不断传来呼喊救命的惨叫声。萧月娇和姐姐只能无助地相互拥抱着，期待黑夜赶快离去。

凌晨 3 点多，余朗朗村的屋子已被烧得只剩灰烬。日军离开后，住知知港附近其他地方的人便开始到余朗朗村寻找亲人，萧月娇的姐夫也出外寻找她们两姐妹。当他们一起回到余朗朗村的家时，才发现屋子已被烧毁，村里遍地焦尸。萧月娇不知道自己的家人到底还存不存在于人世，她也无法辨认烧焦的尸体。路上到处都是尸体，当中有一些是从外头赶回家的妇女惨遭日军奸杀，弃尸路旁，根本分不清谁是谁了。

三天后，尸体开始发臭。知知港镇上的居民筹了一笔钱，聘人收集尸体，安葬在千人冢。

萧观吐 身挨 13 刀的生还者

萧观吐生于 1911 年，当年 31 岁的他在余朗朗村以务农为生。1942 年 3 月 18 日上午 10 点左右，日军上门查户口证，萧观吐刚好外出。下午 3 点半，他返回家中，日本人再次登门对照名册，确定无误后，便将萧氏一家九口赶往益群学校集合。

学校当时已挤满了人，嘈杂不安，但在日军凶狠的吆喝下，村民也不敢反抗。萧观吐眼看村民一批批被押往一两百码远的房子后便不再回来，心知不妙。轮到他这一组人被押进木屋时，手里抱着 4 岁儿子萧天养的他，料想大限已到，却也无可奈何。

日军先逐个搜身，随即下令村民背对着他们跪下。此时，刽子手手上寒光四射的钢刀已对准了村民们的背脊。"杀！"随着军官一声令下，冰冷的钢刀奋力刺向颤抖的血肉之躯。霎时，惨叫声掺杂着孩子的哀嚎声，响遍这间犹如屠宰场的小屋。萧观吐听见儿子天养哀叫，喊着"爸爸！"

惨烈的凄叫声没持续多久，前一刻还活生生的村民一个个应声倒下，屋里顿时陷入一片死寂。刽子手匆匆离去，赶着执行下一轮的屠杀。

萧观吐挨了 13 刀，肩胛、背脊、肋下、腰肚，刀伤累累，痛入五脏六腑，失去知觉。由于他是个庄稼汉，平日刻苦耐劳，因此勉强挨得住刀伤，一息尚存。他奇迹般地苏醒过来，但伤口仍鲜血淋漓，痛不欲生。萧观吐的呻吟声惊动了同样身受重伤却还没断气的邻居萧连。萧连提醒他要马上离开现场，否则日军回来就糟了。萧观吐放下手中爱儿的尸体，与萧连忍着极度痛楚，匍匐爬出满地尸首的人间地狱，钻进浓密的茅草芭。

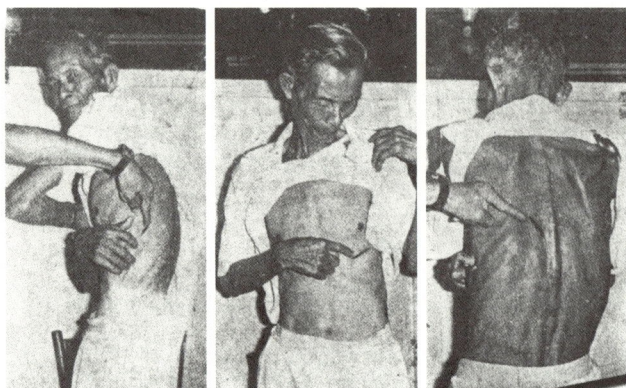

图源：《日治时期森州华族蒙难史料》

萧观吐展示身上残留的刀疤

村民几乎全遭毒手，可是日军尚不罢休，匆匆用餐后，继续埋伏等待漏网之鱼。直到把所有村民杀光后，天色已近黄昏，日军执行"烧光政策"，一把火把全村烧光。被火烧得坍塌下来的屋顶压在一息尚存的村民身上，他们痛得发出撕心裂肺的惨叫声。

当晚，老天爷也为此人间惨剧悲哀落泪，下起滂沱大雨。躲在茅草芭里的萧观吐知道母亲、哥哥、嫂嫂、妻子、两个儿子、两个侄女已凶多吉少。由于日军把守森严，不停四处搜寻，因此萧观吐和萧连只能忍着剧痛与死神角力，撑过漫漫长夜。之后，萧观吐努力爬到路口，幸亏遇见由芙蓉赶回余朗朗村的张香，才得以获救。

萧招娣 死尸堆中爬出来的幸存者

萧招娣

萧招娣生于 1934 年，大半辈子都在知知港度过。余朗朗村遭灭村时，她正好 8 岁，是从死尸堆中爬出来的幸存者。提起童年时期那段惊心动魄的经历，她有说不完的恨与痛，当年血淋淋的一幕，深深烙在她的脑海里，毕生难忘。

萧招娣忆述，在日军抵达前，有个同村男子骑着脚踏车绕着村子喊道："不要逃走，不然日军来时发现人数不对就糟了！"于是，村民都老老实实待在家里，等日军上门检查。

当天下午，本在益群学校集合的萧招娣和母亲，被日军押到邻居的房子内。里头站满了人，大家害怕得发抖呼救；日军则手持刺刀，凶神恶煞地围着村民，命令村民背对着他们跪下。一句"柯洛斯！"（日语"杀死你"的意思）后，刺刀旋即落下，日军开始狂刺村民。

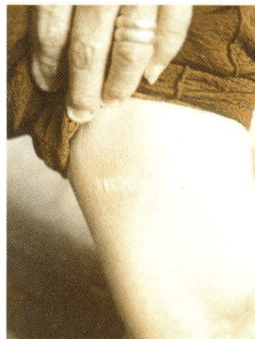

萧招娣左腿伤疤

那时候，萧招娣跪在母亲前面，左腿被刺了一刀，痛得惊叫出声。母亲知道孩子受伤了，一把将她抱在怀里，当孩子的肉盾，一刀又一刀地承受着。母亲血流如注，吓坏了萧招娣。母亲的喘气声越来越微弱，对她说了最后一句话："不要动，不要哭！"小小年纪的萧招娣和一堆死人躺在血泊中，那些尸体还不断流出红色鲜血。

小房子充斥着血腥味，萧招娣透过死人堆的缝隙，看见日军用斧头活生生地将姑丈砍死。据萧招娣说："姑丈练过一些刀枪不入的功夫，日本人见刺刀刺不死他，就随手拿起身边的斧头去砍姑丈的头，砍了很多次才停手。"

萧招娣的姑姑抱着几个月大的儿子被日军带到另一间房子后刺死。日军将小孩抛向空中，高举刺刀，将他们刺死，残忍至极。萧招娣说："那是你们无法想象的骇人场面。"

日军疯狂屠杀后，还逐一敲打村民的背部，以确认他们是否还活着。当时的萧招娣紧紧闭着眼睛，不敢动也不敢叫。

日军走后，她才敢爬起身来，唤着"阿妈，阿妈"。另一个幸存者，邻居罗娘对她说："不要哭，不要嚷，你妈妈死了。"罗娘带着她偷偷潜到茅草芭躲藏，一夜淋雨到天明，眼睁睁地看着日军火烧余朗朗村。

萧寿宏　身挨 12 刀　被抗日军救活

萧寿宏一家八口住在余朗朗村，以耕地为生。1942 年 3 月 18 日下午，大批日军抵村，以检查安居证为由，到家家户户去搜查。萧寿宏记得那时有十多名手持刺刀的日军来到他家，点算了全家人数后并未离去，反而将邻居男女老少约 20 人赶到他家。

日军命令所有村民列队跪在地上，然后一声令下，日军无情的刺刀便刺向跪在地上的人，顿时惨叫声四起。萧寿宏共被刺了 12 刀，除了大腿上的那一刀，其他都是"隔尸"刺杀造成的伤，虽没中要害，但他已昏厥过去。

约晚上 7 时，萧寿宏从尸堆中苏醒，看到十多岁的邻居孩子满脸是血，两人一起逃出该屋。萧寿宏负伤向山芭走去，芭里有一户未受波及的人家，他就在那里过了一夜。次日，他跟着从森林出来寻找粮食的抗日军到离村五六英里的森林营寨去。

抗日军用草药为萧寿宏治疗，一个月后他的伤口复原。抗日军曾试图说服萧寿宏加入他们的行列以报仇雪恨，但萧寿宏认为他全家都死了，就只剩下他一个血脉，不可轻易牺牲，因而拒绝了抗日军的建议，离开了森林。

数月后，萧寿宏迁至葫芦顶（Pertang）工作，但祸不单行，他又被日军点中，被迫到泰国建"死亡铁路"。在泰国，他过了两年苦不堪言的非人生活，还患上了烂脚症。命硬的他最终熬过了那段噩梦般的苦日子，日本投降后他被安排搭火车回芙蓉。

钟 妹 目睹 13 个月大的女儿被刺死

日军进入余朗朗村时，钟妹正在园里种慈姑。下午 4 时左右，听闻日军到来，许多村民被赶往益群学校，钟妹心知大事不妙。当时怀着第二胎的她一个箭步奔回家抱起 13 个月大的正在睡觉的女儿，往黄梨园走去。途中遇见杂货店老板的媳妇，以及两个在田里埋头耕种的村民，钟妹好心叫他们躲起来避开日军，但那位媳妇却说："不能逃，日本兵叫我们去就应该去，违令者可能会遭遇不测。"就因为这一句话，钟妹唯有跟着他们一道去学校。

当他们来到集合地点时，天色已开始阴沉下来。日军集合了全村男女，并下令村民分成 20 人一组，这些村民随后被带到不同的屋里。钟妹是第一批被带进去的人。村民的手被日军绑起来，一个日本军官坐在前面，从腰际抽出一把长刀，慢条斯理地说："我要杀死你们全部！"大家听了后捂脸哭泣。

黑暗中，钟妹感觉到前排的人中刀倒在她身上，而尖刀穿过身前那人再刺入钟妹的身体，刀锋亦落在她的胸部和手肘上。钟妹一共身中六刀，却大难不死。"那刀从肉里拉出来，很痛，但我不敢出声，跟着前面的人一起倒下去诈死。"而她怀抱里的女儿当时并没被刺中，只是被惨死的人压着，哭了起来。日军听见哭声，转头戳死钟妹的女儿，钟妹惊吓得晕了过去。

待钟妹醒过来时，已是晚上，她听见日军在屋外放火的声音，但她不敢马上逃离现场，只能等待时机。钟妹看到被日军杀死的人叠起来有桌子般高，她家其他九口人全都罹难。等日军走了，又饿又渴的钟妹才爬到一个菜园去躲了六天六夜。在缺水、缺粮的情况下，伤痕累累的钟妹只能喝沟渠水维持生命。后来她慢慢走去知知港街场大伯萧金龙的家，经治疗方捡回一条命。

黄　妹　三度出嫁　余朗朗村惨案改写一生[1]

日军占领马来亚时，35 岁的黄妹和丈夫赵兴以及六名子女居住在余朗朗村，以耕种为生，一家和乐融融。但随后发生的余朗朗村惨案，改写了她的一生。

当天，日军通过村长叫所有村民，包括赵兴家的人到学校去，以检查他们的良民证并分派粮食。下午，当众人看到四处都是带枪的日军时，心觉不妙。日军将村民分成一组组，带往不同的房子。男人皆被捆绑起来，而妇女和小孩则站在另一边。接着，日军举刀砍刺男人，杀完后便转向妇女和小孩。一排排的人在惨叫声中倒下，血流成河。

黄妹命不该绝，虽然满身都受刀伤，但未伤及要害，只是昏倒在死人堆中。黄妹的姑姑同样身中多刀，从死人堆中爬出来时看到黄妹没断气，就把她拖出屋外。当时天已黑，她们逃出生天不到半小时，日军便重返屠杀现场，纵火烧屋灭尸。黄妹和姑姑躲进森林，直到第二天，才在参加抗日军的侄儿带领下，到森林营寨治疗。

痊愈后，黄妹回到知知港，虽死里逃生，却已家破人亡。当听闻日军将要抓未婚女性当慰安妇时，黄妹惊恐不已，于是匆匆下嫁萧某。不久之后，黄妹怀孕了，但不幸的事再度降临。萧某被指为抗日军，遭日军逮捕并施以严刑，最后成了日军的刀下亡魂。

黄妹怀着遗腹女，生活无以为继，三度出嫁，嫁给了许耀，诞下了二女一男，他们就是转述母亲辛酸史的许三妹及其姐姐和哥哥。黄妹年老时曾向许三妹透露，若命运可以选择，她宁愿在首次被刺时就死去，也不愿活着忍受更多的坎坷。

---

① 黄妹的辛酸史由其女儿许三妹向记者转述，许三妹受访时，黄妹已去世。

骆玉凤、骆玉英、骆玉娣　无良民证反而躲过一劫

日军侵马后，维持会召集村民注册身份以领取良民证和安居证，一些年轻女子因担心自身清白被侮辱，所以不敢申报。没领证件的年轻女子宁愿过着躲躲藏藏的日子，也不愿以身犯险，反而保住了一条命。

骆玉凤和骆玉英两姐妹以及另一位亲戚骆玉娣当年只有十多岁，都是正值花样年华的妙龄女子。当大批日军开进余朗朗村时，大家都以为他们是来检查良民证的，没有良民证的她们立即离家避难。

骆氏姐妹躲进斜坡上的香蕉芭。当天4点多，她们看到双手被反绑的村民，一队接一队地被日军带往不同方向的房子。不久即传来凄惨的嚎哭声，村子随后也被一把火烧毁殆尽。

两姐妹躲在芭里，纵然满腔愤慨，也无可奈何。若贸然跑出去，只是飞蛾扑火，徒然送命。她们一直待到晚上9点多，确定日军离开后，才逃到更偏僻的森林山芭度过恐惧又彷徨的一夜。当晚，她们在路上遇见不下十位劫后余生的受伤村民。

第二天，骆玉英和姐姐打算离开之时，在森林里迷了路，徘徊了六七天之久。一连几天，两姐妹一直哭个不停，饿了就采"亚答枳"[1]充饥，渴了就折"藤水"喝。最后，她们走出森林，来到知知港。虽然姐妹俩逃出生天，但至亲们已全部罹难，一家六口，包括孕妇都死于日军的刺刀之下。

她们的亲戚骆玉娣，在日军进村时，和弟弟骆麟从屋后逃走，但没走多远，家人就叫持有安居证的弟弟返回，骆玉娣只好独自躲在木薯芭里。结果，那一次的分离竟成了永别，骆玉娣一家八口皆在那场血腥的惨案中送命。

日军铁蹄踏入余朗朗村前，村民已事先在木薯芭设了一个地洞，以备不时之需。当时，逃到地洞避难的少女有十多个，骆玉娣也是其中一人。不晓得过了多久，外边传来日军大开杀戒的消息，无数村民蒙难。不久，骆玉娣便看见父亲负伤往木薯芭走来。

地洞里没有水，但大家却在里头待了七天，父亲的伤势并不太严重。直到外边局势平静以后，他们才翻山越岭去到了知知港。

父亲受了伤却能存活，可说是不幸中的大幸，但他仅仅多活了两年而已。日

---

[1] 亚答枳是生长在沼泽地带的亚答树果实，果肉半透明，微甜，口感柔韧。这些果实不仅可以直接食用，还可以加糖浆和水，制成饮料。

军投降前，骆玉娣的父亲被奸细告发，说他是从余朗朗村逃出来的人，结果父亲又被日军抓走，死在日军刀下。

黄 元　无惧前往寻获惨死兄姐

黄元 5 岁那年，在伯父的安排下，随母亲和兄姐从中国南来，在知知港半芭落脚。为了赚取生活费，大哥黄发瑞、二哥黄贵仁和姐姐黄妹迁至距半芭 2 英里的余朗朗村居住，以养猪和种植为生；他与母亲、三哥黄锡麟则留在半芭。

1942 年 3 月 18 日，9 岁的黄元陪同生病的母亲到知知港看病，他听闻大批日军开入余朗朗村，恐怕会施暴行。不久后，余朗朗村的上空浓烟密布，几乎可以肯定日军已在余朗朗村杀人放火。随后传来消息，余朗朗村的人全被日军杀害了。半芭的村民都战战兢兢，人心惶惶，谁也不知该如何是好。他们都有亲人住在余朗朗村，但在自身难保的情况下，大家都无可奈何，只能在心里祈愿他们逃出生天。

直至傍晚，他们才听说日军在屠杀后已离开了余朗朗村。当时，黄元挂念兄姐，尽管三哥再三劝阻，他还是不顾一切跟着一位同村的阿嫂回余朗朗村探看。抵达时，黄元眼前所见尽是烧毁的房屋和满地的尸体，不禁惊叫"天啊"。

黄元回忆说，当时他虽然年纪小，但愤怒的心情让他无惧这些死状可怖的尸首。他跟着阿嫂找到了兄姐的家，发现猪寮已被夷为平地。他们后来来到一个锡矿地，只见男女老幼的尸体横卧地上，现场并没看见任何生还者。在阿嫂的帮助下，黄元在尸堆中找到了兄长的遗体。黄元当时不知是太过惊慌还是悲愤，竟然哭不出来。漫山遍野的尸体没人敢去处理，任其暴露荒野，过了一段时间后才有人前去捡骨安葬。

半芭当时并非日军屠杀的目标，黄元与母亲、三哥相依为命，但母亲熬不过丧子之痛，终日以泪洗面，在日据末期心脏病发作去世。黄元由其三哥抚养长大。

余 生　日军引路人不熟路径　全家幸运保命

1942 年，余生一家老小十多口人住在约距知知港 1 英里的一个叫新港（Ladang Jelebu, Tanah Merah）的橡胶园里。3 月 18 日上午 10 时许，一个亲戚匆

匆前来报信说她在双溪罗丹（Sungai Rotan）香蕉芭的房子已被日军放火烧了。由于日军放火时，屋内无人，因此当时有人认为：无人在家的房子会激怒日军放火烧掉。大家心里七上八下，担心日军铁蹄踏入橡胶园。

大约过了一小时，没见日军踪影，余生便陪同老叔公和一名亲戚到邻近的橡胶园打探消息，发现橡胶园的办公室已被烧毁。烧剩的柱子还冒着烟，说明日军刚走不久，他们急忙转身返家，一名原本躲在余生家屋侧草丛中叫汉杰的小园主，立即出来催促他们逃命。他说他的儿子和橡胶园管理公司的老员工黄五已被日军杀死，而自己则幸运躲过枪弹，说完后他又隐入草丛继续逃亡。

汉杰带来的消息，让余生及其家人不知如何是好。他们不敢再拖延，急忙爬上屋旁山坡的草丛，躲了将近三小时。后来，老叔公提议到知知港街场亲友家暂避，其中有一个亲戚自告奋勇先到街上探问。一小时后，亲戚返回告知当天上午日军将所有人赶出店屋外晒太阳，之后又命令他们回店屋，现已不见日军驻守该处。大家这时才在暮色苍茫中踏上橡胶园小路，越过小山丘，穿过河沙坝，抵达亲友的屋子。然而，整个街区一片死寂，不见行人也未见日军。

其实日军当时尚未撤走，还在余朗朗村屠杀。探首窗外，可望见余朗朗村那边的天空一片火光，空气中弥漫一股烧焦味。事后，余生听说那天带日军到橡胶园管理公司杀人的带路者不是当地人，因不熟路径而转到别处，使他们逃过一劫。

马口双溪镭惨案

1942年8月29日（农历七月十八）[1]，368名村民被害

双溪镭（Sungai Lui）是一个依着金马扬（Kemayan）火车站建立起来的小镇。村民以福建人居多，也常有外地人到乡里耕地、收土产或到附近的金矿淘金。距离火车站百码处，有一排用亚答叶盖成的商店，附近还零零散散分布着几间商店。

张谭福的父亲是其中一间杂货店的店主。1942年8月29日上午10点左右，张谭福的三哥到火车站准备接外出办货的父亲回家。然而，三哥没有等到父亲，只看到大批日军从火车上走下来。三哥赶紧回到杂货店，通知家人日军来了。而后，一家四口战战兢兢地从店内窥看日军进村挨家挨户搜查村民。

大家其实不知道日军为何而来，还端出了许多好酒好菜来招待日军。然而，

---

① 《森州华族蒙难史料》一书记载屠杀日期为1942年7月31日（农历六月十九）。

碑文：1942年3月18日日治时期余朗朗华族
同胞蒙难者男女老幼总计1 474人　1979年
8月30日知知港全体华人建立

图源：《知知港开埠史料回忆录》

日本和平团员参观日据蒙难
人士纪念碑

日本和平团到蒙难人士总坟
拜祭，由萧妙云诵读公祭文

当年《星洲日报》报道
纪念碑筹建过程

　　日军在饱餐一顿之后，却下令将所有村民都捆绑起来，就连小孩也不能幸免。

　　其中一个孩子毛国有及其义母，也在人群之中。几个手持机关枪的日军就站在距离他们三四十尺处。义母不知如何成功挣脱了绳子，但她却假装仍被绑着，以免被日军发现。义母慢慢移到毛国有身边，想为他松绑，可是身旁的女村民看见后，纷纷低声哀求她帮忙松绑，岂料他们的举动被日军发现，日军立即开枪扫射。当妇女们被击毙倒下时，义母也急忙拉着毛国有一同躺下，假扮死尸。

　　毛国有还记得，当时有一名七八岁大的女孩，幸运躲过子弹。可是，当她爬起来想逃走时，却被日军发现并击毙。日军疯狂扫

73

射后，一般会走到尸体旁用脚轻踹，再对脚下的尸体多刺几刀，确保村民们已经死亡，接着就放火烧屋，毁尸灭迹。

假扮死尸的毛国有与义母不敢轻举妄动，等到日军完全离开后，才从火场中爬起来逃走。两人先到小溪边把身上的血迹清洗干净，再沿着火车轨道步行到金马扬，哀求路人买票给他们到马口（Bahau）避难。

年仅6岁的张谭福当时与家人躲在店里，从门缝中清楚地看见村民被绑、被刺杀的经过。而一部分女村民更被日军赶至张家杂货店里，准备就地处决。

当村民被推入店里时，慌乱中张谭福和三哥急忙从后门逃走，跳到河里躲起来。日军听见跳水声，匆忙赶到河边查看，还用刺刀刺向水中，以查探水中的动静。张谭福说，日军的尖刀与他的头皮仅差几厘米的距离，当时情况万分惊险。日军离开后，逃过一劫的张谭福和三哥立即从水中爬出，躲到村后的山芭地里去。

当年，18岁的黄金瑞也夹杂在人群中，与其他女村民一同被带到张父的杂货店。女村民们被命令并排坐在三张长凳上后，日军便用机关枪向她们扫射。黄金瑞没被射中，却几乎吓破了胆，不由与身边中弹女子一同倒地，一动也不动。待日军离开后，黄金瑞从杂货店后门逃到芭里躲了一天，再徒步走到邻近的一个叫甘密的乡村去投靠亲人。

当张谭福和三哥返回杂货店时，发现母亲背部中枪，已经毙命。母亲的死状很恐怖，肠子甚至破体而出。而手臂中枪的二哥则奄奄一息地倒在一旁。张谭福见状，想帮受伤的二哥止血，然而，杂货店经日军摧残后已经面目全非，张谭福仅找到报纸，根本无法帮上忙，二哥最后因失血过多而死。

同一个早晨，死在日军刺刀下的还有黄金瑞的母亲以及伯父。

*　　　*　　　*

当年25岁的苏天送，替马口商人郑福潘打工，是马口镇邻近的甘榜真那人。他意外卷入惨案，但死里逃生。

日军包围双溪镭时，他正与郑老板在那里收购烟草、木薯等土产，结果被日军当成村民一并抓住。和其他男村民一样，他们被日军反绑双手，推倒在地。早上11时左右，日军把他们推入屋内，逐一刺杀。眼看身旁的人一个接一个倒下，被绑的村民都试图挣脱绳子逃走。

苏天送在危急关头突然发现绳子打的是活结，只要稍微用力便可挣脱开来。苏天送马上告诉郑福潘此事，郑福潘便将绑在自己手上的绳子给松开。约10分钟后，日军中的一名锡克军官发现郑福潘的口袋里有钞票，就靠在郑福潘耳边窃窃细语，仿佛在进行交易。待锡克军官伸手拿了郑福潘的钱后，郑福潘即一个箭步从后门循小径逃走。

苏天送与其余十几人一同被拖到另一间屋子，很多人都吓得嚎啕大哭。苏天送被人群挤到厨房，看到里面有一把菜刀，便立即用来割断绳索。突然，厨房其中一面以树皮钉成的墙正好倒塌下来，苏天送把菜刀抛给其他人，然后从那面破墙逃走，躲到五六尺高的草丛里。日军从后追杀，子弹与他擦身而过，后面不停地传来枪声。他一直跑到河边，随后又逃入森林。

逃亡中的苏天送，在森林里遇见三个樵夫。那三人听见枪声，还以为是镇上在庆祝盂兰盛会。苏天送告诉他们是日军在开枪杀人，并劝说他们跟他一起逃。午夜时分，日军才离开。这时，苏天送与其他逃难者偷偷回到村里查看是否还有生还者。

当重新踏在村子的土地上时，映入眼帘的是一幢幢被烧毁的房屋以及一具具焦尸。苏天送认出其中一具尸体是一位来自新加坡的娘惹，她的头颅被砍下，身首异处。他离开双溪镭时，看见三个迷路的孩子站在铁路旁无助地哭泣。苏天送本想伸出援手，但在那种情况下，自身难保的他实在无法做些什么，只能无奈地转身离开。

日军为何大开杀戒

日本占领马来亚后，曾先后几次派兵到双溪镭。由于日军之前的态度尚算友善，因此村民们察觉日军态度有异时，仍相信他们会网开一面，不至于大开杀戒。

村中老前辈说，在屠杀发生前，有三四名日军在距离双溪镭15公里的明光（Mengkuang）被人杀死，日军长官非常生气，四处派人调查，誓要揪出凶手。日军随后从火车轨道工人处得知，有一群抗日军往双溪镭的方向逃走，这使马口双溪镭成为日军的首要目标。

屠杀惨案的幸存者回忆道，散居在马口双溪镭附近山林的妇女因为害怕被日军强奸，纷纷逃到人口集中的大街上。这些妇女认为日军在人来人往的大街上不敢随便乱来，结果反而成了刀下亡魂。

当时的村民多以种植鱼藤、烟草和蔬菜为生，在荒郊务农的村民因躲到森林中而逃过一劫。双溪镭惨案的死亡人数多达368人。

惨案日期疑团

大屠杀发生后两日，人们才敢到村内收尸。他们把尸体葬在距离村子大约三百公尺外的公冢。尸体越积越多，最后经确认，有368人受害。

惨案发生后多年，公冢隐没在杂草与树林中，直到1984年7月才被人无意中发现。在清理周围的野草后，公冢重现人前。

这个公冢设于1947年2月吉日。村民吴游回忆说，当时双溪镭村民正要庆祝盂兰节，她带着女儿外出看病。根据吴游的说法，惨案发生于农历七月十九，与公冢上的农历八月二十九有出入。而另一幸存者苏天送也表示，他逃难时遇见的樵夫误以为镇上正举行盂兰盛会。

编者翻查日历后发现，农历七月十九正好是阳历的8月30日，而农历八月二十九已是阳历的10月8日。未知是设立墓碑者错将阳历误植为农历，还是幸存者在惊恐下记忆断失？然而，当年这场惨绝人寰的大屠杀，迄今仍是很多幸存者心中泣血的记忆。

萧伯纳

萧伯纳

女人打扮得像老太婆　尽力保清白

萧伯纳1934年出生在知知港。1942年，萧伯纳只是个8岁的孩子，但动荡的时局仍给他留下深刻的印象。

日军奉行军国主义，推行"三光"政策——抢光、烧光、杀光。萧伯纳说："日据时期生活很苦，生活基本条件不足。日军草菅人命。人命很贱！"

萧伯纳从年纪比他稍长的村民口中得知，岩田少佐是日军先锋部队领导。当时领军血洗余朗朗村的就是岩田少佐。萧伯纳虽没亲眼见证这场惨案，却曾见过这位凶神恶煞的岩田少佐。

余朗朗村灭村事件之后，日军把所有知知港郊区的居民驱赶到知知港镇居住。日军命令村民在村庄与森林交界处，挖出一条二十多尺深的沟渠，然后砍下并削尖树枝和竹子，插入深沟中，形成尖尖的水上篱笆，把整个村子围

起来。日军还在水沟与村子之间多围一圈篱笆，不让躲藏在森林里的抗日军有任何接触村民的机会。当时萧伯纳的母亲也被召去"服役"。

日军还委任一位当地居民为甲长，等同于治安委员会会长，负责维持村里的治安、通报居民动向以及防止村民反抗。

在日军肆虐时期，女人都剪短发、穿男装，十七八岁便匆匆嫁人。萧伯纳形容当时的女人打扮得像"老太婆"。虽然女人们想尽办法要保住自己的清白，却还是有人不幸被玷污。与萧伯纳同岁的萧云，儿时住在余朗朗村，其亲人就曾被日军施暴。

萧云说，余朗朗村惨案发生的同时，她的姐姐与另外两名少妇被日军强奸了。那两名少妇随后被日军残暴刺死。萧云的姐姐深知日军行事心狠手辣，因此不敢违抗，才得以幸存。

而萧云能在这场大屠杀中保住性命也可算是个奇迹。当日军进村并召集村民集合时，萧云机灵地躲进了住家后的猪栏里。而当他们杀完人再次进屋搜查时，萧云已回到屋内，躲在床上的被单里，逃过了一劫，萧云声称是"祖先显灵"。但是，除了被强奸的姐姐和她以外，其他家人都在当年的灭村事件中丧命。

某个雨夜，一支抗日军闯进已被日军占领的警察局与日军驳火，企图打击日军。日军当场杀死了三名抗日军。可是，日军仍怒不可遏，将已埋葬的尸体挖掘出来，命令村里一位屠夫砍下死尸的头颅，并把人头分别放在知知港的三个地方：大街、马房以及街尾的一家中药店德和堂。日军用如此血淋淋的方式恐吓民众，要求他们必须绝对服从日军。

赖润娇 身中11刀 全家11人被杀[1]

赖润娇

时年（2011年）81岁的赖润娇，每当回想起70年前的泣血往事，内心总是一阵刺痛。当时年仅11岁的她，被日军刺了11刀，且亲眼看见全家11人惨死日军手中。岁月能够磨去身上的疤痕，却磨不掉那种锥心的伤痛。如今，赖润娇还经常梦见儿时的惨痛经历，泣血往事历历在目。

1942年，赖润娇和父母、1个妹妹、3个弟弟、叔叔、婶婶与他们的2个女儿以及70多岁的婆婆一家12口同住一屋。

某晚8时许，大批日军到知知港抓人，赖家全家人也和其他村民一样被抓到一间房子关押。到了半夜，日军突然挥刀刺向屋里的所有人，叫喊声、呼救声惊天动地，没有一人幸免。赖润娇身中11刀，背部、左手及左乳头都被刺中，鲜血淋漓，并亲眼看见父母及兄弟姐妹惨死，她那最小的弟弟当时才三四岁。

日军杀人后便放火烧屋，周围传来一片哀嚎声，但大家都受了伤，没有逃走的能力。

"这时，一名男子冲进来救我，怀孕的婶婶不断求我带她出去，可是我已经受重伤，身体无法动弹，无能为力，那位好心男子把我背出去，我眼睁睁看着亲人们被烧死……我悲喊，内心在流血……"

好心人把她带到难民营，营里的人替她包扎伤口。后来，她和这一群难民一起生活在森林里，到处躲避日军。那近4年的时间里，赖润娇一直过着逃亡的生活，每天吃木薯渣和香蕉果腹。不过，大家见她尚年幼且身上有伤，都很照顾她，讨到白米煮粥，都会让她先吃。

"当时，日军不时到森林抓人，大家只能慌忙逃走，

---

① 赖润娇的经历曾刊登于2011年8月15日的《星洲日报》。

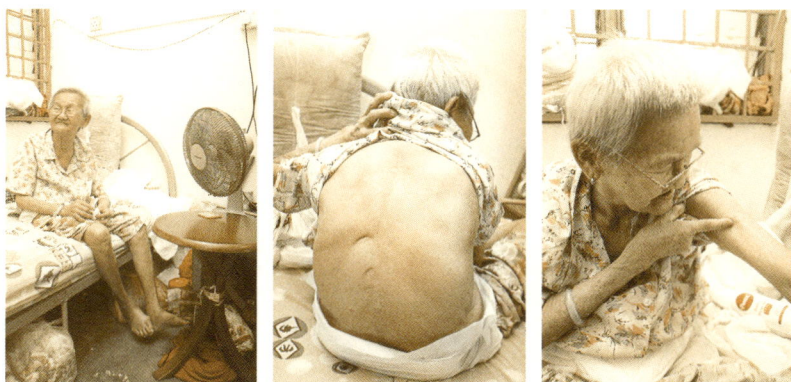

至今，赖润娇背部、左手的刀疤仍清晰可见

那慌乱时刻根本没有人顾得了你，唯有靠自己躲避，听天由命。"她经常躲进树洞或山洞中，那时候到处都可听到枪声。待日军搜查完毕离开后，大家又集合在一起，然后再慢慢寻找失散的人。

"树林里有很多野生动物，大象、大伯公（老虎）、大蛇……但我们不怕它们，它们也不会伤害我们。"

当时，有人问她还有没有亲人，她猛然想起自己有一个大伯住在芙蓉，就告诉了别人，消息传开了。在她 15 岁那年，她还活着的消息传到大伯耳中。"大伯听到我还活着很高兴，连夜乘坐载香蕉的货车来找我，接我到芙蓉住，待我如亲生女儿般。就这样，我跟随大伯生活，一直到 21 岁才嫁人。"

赖润娇婚后迁到马口居住，夫妻俩一直以割胶为生，并育有 10 个孩子。

林政民　因黝黑皮肤而保命

林政民生于 1928 年，住在距离神安池乡（Seri Menanti）约两英里半的甘榜丁雅（Kampung Tengah），林父是一家小杂货店的东主。

他记得在 1942 年正月初八（1942 年 2 月 22 日）那天，日军来到甘榜丁雅的大路旁，命令附近杂货店、咖啡店的人出来接受检查，以确保他们有安居证。林父当时躲在自己的店里，没有出去，而林母和奶奶也早已逃入深山躲避。日军检查完毕后，继续搜查住宅，把村里每一户人家赶出门，抢光屋里的东西后，再放火烧屋。

当时，林政民住在表叔家，表叔一家人及附近邻居都被日军带往神安池，

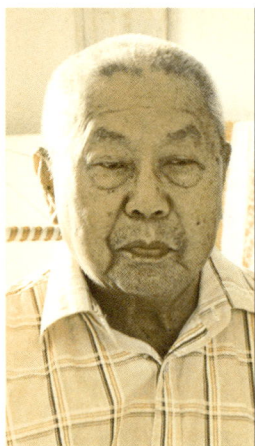

独剩他没被抓。这可能是因为他平时常和马来人一起玩耍，又晒得一身黝黑皮肤，日军误以为他是马来人而没有带走他。

当其他村民正在讨论如何救人时，突然看见表婶拉着表妹跌跌撞撞地走回来，边哭边喊："完了，完了！"原来日军放了她们两人，但余下的五十几人，包括表叔和他15岁的儿子，皆被日军杀害了。蒙难者被埋在橡树林的深处，直到和平以后，当地人才将尸骨重新安葬于丹绒怡保。

通往神安池的大路旁有两栋房子，其中一户是福建人，另一户是广西人。日军经过时，顺势将这两家人包围起来，查明他们的籍贯。日军把广西人带走，放过了福建人。一些因好奇而跟着去看热闹的村民，最后都成了日军刺刀下的亡魂。

林政民

邱清梅 天现异象阻止日军屠杀

1942 年，当日军进入神安池时，邱清梅已是 16 岁少年。邱家在神安池及约两英里外的甘榜丁雅开了两家脚踏车店，以此为生。

日军列队入村时，邱清梅去了甘榜丁雅的老家，不在神安池。当天傍晚七点左右，邱清梅在返回神安池途中被日军拦截下来，不允许他进村，并对他多番盘问。当时神安池的马来村长东姑冬加（Tengku Tunggal）恰巧路过，反复告诉日军邱清梅是好人，使他免于受难。日军吩咐邱清梅掉头离开，半小时以后再回来。邱清梅事后才从父亲和大哥的口中得知日军当时准备在那里展开大屠杀。

六十多年前的神安池，只有两排用亚答叶和木条盖的店屋，住有上百名马来人和华裔村民。事发于当天清晨六点，日军骑脚踏车进村后，召集所有华裔村民到草场上聚集，准

丹绒怡保

甘榜丁雅

金马扬
日叻务
双溪镭
余朗朗村　知知港
格拉旺　　葫芦顶
文丁　　　港尾村　马口
芙蓉　　　　　　瓜拉庇劳
神安池
森美兰
波德申
郑生郎园　淡边

备大屠杀。村民苦苦哀求日军放行，日军却不为所动。

日军举着已上膛的枪，对着被勒令围成一圈的村民。正当日军队长要下令射杀村民时，神安池的天空突然乌云密布、狂风四起，隆隆雷声不绝于耳，眼看就要下雷雨。由于天气突变，日军便喝令村民从草场移到亚答屋旁，待雨停后再行刑。坐以待毙的村民像热锅上的蚂蚁，急得乱了方寸，只能如待宰羔羊般等死。

当风止雷静以后，日军再一次将村民赶到草场上，准备完成之前的任务。村民哭求声此起彼落，日军充耳不闻。岂料，当日军队长正欲下达射杀令时，同样的情形再次发生，神安池再一次风云变色，天昏地暗。日本鬼子对这持续的奇异天象感到不安，便不敢动手杀人。

这时，村长东姑冬加上前为村民求情，并担保他们都是好人，不会造反，日军终于应允放开村民。日军要求福建人、海南人各派出代表来当担保人，确保同籍贯的村民中不会有抗日分子，否则格杀勿论。邱清梅的大哥邱沛然遂当起福建人的代表。日军释放村民之前，还逐户仔细搜查，甚至连水井都不放过。

邱清梅无法进村，只好回到甘榜丁雅的家中。他在家里听见两下枪声，后来才知道有两个从神安池逃至甘榜丁雅的年轻人遭击毙。原来当日军撤离神安池，路经甘榜丁雅时，有一个马来人向日军举报说他俩是由神安池逃出来的村民，结果他们因逃命而送命，卧尸树林中。

神安池之所以会被列入肃清的名单，乃因不久前瓜拉庇劳（Kuala Pilah）的警察局被游击队"摸云"（伏击）。由于装备与经验不足，游击队不敌日军，全数牺牲且未伤日军毫发，袭击行动彻底失败。其中一名游击队队员被认出是神安池村民，使日军认定该村全体村民一律是抗日分子，为后来的事埋下了杀机。

邱清梅

郑 来 郑生郎园屠杀案幸存者

郑 来

生于1935年的郑来，是郑生郎园（Teh Estate）屠杀案的幸存者。郑生郎园是位于不叻士（Pedas）昆都路（Kundur Road）五条石武吉巴容（Bukit Payang）的橡胶园，占地约170英亩。业主是郑来的叔公郑生郎。郑生郎园现已成为马来人的住宅区。

郑来自小就在郑生郎园生活，园里也住了许多亲戚。郑来的父亲在橡胶园外开杂货店，母亲上午去郑生郎园割胶，下午回杂货店帮忙，郑来一家人就住在店里。

郑来记得，屠杀惨案发生前两三天，他们一家收到消息说日军快来了，亲戚劝他们搬进园里避难。元宵节当晚，他们即收拾细软躲进园里。对华人而言，元宵节是十分重要的日子，母亲当时还拎走一只鸡，准备过节时吃。

避难的男人们主要居住在工人宿舍里，而园主还在离宿舍约一公里较隐蔽处设置了一个避难所安顿妇孺老弱，郑来和母亲及弟、妹住在那里。

1942年3月4日，清晨8点多，当地村民刘坤带着3个日本兵来到避难所。日军说要调查户口，叫所有人到工人宿舍前的空地上集合。没有人敢违抗，唯有跟着他们走。

据说，日军乍到郑生郎园时，见工人宿舍里只有男人，便以查户口为由，命令刘坤带路到妇孺藏身之所。刘坤不肯，惨遭毒打，最后抵不住日军的拳脚，只好把他们带去避难所。

当众人来到空地时，发现已有几十名日本兵包围着男性居民。他们随其他人坐在地上，听日军用日语训话约半小时之久。之后，日军将大家分成10人一组，逐组带往500米外的地方，用刺刀将他们杀害。

除郑来的父亲与姐姐被分到别组外，家中其余的人被分在同一队。母亲一只手抱小弟，另一只手牵着妹妹，郑来则和大弟站在一起。被分配到和他们同一组的还有2名

妇女及 1 名小孩。母亲早有预感凶多吉少，感伤地对他说："宝贝，你'出乱世'！"年仅 6 岁的郑来还不知大难临头，一路上高高兴兴地跟着大人走。所有人被带到行刑地点后就蹲成一排。日军首先将小弟从母亲怀里抢过来，往上一抛再用刺刀穿肚而出。仅七八个月大、还不会走路的小弟，身体被刺刀刺穿，没有当场死去，只是跌在地上嚎啕大哭，一边挣扎着爬行，肠子都掉到地上沾上了泥沙。郑来还来不及反应，身后便有一尖刀刺进他的胸膛。日军把脚踩在郑来背上将刀拔出，第二刀刺中其左手臂，并插到手骨，顿时满山响起哀嚎声和求救声。

郑来被刺四刀后就昏了过去，直到日军用树枝遮盖尸体时，他才被掉在他身上的树枝敲醒，恢复知觉。极度害怕的他不敢乱动，待没再听见日军的声息后，才从尸堆中爬出来。当时年仅 4 岁的大弟郑佛来也大难不死，他听见声响也爬了出来。两兄弟摇了摇家人，发现母亲和妹妹已断气，小弟尚存一息。郑来如今回想起未满周岁的小弟用仅剩的力气边爬边哭，仍有锥心之痛。弟弟溢出的肠子沾满了鲜血与泥泞，十分骇人。但当时年纪尚小的两兄弟，只能看着可怜的小弟，爱莫能助。

郑来牵着大弟漫无目的地在山里乱走，直到下午 4 点左右，前来找人的叔叔郑岳霞才找着满身是血的郑来兄弟。郑来告诉叔叔小弟还没死。叔叔把兄弟俩安顿好后，再回到屠杀现场寻找，但去到那里时小弟已断气了。叔叔把他们带回工人宿舍。两兄弟靠父母之前藏起的饼充饥，在芭里待了一个星期。兄弟俩受了伤，可是又没有药物，只能任血慢慢凝固、止住。后来，他们忍着痛一路往芭外走，满山都弥漫着腐尸的恶臭味。

当三人走出园口时，遇见一名叫张进的种菜老人，老人好心收留了他们几日。几日后，叔叔与郑父的朋友向人借了脚踏车，将郑来兄弟载到芙蓉拉务路（Jalan

Labu）一个张姓朋友家住下。张家没有药物，不知该如何治疗兄弟俩，只能将收藏已久的高丽参直接敷在他们的伤口上。休养了一两个星期，叔叔又把他们载到武来岸（Broga）的二伯父家。

二伯父家贫，捉襟见肘，弟弟被二伯母卖给了吴姓人家。郑来在武来岸的橡胶园住了一两个月后，又碰到日军肃清。当地居民全被赶到巴刹去，杀气腾腾的日军已架好机关枪准备大开杀戒。幸好一个被迫嫁给日本军官的本地女子及时赶到，担保所有村民都是好人，才避免了一场屠杀。

直到日本投降后，郑来才有机会到医院照 X 光并接受治疗。6 岁时受的伤，六十多年后，疤痕依旧明显地烙在他身上。

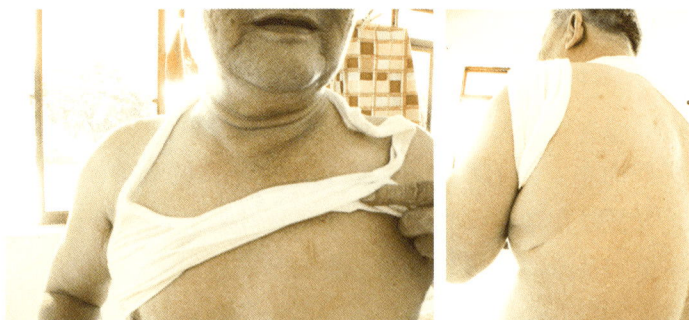

郑来向记者展示6岁时被日军猛刺四刀的伤痕，其中一刀由背穿过前胸，历4年时间伤口才愈合，到他20岁时才完全复原

在这场劫难中生还的除了郑来兄弟，就只有一名二十几岁的女人。当时只住了百来人的郑生郎园，在历经浩劫后竟发现多达 300 具尸体。据知，与郑来一家住同一条街上的朋友以及由芙蓉逃过来的亲友也一起迁入园里避难，所以外来的住户比原来的居民还多。此外，还有一些是搬进园里没几天又逃到另一个地方的外来者。当时橡胶园的人口流动量相当高，因此事后也无法确认所有遇害者的身份。

萧文虎 港尾村屠杀惨案幸存者

萧文虎 1933 年在雪兰莪州巴生镇（Klang，现已成为港市）出生，之后被带回中国。3 岁那一年又回到巴生。日军攻占马来亚时，萧文虎的父亲因为担心妻子被日军抓去，一家人从巴生逃到瓜拉庇劳。安顿以后，父亲在客属公会谋得书记一职，可是没多久日军又侵入瓜拉庇劳，他们一家只好又逃到港尾村（现称巴力丁宜，Parit Tinggi）避难。万万没料到在那里住了不到一个月，就发生"港尾村屠杀惨案"，萧家终究没能逃过这一劫。

　　大屠杀前三天，有一个人来到港尾村，说要做人口调查以给村民发良民证，而且三天后会来派米粮，吩咐村民届时在街上排队等候。萧文虎后来才知，其实此人是奸细，派米只是个借口，为了防止村民逃跑。当天下午四五点，村民就出来等着领取米粮，完全不知道这是个陷阱。萧文虎一家人也在那里拿着米袋排队。此时，两辆卡车驶进港尾村，载着五六十名日本兵。萧文虎看到情势不对，想叫父母从后面溜走，但母亲却拉住他，说"没事的"。全然不知情的村民，只能任由日军摆布。

　　当年的港尾村仅有一排店，前面是大山芭。全部人不管老幼，都被喝令排队进山芭，一进到芭里，就分成几十个人一队，各队人走到相隔很远、彼此望不见的地方去。萧文虎他们那队大约有五十人，由四个日本兵领着走到一处。就在那里，萧文虎亲历了一场灭绝人性的大屠杀，整个村子六百多人都在那一天惨遭杀害。萧文虎虽大难不死，但每每忆及当时情景，都不免悲从中来。

　　村民们当时还懵然不知接下来会发生什么事，只是愣愣地站在那里，也不懂得反抗。站在萧文虎身旁的一个年轻人似乎察觉到不对，拔腿就跑，但还没跑到山坡，就被追赶上来的日军用刺刀当场刺死。看到这一幕时，大家都吓呆了，赶紧跪下来，大声喊"救命"，苦求日军放过他们一命，甚至有些大声念佛号。毫无人性的日军完全不把村民的哀求放在眼里，二话不说马上展开屠杀，用刺刀往血肉之躯猛刺，村民的血喷得日军一身鲜红。

　　在日军屠杀之时，母亲抱着萧文虎躺下，用身体护着他。日军往他的腰部刺了七刀，还有一刀穿过母亲的身体，刺伤萧文虎的背部。当时母亲压着他，日军以为他们全死了，于是离开。萧文虎倒下去后，即使被蚂蚁咬也不敢动。天黑以后，刚好有一个老伯伯（萧文虎说可能是山芭里砍树桐的人）来找他的亲人，看见萧文虎还活着，就

萧文虎

图源：《日治时期森州华族蒙难史料》

原本幸福的家庭，在一夕之间被无情的日军摧毁了

对他说，日本人已经走了，叫他赶快跑。萧文虎站了起来，边拉着母亲，边喊着"妈妈，妈妈，我们快走"，但母亲却一点反应也没有，眼睛睁得很大，满身都是血。身边的老伯伯见状不忍，告诉他："你母亲已经死了。"萧文虎这时才知道母亲已丧命，而当时她还有孕在身，可怜胎儿还没来得及看这个世界！父亲横卧在他身边，弟弟和妹妹则倒在他脚下，他的家人全被日军残杀了。

除了萧文虎，还有三个女村民侥幸存活，他们四人跟随着那位老伯伯逃跑。有一个女人因伤势太重，肠子露了出来，不幸死在途中。当他们跑出来后，才赫然发现满山尽是尸体，日本人还放火烧村，火焰映红了整个山头。老伯伯带他们到港尾村对面的一个茶叶山上过夜，把他们安顿好后就走了。后来，他们在山芭里遇到一个砍树桐的广西人，那个人带他到山洞里避难，还找草药帮他们敷伤口。就在这时，另一个逃出来的女孩也不治身亡。萧文虎当时伤痕累累，刀伤极深，身上沾满了母亲和他自己的血迹。

萧文虎后来辗转得到瓜拉庇劳"万合药材店"萧老板的相助，萧老板帮他包扎伤口，并带他到巴生找伯父。由于伯父的家境也相当困难，萧文虎不便投靠他，于是住在"万盛堂"老板萧启发的家里。那段日子过得极苦，但萧文虎还是咬紧牙关熬过来了。每每想起母亲都让他心痛万分，为了不辜负母亲为他作出的牺牲，他必须好好活下去，而倔强的他始终不愿屈服于日军。

萧文虎当时住在巴生中路，不远处有一个日本军营，凡经过那里必须鞠躬敬礼，但因为他对日军充满仇恨，不愿对他们行礼，结果被罚举石晒太阳，直到轮换时才放他走。在巴生的那段日子，萧文虎曾目睹日军在警察局门前打死几个共产党员，他们的尸体横卧地上。日军甚至把其中两个共产党员的头颅插在木头上，挂在巴士①总站那里示众。此外，萧文虎也曾在丽嘉戏院门口看过日军施行灌水的酷刑，从高桶那里透下一条喉子，用以灌水进被捕者的肚子。等到被捕者的腹胀时，日军再踩压那人，直到他吐血为止。

记者采访萧文虎时，他已年届 77 岁。对他来说，半个世纪以前发生的屠杀惨案，仍历历在目。他不明白没有与日本开战的马来亚，为何会遭到日军的占领，无辜百姓为何会遭日军无情屠杀，死得不明不白。他儿时见过人垂死时求生挣扎的情景，仿佛杀鸡后，鸡断气前作出挣扎的那一刻，令他终生难忘；而那种悲哀更是透进心底，若非亲身经历，外人是绝对没办法了解的。

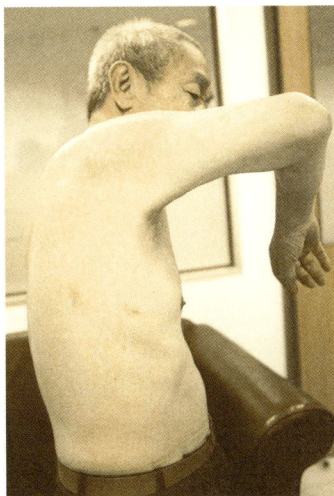
萧文虎向记者展示身上的伤口

港尾村屠杀惨案死难者的骷髅

图源：《日治时期森州华族蒙难史料》

捡拾遗骸，却无以辨认父、母、弟、妹，萧文虎凄然泪下

①巴士：英语"bus"的音译词，即公交车。

王 伍 日军踩烂双掌十指[1]

王伍的一双手是没有十根手指的。他不是天生残疾，而是在 1942 年日据时，日军诬指他与共产党员为伍，把他抓去处以极刑，用皮鞋踩碎了他的所有指头所致。

王伍奇迹般存活了下来，不过双掌已残缺。40 年转瞬即逝，但当时的情景对他来说却是摆脱不了的梦魇。当时，王伍住在港尾村的石叻门山顶，以务农为生。他的母亲和妹妹则住在马口。某天早上 8 时左右，他用脚踏车载了一车香蕉，打算运到瓜拉庇劳售卖，却在途中遇到 3 个日本兵，拦住他的去路，硬指他是躲在森林里的共产党员，要他带他们进森林里面追捕抗日军。

尽管王伍一再表明自己毫不知情，且非共产党员，但是日军不相信，还把他带到警局盘问。在扣留所内，至少关着数十人，有的人被施以各种刑法，惨叫声四起，令人不寒而栗。王伍说："日军强迫我说出同党的住处，可是我根本就不是共产党员。"问不出个所以然的日军恼羞成怒，对王伍拳脚相加，更过分的是，他们竟用皮鞋跟底踩烂他的十根手指，令他痛不欲生。不知是幸抑或不幸，也就在这时，日军在港尾村展开惨无人道的大屠杀，王伍算是逃过一劫，却必须承受另一种折磨。

"当年的日本驻瓜拉庇劳司令岩田将我释放后，我便到医院去，医生见我的手指如同血浆，也无能为力，只给我一些药敷伤口。"王伍忍痛带伤回到港尾村，当地一位人唤"曹操"的农民见他可怜，便收留了他，想办法为他治疗。王伍虽

王伍痛诉当年不幸的遭遇

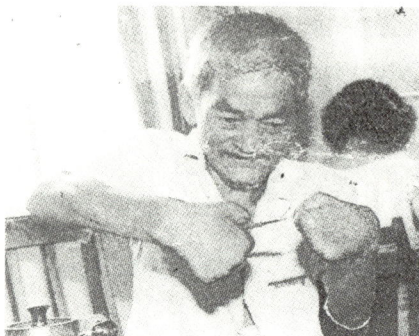

王伍示范如何持胶刀割胶

---

[1] 王伍的经历曾刊登于1989年8月5日的《星洲日报》。

然保住了性命，但手指没了，只剩下一双秃掌。

王伍在"曹操"的家住了一年多，为了生活，他积极训练自己以残手持胶刀割橡胶，因为他坚信，"只要有决心、有信心、有坚韧不拔的精神，残而不废，仍然有求生的机会"。后来，一位园主同情他的遭遇，不嫌弃他手脚慢，请他到橡胶园帮忙。一年后，王伍回到马口，协助母亲种菜。他后来与一名马来女子结婚，在甘榜德拉枳（Kampung Terachi）落地生根，并开了一间小小的脚踏车店，以修理脚踏车为生。

中马 雪兰莪

1937 年爆发"卢沟桥事变"后，日本正式对华发动侵略战争，马来亚华人在侨领的号召下以人力和物资支持中国抗日，包括在各地成立筹赈委员会以及在1 200余公里的滇缅公路上负责运送物资的华侨机工队[①]。由于华侨协助中国抗日，日军占领马来亚后，就以各种残酷手段报复华人。

日军的暴政引起马来亚各地人民的恐惧与愤怒，各族群纷纷群起抗日。英国特别行动执行小组在1943 年组织临时抗日部队，1944 年4 月正式改称"136 部队"，总部设在斯里兰卡的科伦坡，统率安达曼群岛、苏门答腊及马来亚的地下组织。136 部队的华裔队员中，以林谋盛[②]最广为人知。

马来亚人民抗日军为数五千余人，共分为八个独立队，藏匿在丛林里，以游

[①] 华侨机工队：1938年10月，中国抗日战争最艰难时刻，中国50%的人口，75%的交通运输线，90%的工业，100%的港口，均落入日军手中，日军宣称"三个月灭亡中国"。1939年1月，新开辟的滇缅公路成为中国大后方唯一的国际通道，中国政府购买的军火物资在缅甸仰光上岸，沿着这条公路运抵昆明、重庆，再运往抗战前线。当时，中国驾驶人员十分匮乏，于是南洋华侨筹赈祖国难民总会主席陈嘉庚号召广大南洋华侨机工回国服务。在半年时间里，成功号召来自新加坡、马来西亚、泰国、越南、印度尼西亚等国的机工，总数达3 200人。他们奔驰在这条时刻面临敌机轰炸的交通大动脉上，供输军火五十多万吨和大量的物资，保障重庆、昆明等大后方的正常运转，为抗战作出了巨大贡献。1942年5月，日军切断滇缅公路，南侨机工被迫散落中国各地。他们当中有一千多人长眠在滇缅公路上。抗战胜利后，除了一千多人返回南洋以外，剩下的一千多人留在中国，而云南是南侨机工最多的省份，目前仍健在者有十多人。

[②] 林谋盛（1909—1944），新马抗日英雄，其事迹在马来西亚流传甚广。林谋盛出生于福建南安，幼时在鼓浪屿英华书院受教育，16岁南来新加坡，曾在莱佛士学院与香港大学就读。20岁时因父病故，返回新加坡继承父业。"卢沟桥事变"后，林谋盛对日本无理进犯中国的行为义愤填膺，便毅然投身抗日救亡运动。他曾策划与发动马来半岛丁加奴州龙运铁矿华工罢工事件。因该铁矿为日人经营，为制造军火的生命线而设。林谋盛连同庄惠泉前往矿区，向华工晓以大义，卒使该矿场关闭。当日军攻陷新加坡前夕，他逃亡到苏门答腊岛，后赴印度与中国重庆。接着中英政府签订协议，林谋盛与近百名爱国志士被派往印度及锡兰（斯里兰卡旧称）受训，参加了136部队，他更被委任为马来西亚区华人正区长。

击战的作战手法破坏、干扰、牵制日军，成为日军的眼中钉。日军也因此常以各种不同的理由残杀可疑人员。

1945 年 9 月 5 日，英军重返马来亚，通过建立军政府来维持战后社会秩序，马来亚人民抗日军各个独立队也在 1945 年 12 月 1 日举行复员仪式，并且交出 5 497 支枪械，这象征马来亚人民抗日军反日本法西斯运动的结束。

英国殖民政府邀请人民抗日军部分成员参加 1946 年 4 月在英国伦敦举行的胜利大游行，颁发勋章表扬他们在抗日期间的英勇表现。同年，英国殖民政府发表成立马来亚联邦的白皮书；1947 年 7 月，英国公布了马来亚联合邦宪法，更在 1948 年 2 月宣布成立马来亚联合邦。

雪兰莪华侨机工回国抗战殉难纪念碑

丹绒马林　　新古毛

雪兰莪

煤炭山　　万挠

冼都　　淡江
吉隆坡　　安邦
巴生　　沙登　加影　　知知港
士毛月
武来岸

加焦

曾乙金　日军为报仇要灭村

1934 年出生的曾乙金，自小居住在加焦（Kachau）新村。

曾乙金记得，加焦在日据时期差点被日军灭村。当时，他年仅 8 岁。事因一位名叫左田的日本军官在石拿督庙[①]附近被人打死。事发后的第二天清晨，大批日军进入加焦村内，展开屠杀行动。

全村人包括曾乙金一家都被勒令到篮球场上集合，加焦村的十几位地方领袖随后被日军带走。其他村民则被举着刺刀的日军包围，被命令在烈日下站着，无水无粮，一直到下午 5 点，才可回家。据知，有 4 位地方领袖惨遭杀害，其余的地方委员则获释。

曾乙金说，当时日军在加焦村内成立日本学校，强迫所有适龄学童学习日文。"他们也在村内建瞭望台，强迫家家户户各缴交 4 块（1.5 平方尺、厚 8 寸）泥砖。村民必须自己把砖块挑到瞭望台的建筑地点，交给日本军官。"那个时候，村民手边只有泥，没有现成的砖，于是他们将泥、水和在一起，然后拿去晒干，制成

---

① 石拿督庙有逾140年历史，当地村民相传此庙为供奉名为"石满"的原住民而兴建。石满年轻时常免费帮村民治病，之后在山洞修道。一天，他托梦给朋友，表示他已得道及仙逝，要求朋友前往拾骨及安葬。友人依据石满指示，在山洞内找到遗骸，通过遗骸手上的戒指鉴定石满的身份后，将他安葬在山洞不远处。村民后来在山洞旁建庙，供奉他为石拿督。

一块块泥砖，再挑给日军供建筑用。站在 3 层楼高的瞭望台上，可以眺望全村，日据时期，经常有 2 名日本兵在那里站岗。

该瞭望台与街场相隔约十间店的距离，建于加焦村中心的一片空地上。日军投降后，村民们逼迫日军亲手拆除自己建造的瞭望台和围篱。

在左田被打死后，日军又强制要求每户人家献出 10 块厚 4 寸、长 10 尺的木板，然后用这些木板将整个村子围起来。他们设立一个由日军驻守的出入口，每一个村民进出时都要向日本兵行礼，否则会被罚站在汽油桶上晒太阳。有一次，曾乙金与堂哥经过该处，堂哥忘了行礼，当场就被日军打了两巴掌。

日军在只有两排店的街场中间放置了一个大桶，每日在店门前洗澡，他们有时还要求村民或妇女轮流为他们打水。

曾乙金的堂哥曾经是抗日军，日本投降以后，害怕被村民算账的日军逃到森林里避难。有一次，曾乙金的堂哥与他的朋友何扁开着卡车到树林中，这些日军听见声响吓得胡乱开枪，其中一颗子弹还划过何扁的左脸颊。后来，日军知道他们没有要开战的意思，连忙高举双手投降，并将武器通通交给何扁。在曾乙金心中，这是抗日军的英勇事迹之一。

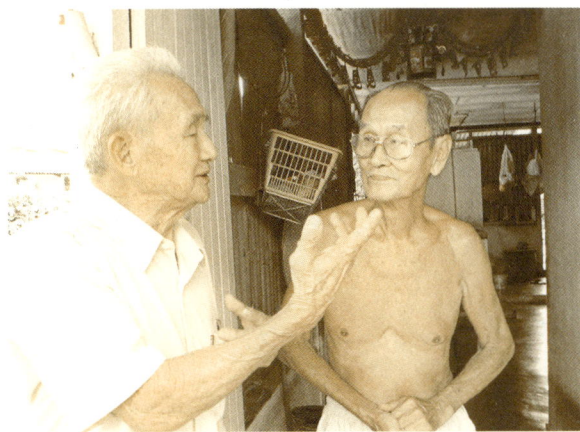

曾乙金（左）、何扁

邱宜燕

邱宜燕 早早出嫁只为保清白

1922 年出生的邱宜燕，和家人住在加埔（Kapar, Klang）街场。邱宜燕还记得日军是在 1941 年底某日凌晨两点多，首次登陆加埔。

驻守的英军似乎并未察觉日军已逐步逼近，几个在装甲车内守夜的英军睡着了。日军向装甲车投掷炸弹，炸毁装甲车，并炸死车内的英军。英军随后派兵迎战，英日双方在街场交战，但是英军节节败退，最终落荒而逃。

两军交战后，大家都不敢继续住在市区，许多人搬到加埔山上去避难。邱宜燕和家人在山上遇见战败的英军，英军向他们问路、讨食物，邱父给了他们一些食物后，英军就离开了。

在山上住了二十多天后，大家见局势稳定，便陆续搬回家中。19 岁的邱宜燕为保清白，次年 4 月就匆匆出嫁。有一次，邱宜燕的哥哥和几个朋友听说日军在 9 英里处（Batu 9 Jalan Kapar）抓了些人，就在好奇心的驱使下跑去偷看。他们看到日军将 4 个被怀疑是抗日分子的男人绑在椰树树干上，加以虐待。哥哥形容日军手段残暴，但没细说实际情况，几个朋友看了一会儿就吓得急忙逃离现场，生怕被日军发现，并被施以同样刑罚。邱宜燕说："哥哥被吓得生了场病。"

邱宜燕婶婶的母亲也有类似的经历，当时她是在女婿的陪同下，从吉隆坡的住家往昔加末（Segamat）的方向走去，

丹绒马林
新古毛
雪兰莪
煤炭山
万挠
洗都
淡江
加埔
吉隆坡
安邦
巴生
沙登
加影
土毛月
武来岸

途中无意间目睹了日军惨无人道的处决。日军将受刑者绑起，要他们站在深水沟里，只露出头部。之后，丧心病狂的日军用刺刀一扫，一颗颗人头落地，溅起了朵朵血花。婶婶的母亲和她女婿吓得心惊胆战，当下折返吉隆坡。然而，这一血腥的画面一直烙印在婶婶的母亲的脑海中，直到她返回吉隆坡，心情仍旧无法平复。一个星期之后，家人发现她婶婶的母亲在家中上吊自杀了。

日据时期的生活虽然艰苦，但日子还算平静。1944 年，不知何故加埔又来了大批日军，他们一家家搜索，说是要捕捉抗日军。邱父有个朋友的孩子被日军抓到宪兵部。日军对他施予严刑，要他自认是抗日军。邱父的朋友在无计可施之下，竟然诬赖另一个朋友的孩子才是抗日军，结果日军听信了他的话，杀害了这个无辜的年轻人。这对父子或许是因为担心自己会被对付，自此当了奸细，专帮日军做事。日军投降后，他们终究逃不过指控，被抗日军处决了。邱宜燕已记不起父亲朋友的名字，也不想再细诉这一段悲惨的往事了。

戴荣俊 取粮人潮反无辜送命

戴荣俊生于 1932 年。日军刚登陆马来亚时，英军迅速疏散民众。戴荣俊一家得知这个消息后，便搬到加影镇锡米山村邻近的仙水港(Bukit Angkat)。仙水港有两个鱼塘，鱼塘周围都是逃难的加影市民临时搭起的简陋亚答屋。

日军会在夜晚时分到附近的芭里投放燃烧弹，戴荣俊从仙水港的住处可以望见那异常光亮的火光。当日军在这里碰上英军时，双方激烈交战，交火处的橡林树干上可见弹痕累累。

加影旧火车站（位于流古路 Jalan Reko ）旁，有一个英国官员管辖的米仓，存放了石灰米、面粉、牛奶、糖、罐头等储备军粮。当战火逼近加影时，英军见大势已去，便炸断加影的铁黑桥和石灰白桥，向南撤退，并在临走前打开米仓任百姓取粮，以防粮食落入日军手里。所有居民都蜂拥到米仓搬运粮食。

恰巧当时日本军机在上空巡视，发现火车站旁人潮汹

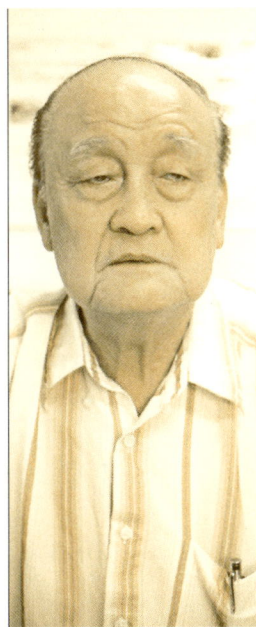

戴荣俊

涌，便投下了数枚炸弹，轰炸火车站及米仓，同时用机关枪扫射群众。百姓避走不及，数百人死在日军无情的炮火之下。米仓附近的房子至今还能见到弹孔。

较迟接到开仓消息的戴家，本来也要去取粮，但当他们走到免打灵街（Jalan Mendaling）时，听到民众被炸，便赶快折返，得以逃过一劫。

遇害者的尸体残骸由英军民防局协助清理，在附近草草埋葬。戴荣俊听长辈们说，粗略估计，有超过两百人丧命，可是由于局势紧张加上人手不足，确切的死亡人数无从估算。

免打灵街的"善余俱乐部"①旁，曾经是一个篮球场。当时，日本脚踏车先锋队来到加影时，在空地上扎营，军官则住在"善余俱乐部"的楼下。逗留了数日后，他们便继续南下。

1942年，英军正式投降时，加影镇的育华学校、华侨学校、高级英校早已停课。大批日军到加影驻扎，学校都被征用为军人住所或办事处。日军中的高阶长官上木太佐就住在高级英校，那里也成了日军的宪兵部，而加影警察局也在日军的控制之下。

后来，日军呼吁市民回来开店，却在主要通道上设检查站。若路过的人不向站岗的日本兵鞠躬，日军便会罚他们面向东方，站到太阳下山为止。戴荣俊一家人回到加影大街，但是他们店内的东西早已被抢光，无法重新营业，只好到附近芭地开垦种植，过着自给自足的生活。

那时，侨领刘治国领导的商矿公会是抗日筹赈的大本营之一。他们担心公会的文件会招来杀身之祸，便将这些文件埋到加焦山上，不过文件后来不知所踪。

由于日军强调要与华侨共荣共存，商矿公会领袖在胁迫之下，被迫借出两层楼高的商矿公会会所（保留至今），作为供日军吃喝享乐的"庆祝"场所。每当举办庆祝活动时，日军就会将芙蓉街（现在的 Jalan Sulaiman 后面曾有一条芙蓉街）

---

① "善余俱乐部"是地方社区组织，成立主旨是处理成员及其家属身后殡葬事务。

慰安所的慰安妇带到会所楼上作乐，还逼本地侨领"同乐"。楼上还隔了几间房，供五六个当日军"走狗"的本地人住。会所外头有持枪的士兵驻守，车辆停在公会会所外随时候命。

加影体育馆（Stadium Kajang）曾是大东亚游艺场的所在地，设有戏台和各式各样的赌博档口，如字花、车马炮等。戏台主要表演黄埔戏（粤剧），突显日军与本地人和谐相处的画面。游艺场还提供多样化娱乐，包括茶店、球场等，其中生意最好的是赌档。

后来，因为有一名奸细被杀害，所有市民都被勒令到马路上排队接受检查。日军驾着军车在市区巡逻，看见年轻力壮的男丁便抓回警局审问。不过，当时几乎已没有年轻人敢在街上游荡，他们不是走进山林里当抗日军，就是逃到外地。被检证的都是老人或小孩，因此大街上很少发生有人被打死或被抓走的事情。

遭日战机轰炸的加影火车站

米仓和火车站周边民宅的墙壁上，至今还弹孔累累

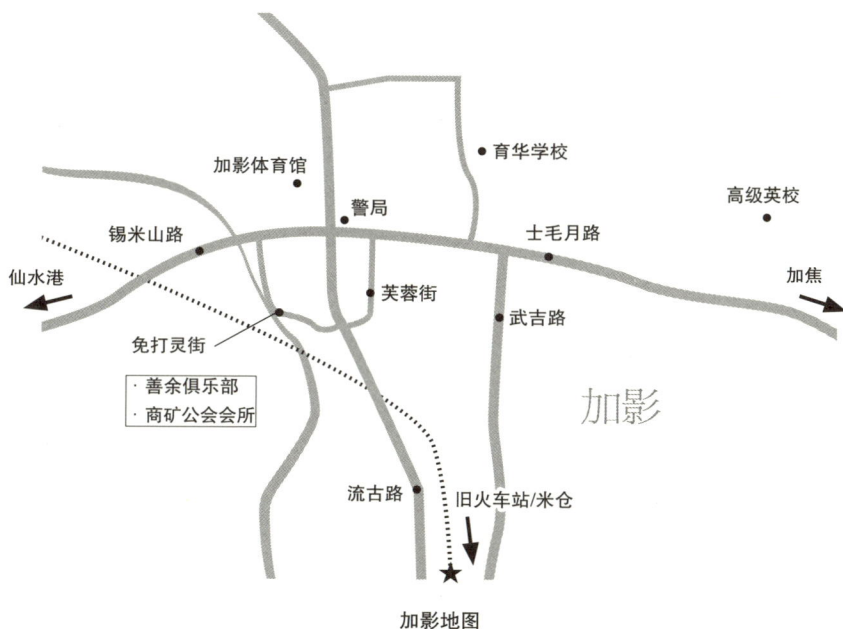

加影地图

加影

育华学校
高级英校
加影体育馆
警局
锡米山路
士毛月路
仙水港
芙蓉街
免打灵街
武吉路
加焦
· 善余俱乐部
· 商矿公会会所
流古路
旧火车站/米仓

朱桂容

筹赈中国的国债票

朱桂容 大胆与日本兵周旋

朱桂容 1929 年在安邦（Ampang）出生，由于排行第十，小名为"十妹"。她的父亲朱永星在安邦开了一家藤家具店，后来又在吉隆坡市区经营两家五金店，其中一家位于蒙巴登路（Mountbatten Road，现改名为敦霹雳路 Jalan Tun Perak）。父亲另在威尔街（Weld Road，现改名为拉惹朱兰路 Jalan Raja Chulan）买了栋洋房，一家人在那里过着富裕却极低调的生活。

马来亚沦陷前，华人乡团积极为中国抗日募款。朱桂容还记得会馆代表在筹款时总爱说"三个中国兵一把枪，日本兵一人一把枪"，受感动的民众纷纷掏钱捐助抗战。当时，她父亲买了不少国债支持自己祖籍国抗日，还在家乡盖学校造福乡里。

日军入侵时，不少人逃难到安邦。朱桂容一家与一些同姓居民共数十人，也一起逃到安邦山脚的乡村。朱父提供建筑材料，让他们在当地建长屋。一间长屋可以容纳几十人，男女分开住，各占一边。日军完全占领马来亚后，便吩咐所有店铺东主回到市区开店。因此，长屋里几乎所有男丁都回家去了，留下妇孺继续住在那里。整整一年后，他们才敢搬回家。

这段时间，偶尔会有日军到乡村巡视。日军一进村，村口的人便会通报，叫少女们躲起来。年轻女孩听说日军会"抓姑娘"的事，心里都很害怕。朱桂容当时大约十一岁，和大她三岁的侄女一起跟着其他女孩躲到草丛中。村中的年轻男子也害怕被日军抓去当苦力，为了躲避日军，有些甚至爬到树上去。

可是，朱桂容和侄女不幸被日军发现，一个日本兵把她们从草丛中拖出来。她们本想

丹绒马林
新古毛
雪兰莪
九皇爷庙
煤炭山　万挠
洗都　淡江
加埔
吉隆坡　安邦
巴生　加影　知知港
沙登　士毛月
武来岸

· 蒙巴登路
· 威尔街
· 国民学校
· 坤成中学

往长屋的方向逃走，但日本兵紧紧跟在她们后面，任她们哭着说 "Tolong！Tolong！"也丝毫不为所动。后来，日本兵见她们哭个不停，便掏出饼干给她们吃。日本兵怕她们不敢吃，还自己先尝了一口，再把饼干分给她们。日本兵一直跟到朱家，比手划脚做出抽烟的样子，似乎是想向她们要一些火柴来点香烟。由于当时火柴价格不菲，朱桂容大胆地走到屋后用火钳夹起一块火炭，要帮日本兵点烟。日本兵看到后非常生气，向朱桂容挥拳，但她灵活地躲开了。嫂嫂见她冒犯了日本兵，便赶紧找来火柴，交到他手上。不久，日本兵就离开了。

日据时期，安邦山脚地处偏僻，是吉隆坡市民避难的"热门"地点。朱桂容听说有不少民众躲进了香火鼎盛的九皇爷庙。由于日本兵担心会冒犯神明，因此不敢进庙里搜查，只在庙前拜拜，便转身离开了。

朱桂容的姐姐在战前嫁到安邦，她们偶尔会到姐姐家小住。姐夫家屋旁的空地上有一辆被人遗弃的车子，日军在巡视时发现了这辆车，召来七八个日本兵把车子搬回军营。他们搬车时恰巧碰见朱家女眷和孩子在吃饭，便敲门说要吃饭。

家中当时米粮充足，他们便煮了一锅稀粥给这几个日本兵果腹。日军边吃边说"鸡蛋，鸡蛋"，由于发音不准，家人误以为他们要找"子弹"，十分恐慌，连忙摆手说没有，之后才发现是一场误会。

1943 年，朱桂容搬回自己在吉隆坡的家，开始在蒙巴登路后的国民学校上日文班，班上同学还包括几位战前在坤成中学教书的教师。虽然她现在只记得一

些简单的用语，但当时她的日语水平不低，平时到店里帮忙还能应付日本顾客，与他们讨价还价。

朱母在知知港有个远方亲戚邓阿堂，比朱桂容大两岁左右。他是余朗朗村屠杀案的幸存者之一。

当时，日军用机关枪扫射村民，阿堂没被打中，但他跟着其他人一起倒下，被一堆尸体压着。后来，有人发现他还活着，便把他救了出来。阿堂的家人无一幸免，幸好他还有亲人住在村外，就投靠了亲人。

朱桂容的同学刘明春，家住加影火车站旁的木屋。一天，刘母吩咐刘明春将家中的鸡蛋送到外婆家。就在刘明春骑脚踏车前往外婆家的路上，日本军机来袭，在火车站旁的米仓上空投下炸弹，将刘明春的家人全炸死了。刘明春在一夕间失去至亲，此后便跟着外婆与舅舅生活。

钟彪扬　险被送去日本受军训

钟彪扬

钟彪扬生于 1927 年，祖籍广东肇庆。日军入侵马来亚时，15 岁的他和家人住在吉隆坡十五碑（Brickfields）。钟父那时在英军管辖的铁道局工作。

"日军进入吉隆坡时，在市区多个地方投放炸弹，形势非常危急。我父亲赶紧带母亲、姐姐及我到淡江镇投靠大舅。那时的淡江只有两排小屋，后面就是山林，大家都躲进了橡胶园。"钟彪扬回忆说。

英军退守前，铁道局预支 3 个月薪水给员工，并开仓任由员工把存粮带回家。钟彪扬的父亲分到了饼干、米、牛油等食物，所以他们躲在淡江橡胶园的 10 天都不缺粮。

好心的淡江居民在森林里搭盖临时居所给所有逃难者住，只是向他们收取一些象征性费用。当地人称这些长长一排的屋子为"长江寮"。晚上，树林里太暗，大家便点煤油灯、蜡烛及洋烛照明。

钟彪扬和住在这里的小孩时常成群结队到森林中去，或到河溪捉小鱼。"我们什么都不怕，只要有得吃、有得住、有得玩就可以了。"唯一令他担心的是父亲。

雪兰莪

丹绒马林

新古毛

煤炭山　万挠

洗都　★　★淡江

安邦

· 十五碑

· 铁道局

加埔

吉隆坡

巴生

沙登　加影

士毛月

武来岸

"我的父亲每天来回安邦市区和淡江，买菜带回森林卖给大家。我很担心他被日军捉到，幸好都没事。" 当时外面局势很乱，有传言说马来人杀华人，却不知是否属实。钟彪扬觉得是 "自己吓自己" 的成分比较多。后来，有人把居民组织起来，日夜轮班在橡胶园巡逻，互相守护。

淡江原本是一个偏僻小镇，随着日军入侵马来亚，有 2 000 多人涌入此地避难，且大多是华人，单是钟彪扬的家人及亲戚就有十几人。

日军撤退后，钟彪扬回到十五碑，四周一片零乱，许多建筑物遭炸毁，连他家的家门都被打烂，能用的东西也被日本兵搬走了。

当时，吉隆坡的情形十分混乱，钟彪扬的母亲和姐姐躲进十五碑附近的橡胶园避难。日军占领马来亚后，把斩下的头颅摆放在市区几个地方示众，目的是要杀一儆百，要人们绝对服从日军。钟彪扬胆子很大，每天骑脚踏车到吉隆坡光艺戏院看头颅。

他说，在安邦出口即当时的蒙巴登路以及富都大巴刹（Pasar Besar Pudu）的圆环都放了头颅示众。"日本人把头颅放在一个木架上，一个个排开。每个地方放 11~12 个头颅。那些都是中年华人男子的头颅，因为日本人杀的全是华人。

当时，日军分别在吉隆坡博物馆前面、旧巴生路（Old Klang Road）桥头，以及半山芭（Pudu）往新街场（Sungai Besi）的路上设立哨岗，路过的民众都要向他们敬礼。

"日军入侵吉隆坡时，我刚入读尊孔中学。当时日军有一个 '宣传部'，所有课本都要交给他们检查。他们要我们学日文，于是将所有课文里的中文字涂黑，另外派发一些免费的日文课本给我们，可是我们没有心读。"

一直拖到年尾，钟彪扬觉得自己没学到什么，毅然停学，结束他人生唯一的一年求学生涯。

日军当时选十五六岁的男生去参加维持会，被选中的人将被送到日本接受军

训，回来后每两星期要轮流巡逻，钟彪扬也被选中。

他的父亲很担心，于是便向当时的铁道局局长求助，希望他能安排儿子到铁道局工作。幸好局长答应父亲的请求，钟彪扬才免了"军役"。

钟彪扬和父亲都很讨厌日本人，也很抗拒学日语。之前念尊孔中学时，父亲每个月都会托他带一块钱去学校，偷偷捐给"抗日委员会"。"那时候的一块钱很大，可支付一个月的伙食费。每个捐款人都有一个牌子，捐一次就打一个印，一年共有 12 个印。只要说到打日本鬼，很多人都很愿意捐钱，宁愿饿肚子也要把钱捐去打日本鬼。"钟彪扬回忆说。

三年零八个月后，英军返回马来亚，钟父继续留在铁道局工作。钟彪扬则替堂兄打工，却在 20 岁时得了风湿性心脏病，再也不能运动，不能操劳，因此他很无奈地回到隶属政府的铁道局上班，当电工学徒。

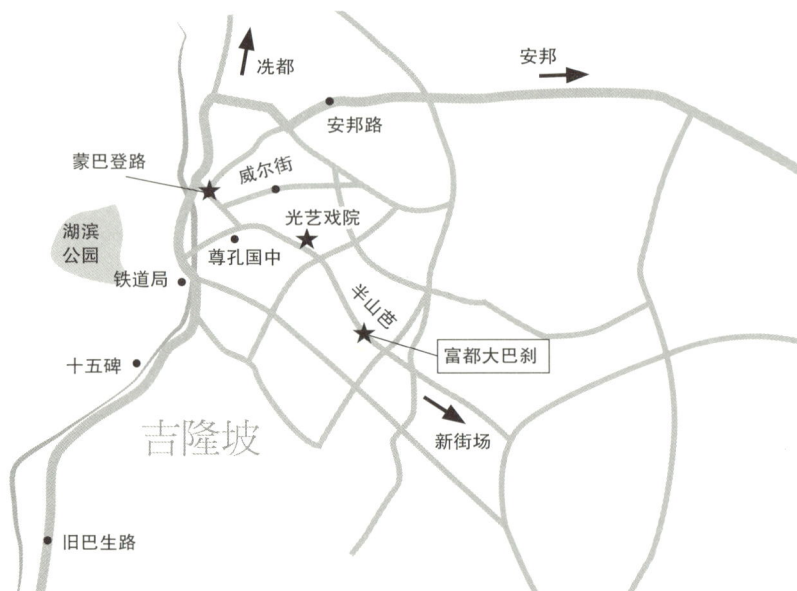

吉隆坡地图

宋顺喜 全村逃过三次杀身之祸

宋顺喜，1936 年生，出生至今都住在武来岸（Broga）村。日军侵占武来岸时，宋顺喜年仅 6 岁。当晚，日军进村后就挨家挨户敲门，命令全村人到大街上集合。动作稍慢的村民，日军便将他们家的门踢坏。一时之间，村民们的哭喊声响遍整个村子。

宋父担心日军会杀人，于是连夜带着家人逃到住在附近芭园的亲戚家避难。当时，宋顺喜 9 岁的哥哥正在熟睡，他们担心哥哥被叫醒后会大哭，引来日军，决定留他一人在家。不久，日军的敲门声把宋顺喜的哥哥给吵醒了，他发现家中没人，便躲在床底下，不敢开门。怒气冲冲的日军把门踢烂，把他拉去集合地点。

日军将全村人团团包围，手举刺刀，只等上级一声令下。然而，军官却迟迟不下屠杀令，村民最终得以逃过一劫。宋父听说村里没事以后，才敢掉头回去找儿子。

类似的事情随后又发生了两次，但村民们最终都平安无事。据村内的老村民说，他们没有遭日军杀害，是因为"石拿督"显灵庇佑。

日据时期，一般人不容易找到工作，加上物价飞涨，因此生活十分艰苦。大多数的武来岸村民只能"自耕自食"，没有米粮时，就靠吃一些杂粮来填饱肚子。

可是，不少村民吃了太多的番薯和木薯，导致双脚浮肿、溃烂，有的还因此丧命。在那个物资匮乏的年代，一些村民尝试用民间的"印度火辣油"来医治脚溃烂。他们把"印度火辣油"涂抹在溃烂处以后，反而使伤口加倍肿大。

宋顺喜的母亲在日军投降之际，因营养不良和脚疾而病死。虽然日军并没有屠杀村民，但很多村民死于严重营养不良。

村中有个个子高大的男子，大家都叫他"肥仔"。某天，肥仔被日军相中，日军要求肥仔跟他们"比武"，以摔跤

宋顺喜

雪兰莪

丹绒马林　新古毛
煤炭山　万挠
　　洗都　淡江
加埔　　安邦
吉隆坡
巴生　沙登　加影
　　　土毛月
武来岸

Chung Koy Sing 提供

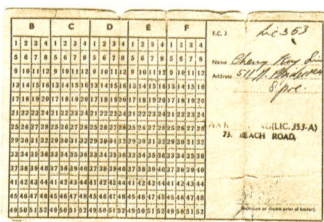

米牌

一决胜负。肥仔最后被几个日军活活打死。

当时有一个个子矮小的日本军官，只要发现有人没有对他行礼，就会掌掴那人以泄愤。由于长得过于矮小，因此当他要打高大的男人时，必须跳起来才能打到，画面十分滑稽。

1948年，日军投降以后，英军重返马来亚，并在全国设立新村。宋顺喜和全村人被赶到武来岸新村的现址居住。英军通过橡胶园的印度裔书记手上的名单、出入橡胶园记录，掌控胶工的行踪。若发现出入橡胶园的人数有问题，便会到新村里大肆搜查。

宋顺喜年少好奇心重，总是"喜欢"看英军抓人。据他了解，英军前前后后抓了几十个村民，都是一些当过抗日军的人。

有一次，英军依据胶工名单发现少了一人，于是展开全村大搜查，却遍寻不着。宋顺喜看见英军要找的那个男人跑进了悦香茶室（留存至今）的厨房。盛怒的英军最后搜到悦香茶室，发现男子躲在茶室内，二话不说便将他带上警车毒打。据说车才开了2英里，这个人就已被打死。

连接马来半岛中央山脉的武来岸被列为黑区，因此英军的看守也相对森严。宋顺喜说："武来岸每晚6点开始戒严，有时白天跑出去的鸡鸭都还没来得及归巢。"

6点以后，村民只要一出门，就有可能被打死。当时没有风扇，有些村民打开中门，让空气流通，但此举若被巡逻的英军发现，就会被骂，必须马上将门关紧。

武来岸当时唯一的一条街，只有 6 间店。由于戒严时间过长，店主们便将 6 间店铺打通，让住在店铺楼上及楼下的住户，在晚上也可以互相往来。

为了防止村民接济游击队，所有村民都必须通过米牌买米。英军会依照米牌上所写的人数分配米粮。然而，英军分配米粮时，总是给得不足，以防止村民有多余的米接济游击队。后来他们改分配饭，一家有多少人便称多少斤饭。英军每天分发两次米饭，一次是在早上 6 点半，另一次则在傍晚五六点。

凡有游击队成员被杀害，英军就会将他们的尸体摆放在警察局前示众。山里偶尔会传来游击队与英军驳火的声音。而英军每次进入橡胶园围剿游击队前，都会通知胶工撤出。胶工当时需钉铁片来固定胶杯，不过英军怀疑钉铁片的声音是在向游击队通风报信，因此阻止胶工钉铁片。

1950 年起，英军天天轰炸藏匿在山里的游击队。早上，各式各样的英军战机在山上盘旋、轰炸；到了晚上，英军还使用大炮轰炸。

很多游击队成员其实是村子里的村民，他们的亲友们都住在村里。村民若被发现接济游击队，就会被英军遣送回中国，让游击队成员再也联络不上他们，马共成员的家人也会被英军关进监牢。

黎碧显　咳嗽吐痰被罚抱电线杆

黎碧显于 1934 年出生，现住在加影。他小时候听老人家说："日本人要用年轻人的血医日本兵。"为防日军抓走小孩，黎父在屋旁挖了一个七八尺深的大坑，把孩子们都藏在坑里。

黎父有一个六十多岁的朋友林贵，住在他们家附近。一天正午，林贵路经日军哨站，正当他行礼时突然咳了起来，匆匆行礼后就走开几步，在路上吐了一口痰。日军觉得他这么做带有鄙视的意思，便罚他抱着铁制的电线杆在太阳底下曝晒。他在烈日下晒了很久，胸口还被灼热的电线杆烫伤。

黎碧显

东海岸 吉兰丹、丁加奴

黎明时分，日军登陆吉兰丹哥打峇鲁海岸

　　日军于1941年12月8日凌晨在马来半岛北部吉兰丹州的哥打峇鲁市登陆。在此之前，吉兰丹州境内已有不少日本人以各种名目掩饰身份，在当地为日军收集并发送情报。这些日本人平时的行为举止和平常人没两样，日军登陆后，他们很多在一夜之间消失不见，当地人因此怀疑这些日本人实际上就是日军潜伏在当地的谍报人员。

　　日军全面占据半岛东海岸后，开始清算反日分子，以残暴手段虐杀无辜人民，当中又以屠杀华人为主，包括时任中华总商会主席的丘瑞珍。日军暴政造成许多人家破人亡，引起当地人的反抗。

　　除了大清算，日军还开放烟赌和鸦片市场，不仅在哥打峇鲁市开了许多赌档，甚至在吉隆坡惠州会馆也开设了一间像澳门赌场一样的"兴亚娱乐场"，允许居民自由进出。不少华人沉迷赌博，流连在赌博台上，最后自甘堕落、倾家荡产。

　　此外，日军也大开酒色方便之门，大街小巷酒铺林立，游乐场所公然表演色情节目，以纸醉金迷的糜烂生活荼毒人心，借此消耗、麻痹华人的抗日和反日精神。

| ·中华学校 | ·华卡仄耶 |
| ·瓜拉吉赖路 | ·计程车总站 |

道北
沙柏
泰國
陶公府
哥打峇鲁
巴西马　登龙
万拉
巴西富地
瓜拉吉赖
吉兰丹
话望生

丘中鹗　父拒与日军合作遭处死

　　丘中鹗于 1927 年在哥打峇鲁出生。他的父亲丘瑞珍德高望重，为哥打峇鲁的主要华人侨领，同时担任中华学校、橡胶商公会及中华总商会三大主要华人组织的主席。不过，他们家并不富裕，丘中鹗从小就必须出外工作，赚钱帮补家用。

　　早期马来亚华人帮派林立，各据一方，但自 1937 年中国全面展开抗日战争后，华人领袖便开始鼓励来自不同省份的华人不分彼此地互相帮助。当时福建义山本来只允许同乡人安葬，广东人遗体只能安葬于瓜拉柏沙的广东义山。但福建公会后来响应号召，接受其他籍贯人士墓葬。而以籍贯为主的会馆也在这样的倡议下于一两年内停办，中华总商会乃成为当时代表哥打峇鲁华人的最高机构。

　　战前有不少日本人在哥打峇鲁市区做生意。有一个卖雪糕的日籍小贩经常到乡间兜售雪糕，熟悉路径的他后来成了日军部队的领路人。

　　丘中鹗回忆说："我当时是中华学校六年级的应届毕业生，还没领取毕业证书，战争就已经爆发了。"

　　日军登陆后第二天，中华学校全部教职员及其家眷、

丘中鹗

丘中鄂一家和舅父一家近70人从瓜拉吉赖路（Jalan Kuala Krai）两英里处的住处，搬到华人聚居村镇登龙（Tendong）对面的难民营。隔天一早，他们又从登龙搭船到武吉巴西马镇（Pasir Mas），之后再到一个名叫万拉（Chetok，现称仄杜）的华人村庄。一行人来到万拉以后，丘父安排家人住在好友许水山的岳父家中，其余的人则散居同村亲戚家里。

战争爆发时，中华学校董事部还没来得及支付教职员的工资，身为该校董事会主席的丘父担心教职员生活困难，便乔装成马来人从万拉潜回哥打峇鲁找董事会财政借钱垫支。

丘父带着钱欲离开时，恰巧遇到担任日军翻译员的吴姓男子上门。在不得已的情况下，董事会财政只好让吴姓男子与丘父碰面。由于丘父的社会地位高，因此日军希望丘父能与他们合作，以增加日军在华社的公信力。丘父以自己身体不适为由，拒绝与日军合作。

丘父回到万拉的第二个晚上，日军进村把他抓走，关押在宪兵部内，企图说服丘父领导日本人组织的交易协会，带领华人一同效忠日本人。在长达两个星期的关押过程中，"宪兵头" Minami 允许丘中鄂每天给父亲送饭两次，但只能透过窗口探视。丘父当时告诉丘中鄂，他不愿意与日军为伍，当一个出卖民族的奸细。

当时的宪兵部设在一所独立式大砖屋内，在日军入侵以前，这栋建筑是有利银行（Mercantile Bank of India）原址。宪兵部扣押的犯人不多，大多是附近乡镇的人。

丘瑞珍遗像

两个星期后，丘父从宪兵部被移去监狱，期间并没有受到日军虐待，而守卫森严的监狱已不允许家属探望。

当日军完全占领东海岸后，便开始清算反日分子。丘父被日军带到距离市区约三英里的华卡仄耶（Wakaf Che Yeh）椰园处死，死时年仅44岁，噩耗由一名认识丘父的狱卒告知丘家。日军投降后，丘中鄂的家人到椰园挖出两副骨骸，与另一名死者的亲人各自认领遗骸后，将之安葬。

丘中鄂忆述："要是父亲答应跟日军合作，他们一定不会杀他，但父亲却不愿意。"

当丘父被日军带走后，他们一家便搬回哥打峇鲁，租房子住。随他们一起逃难到万拉的教职员与家眷们也从此分散。

父亲遇害后，丘中鄂的大哥和二哥逃到泰南合艾（Hat Yai）寄住在同乡家中，而留在哥打峇鲁的丘中鄂则将姓氏改成"邱"，隐瞒身份，以防日军赶尽杀绝。

直到日军投降，他才改回姓"丘"。

日据时期，哥打峇鲁设有"慰安所"，就在猪肉摊附近的计程车总站现址。"慰安妇"大部分是马来妇女，一些是被强抓去的当地妇女，一些则因生活困苦而自愿卖身。

在瓜拉吉赖附近活动的抗日队伍是马共领导的"人民抗日军"；而哥打峇鲁的华人抗日军则是由 136 部队[①]训练，拥有国民党的政治背景。不过，这些将士良莠不齐，有的经常向民众索取粮食与财物，鱼肉百姓，因此哥打峇鲁人都叫他们"肉抗军"（福建话）。

而和平之后的哥打峇鲁并没有公审奸细，所以他们后来还能继续住在哥打峇鲁。

丘中鹗也提起日军借道暹罗的历史：日本进攻马来亚前，曾与暹罗签订条约，暹罗答应让日本借道宋卡攻打马来亚，条件是日本必须将北马四州的所有权还给暹罗（四州曾属暹罗，后归英人管辖）。

马来亚沦陷一两年后，北马四州归还暹罗，暹罗政府派遣军队驻扎在中华学校，但他们却没有实权。平日在市区巡视的是日军，治安也由日军管理，民众一般不理会暹罗军。在日本投降后，暹罗军也跟着撤走了。

符绩钊 捡走抗日会员名册 多人逃过死劫

符绩钊生于 1929 年，身为家中独子的他为了躲避战火，于 1939 年随着亲戚从中国海南来到马来亚，投靠住在哥打峇鲁的叔叔。当年南下的船票可说是一票难求，但为保住男丁血脉，长辈们都愿意将下南洋的机会让给符绩钊。那一年，符绩钊的父亲得病去世，符母仍留在中国海南。

符绩钊的叔叔在哥打峇鲁市苏丹娜街（Jalan Sultana Zainab）经营名为"务生茶室"的小旅馆，楼下是咖啡店，楼上出租房间。符绩钊跟着叔叔、婶婶以及三个堂弟、堂妹一起生活，过了两年有书可读的安逸生活。

1941 年 12 月 8 日，哥打峇鲁的居民在睡梦中被炮火声惊醒。当天早上 8 点左右，符绩钊的婶婶带着 4 个小孩逃到一个距离市区约 5 英里名叫登龙的村庄避难，符绩钊的叔叔则留守哥打峇鲁。符绩钊离开市区之时，虽然听说日军已经登

---

① 英国特别行动执行小组在1943年组织暂时抗日部队，1944年4月正式称为136部队，总部设在斯里兰卡的科伦坡，统率安达曼群岛、苏门答腊及马来亚的地下组织。136部队的华人队员中，最著名的就是林谋盛。

符绩钊

陆，但仍未见日军的踪影。他们在登龙住了两三天后回到市区，那时才在街上看到站岗的日军。

日军入侵前，务生茶室对面是由一对日本夫妇经营的牙科诊所。此外，还有日本人在哥打峇鲁街上经营冰淇淋店和瓷器碗碟买卖的店铺。日军入侵后，这些日本商人全都销声匿迹，让人不禁怀疑他们都是日军事先派来的特务。

符绩钊回到哥打峇鲁时，学校已经停课，因其婶婶是大亚旅馆的股东之一，他被引荐到位于旧邮政局路（Jalan Post Office Lama）的大亚旅馆（在当时的丽都戏院对面）工作。他每日的工作便是将旅馆房客的入住记录交到不远处的宪兵部。让他做这份差事，是因为日军对小孩比较没有戒心。符绩钊至今还记得他时常接触的日军是南勇一、石川和高桥。

由于每天都必须出入宪兵部，因此符绩钊对宪兵部的印象很深刻。他清楚记得日军宪兵部的前身是"有利银行"。日据时期，该建筑物底楼被改成日本人的"横滨银行"，二楼是宪兵部；战后，换成了"汇丰银行"；如今，这栋建筑物成了"二战博物馆"。

符绩钊进出宪兵部时，偶尔会看到日军熄灯打人与逼供的场面。据符绩钊所知，被屠杀的哥打峇鲁华人包括中华总商会主席丘瑞珍和一名邮差。虽不清楚邮差被杀的原因，但他知道该邮差被砍头时只有 30 岁。

1942 年的某天，符绩钊和两个朋友符用湖、符大森结伴，替南洲咖啡店和源安咖啡店送入住记录到宪兵部。他们上楼时在楼梯间见到一个包裹，便随意将包裹踢到一旁。交了记录本下楼后，这三个孩子因好奇捡起包裹拼命跑，一直跑到火车站才停下来打开包裹，结果发现里头有份写着"蒋介石中和

哥打峇鲁宪兵部的前身是有利银行，现在是哥打峇鲁二战博物馆

俱乐部抗日会员名单”的资料，记录了40个人名、蒋介石的图像、捐款的日期和记录。

符绩钊将包裹带回大亚旅馆，交给一位同姓的叔公，叔公看了以后急忙将文件烧毁。符绩钊记得名单上有一个人叫“吴泰山”，他说：“我对这个名字印象深刻，因为曾看过泰山的电影。不过，很可惜的是在我捡到名单之前，吴泰山已在武吉巴西马被日军杀死。”

符绩钊和同伴当时不知道，自己的一时贪玩，却间接救了许多人的性命，因为那份名单若落到日军手上，必将引起一场腥风血雨。

日据时期，哥打峇鲁市开了很多间赌档，很多华人沉迷赌博。日军也在苏拉伯阿末路（Jalan Suara Muda）的高脚屋开设了一间“慰安所”。

当时，哥打峇鲁的米粮多数由泰国入口，因此当地的粮食比其他地方来得充裕。玻璃市、吉打、吉兰丹和丁加奴这四个州属，虽然行政权属于泰国，但日军并没有撤离，宪兵部仍驻扎着许多日军。

符绩钊在日军投降后，听到一则关于道北（Tumpat）筹赈会秘书林晓东被日军杀害的事情。后来他遇见林晓东的太太和养子，得知林晓东当年被日军捉了之后曾一度获释，逃往泰国，后因惦记妻儿而重回马来亚，结果再度被抓，命丧黄泉。

在符绩钊的带领之下，记者去到了林晓东养子林德贵的住家，探问之下才知他已离世，而其他家人对祖辈的历史也已勾勒不出清晰的画面，只知道在道北有座林晓东纪念碑。

哥打峇鲁地图

黄崇瑞 收到风声 全家幸免于难

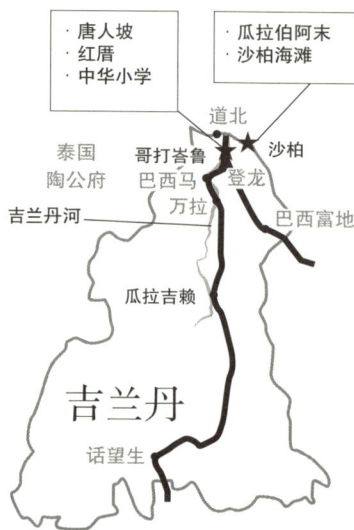

·唐人坡
·红厝
·中华小学

·瓜拉伯阿末
·沙柏海滩

泰国
陶公府

吉兰丹河

道北
哥打峇鲁
巴西马
万拉
登龙
沙柏
巴西富地

瓜拉吉赖

吉兰丹

话望生

唐人坡红厝

黄崇瑞生于1931年。他的父亲原是英殖民政府土地测量局的公务员，日军入侵前两三个月，黄父被调到瓜拉吉赖当粮食统制官。黄父赴任前，在屋后挖了一个足以容纳家中10人以及邻居一家的防空壕。

1941年12月，英军决定撤退，黄父接到指示，要开仓让百姓将米粮搬回家，以免落在日本人手里。黄父开仓后，回家途中遇到英、日两军交火而被迫滞留在44英里外的地方。一个月后，他和几位华人公务员才乘竹筏循水路回到哥打峇鲁，与家人团聚。此后，黄父终日忧心忡忡。黄崇瑞猜想父亲是担心自己开仓任居民取粮的事会被日军秋后算账。

黄崇瑞邻居的女婿林金坤是公共工程局的职员，必须随英军在前线候命。当日军从沙柏(Sabak)河口的瓜拉伯阿末(Kuala Pak Ahmad)登陆时，英军估计日军会先进攻唐人坡(Kampung Cina)，早已在一条必经的浮桥处埋好炸药，准备杀日军一个措手不及。

林金坤听到消息后，便偷偷赶回家通知家人与黄崇瑞一家，要他们乘船逃到Sungai Keladi（吉兰丹河支流）。后来不知何故，日军转由另一个方向到达沙柏海滩（Pantai Sabak），并从那里展开进攻。黄家虽然逃过一劫，但一夜的隆隆炮响吓得他们不敢回家。

筹赈会原本是由华侨银行的经理马奇杰领导，但他在日军入侵前便已被调往他州，因此筹赈会改由中华总商会主席丘瑞珍接管。筹赈会侨领被日军抓走、杀害。住在黄崇瑞家对面的侨领林云林、吴泰山和林鸿雁也一起被杀。

日军将唐人坡的"红厝"改为酿酒厂，专门为日军供应酒，红厝外还设有哨站。黄崇瑞每日都到酒厂捡酒糟喂猪。

战争结束后，黄崇瑞在哥打峇鲁完成中学学业，之后投身教育界，在当地的中华小学任教 31 年，现已退休。

谭丽屏　父被坏人举报　逃亡中病逝

谭丽屏的父亲因被人举报而遭到日军追捕，不得不逃至深山老林中。由于山林里的物资极度匮乏，加上水土不服，谭父最终病逝在山林中。直到日军投降后，谭丽屏一家才得知父亲的死讯。

谭丽屏的邻居说，谭父其实是被住在附近的一对夫妇陷害。那个女人在日本军官家中当厨子，她的丈夫也许是为了领功，向日军胡乱告密，害死谭父。

谭丽屏（左）、黄崇瑞

当时家中长辈担心年纪还小的谭丽屏乱说话，因此不让她知道太多关于父亲被害的真相。

谭丽屏的哥哥后来逃到泰国陶公府（Narathiwat），直到日军投降后才回家；谭母则带着幼小的她与妹妹们躲进瓜拉吉赖的山林里。谭丽屏还记得，母亲雇了几个当地的马来妇女背她们入山，暂住溪边的亚答屋，直到局势平稳后才把她们带回哥打峇鲁的家中。

谭丽屏是另一位幸存者黄崇瑞的妻子，两人在中学时代认识，婚后育有 4 个子女。谭丽屏和丈夫在同一所学校教书，于 1992 年退休。

林武耀　父捎最后口信：我回不去了

林武耀生于距离哥打峇鲁市区外 26 英里的武吉巴西富地县（Pasir Putih），全县约有 50 户华人。

林武耀的父亲林槐卿生于中国，在缅甸仰光认识了丘宝珠，两人婚后辗转

林武耀夫妇

来到武吉巴西富地落脚。丘宝珠在1934年至1940年间相继为林槐卿生下了4个儿子。

林槐卿在姐夫赖茂林收购土产的"泉茂号"里工作。赖茂林积极响应中国对日抗战，在当地成立了筹赈会，并出任筹赈会主席，而"泉茂号"里的员工包括林槐卿都加入了筹赈会。当时，武吉巴西富地的居民对于筹赈并不太积极，赖茂林唯有将收购土产所得的利润投入到筹赈基金。

1942年农历正月二十八清晨，日军入侵武吉巴西富地。

日军下令所有华裔居民在警察局集合。林槐卿在日军还没来到家里抓人前，就已逃离武吉巴西富地，途中遇到一个相熟的马来人，得知家人全被带到警察局。放不下妻儿的林槐卿决定折返，回去与家人共患难。

大约中午时分，林武耀看见父亲走进警察局。当时被召集到警局的有百多人，因此日军并没有立即在人群中认出筹赈会委员，但他们手上早已握有委员名单。赖茂林、陈玉振、黄友兴、林槐卿和黄志田都被日军点名，一个个站了出来，随后被日军强行带走。后来，人们才知道他们被带往距离警察局约6英里外的武吉阳（Bukit Yong）。

当天下午，日军解散人群，允许集合的人回家。林母在家等不到父亲，只等到"泉茂号"的货车司机伊德里斯（Idris）前来报信，他遇见被日军押走的林槐卿，林槐卿托他给妻子带个口信："我回不去了！"伊德里斯还说，他的货车没开多远，就听见枪声。

林母得知丈夫遇害后伤心欲绝，但不敢轻举妄动。几个星期后，林母才和其他几个罹难者的家属一同到武吉阳收尸，将他们移葬到武吉巴西富地的华人义山。日军投降后，武吉巴西富地遇难者遗骸与吉兰丹其他遇难者合葬在福龙山烈士纪念碑。

在当时日军的名单上，还有开智学校校长李济东，他也是筹赈会委员。李济东当天被带到集合地点，趁日军不留神时，迅速溜到警察局的底层躲起

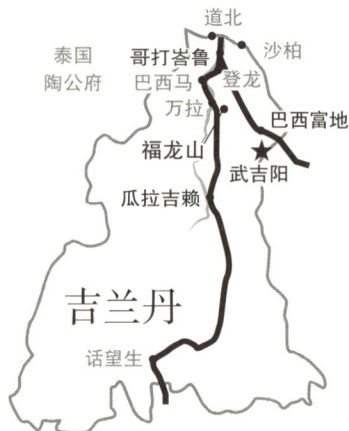

泰国
陶公府
道北
沙柏
哥打峇鲁
巴西马拉
登龙
万拉
巴西富地
福龙山
武吉阳
瓜拉吉赖
吉兰丹
话望生

来（当时的警察局是高脚屋），最终成功保命。他随后逃到偏僻的马来郊区避难，他的家人也离开武吉巴西富地到别处生活。

林槐卿离世后，林母独自一人抚养 4 个孩子长大成人。

忆起当年，林武耀说："少了爸爸，生活变得十分艰苦。"林武耀直言父亲的离开，让家人尤其是母亲承受了很大的生活压力。他有时会觉得父亲很傻，但接着他又说："社会若少了这些'傻子'，又怎会进步呢？"

杜丕仁　手上红色"检"字是保命符

杜丕仁（左）、林群丰

杜丕仁生于 1928 年。当日本于 1937 年全面发动对华战争时，杜丕仁的家乡泉州陷入无政府状态，经常有土匪扰乱治安。由于杜父已到南洋发展，杜母便带着他和弟弟南来，落脚在瓜拉丁加奴（现改名为瓜拉登嘉楼，Kuala Terengganu）靠近丹绒班台（Tanjung Pantai）的甘榜丹绒（Kampung Tanjung）。杜父在当地经营杂货店，也卖布料。丹绒班台当时共有一百多名华人居住，他们一家住在大街后巷。

日军入侵前，有三户日本人居住在瓜拉丁加奴的唐人街，分别是牙医、洋货商及生意人，有的人已住超过 20 年。由于这些日本人定居已久，因此无法确认他们是不是特务。

唐人街上住着一名"杀猪佬"（屠夫），他在战前（1937 年后）通过收音机收听中国战场上的新闻，对日本人恨之入骨。某日，"杀猪佬"突然冲到日籍牙医的家中，要用宰猪的利刃砍死牙医全家。牙医的孩子因躲避不及，头颅被砍了下来，"杀猪佬"最后被英殖民政府逮捕，并处以极刑。

日军脚踏车队从吉兰丹路（Jalan Kelantan）抵达瓜拉丁加奴，一路上见脚踏车就抢，连小孩子的脚踏车也

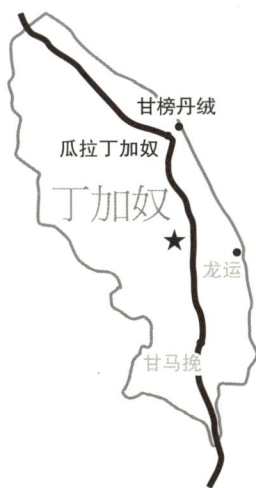

瓜拉丁加奴地图

不放过。两三天后，日军旋即展开大检证，强迫近千个本地华裔男子到旧皇宫（Istana Maziah）对面的大草场（Padang Maziah）集中，杜父也在行列之中。凡通过检查被放行的人，都会被盖上一个红色的"检"字。

杜父回家后，小心翼翼地保留着这个红色"检"字，担心红印洗掉后，会被误以为没有去接受大检证而招来杀身之祸。至于那些没有通过检查的村民，都被载到宪兵部问话，他们大多是筹赈会会员与侨领，其中包括维新学校校长张春元。虽然瓜拉丁加奴有不少钟灵中学的学生，但日军并没有抓他们。

宪兵部占据了位于苏丹马末路（Jalan Sultan Mahmud）的大木板房，那里原是丁加奴英籍顾问官（British Advisor of Terengganu）的办事处。宪兵部守卫森严，门前设了一个哨站，经过的人都必须向站岗的士兵鞠躬。侨领们被抓到宪兵部后，都受到凌虐、毒打及灌水，日军还往被虐者的嘴里小便。

图源：《居安思危》

只要日军在人民脸部、手部、衣服或证件上盖一个"检证"印章，即表示那人已通过检证

杜家靠昔日的积蓄勉强支撑了几个月。当时币值低，加上无人开铺，物资严重匮乏。后来日军强迫商家营业，父亲被迫将藏起来的布匹拿出来售卖，靠着微薄的收入过活。此外，收到叻币[1]者必须立即上缴日军，私藏者将会受到惩罚。私藏叻币而被逮捕的日籍洋货商也

---

① 叻币：Straits Dollar，英殖民时期英国政府发行的货币。

被日军处决。

位于瓜拉丁加奴河口边上的码头，是暹罗人运输米和盐到新加坡的必经之地，几乎每日都有百多艘的大小帆船靠岸。杜丕仁与好友林群丰儿时闲来无事都会到码头戏水，脱光衣服跳入海中洗澡，然后再爬到新加坡人的船上玩耍，船主会在他们回家前送他们一些米。在那个缺乏粮食的时候，这些米对他们而言显得极其珍贵。

当时，整个瓜拉丁加奴由一二十位日本兵控制。1945 年某一天的下午，联军的 B29 型飞机袭击浮罗甘敏（Pulau Kambing），炸毁日军的军舰。两军曾在唐人街附近的山上驳火，日军最终被联军击败，全数被杀。

东海岸 **彭亨**

1941年12月10日早上，英国两艘海军主力舰"击退号"和"威尔士亲王号"在马来半岛的关丹海岸外被日本飞机击沉

"二战"初期，驻新加坡和马来亚的英军分析战情，认为日军最有可能从南部登陆，因而把军队主力都放在新加坡，没料到日军却在1941年12月8日登陆马来半岛东北部哥打峇鲁。英军的战略失误让日军长驱直下，短时间内占领了整个马来亚。

同年12月10日，日军在关丹海面击沉"击退号"和"威尔士亲王号"，同时频频轰炸北马机场，完全控制了海空权。1942年1月3日，日军全面占领关丹，英军退守劳勿。

日据时期，日军通过各式各样的检举方式逮捕和扣留那些被指为抗日分子、筹赈会委员及共产党员等的人士。只要身上有刺青，或经蒙面人指证，就会被带到宪兵部和特务机关去接受审问。日军以各种不人道的酷刑逼供，包括拳打脚踢、火刑、吊头发、"放飞机"等，其中又以灌水最为可怕。日军将肥皂水强行灌入被拘者肚子，然后像擀面团般在被拘者身上踩踏挤压，直到被拘者吐血为止。很多人承受不了如此酷刑，惨死狱中。目睹者，即便幸存下来，那一段恐怖的回忆也牢牢地缠绕心头，成为他们一辈子都无法抹去的梦魇。

日军烧红铁支对被拘者施以烙刑，或强行给被拘者灌水，胀腹后在被拘者的肚子上大力践踏

金马仑高原
彭亨
瓜拉立卑
劳勿
而连突
关丹
文冬
直凉
淡马鲁
明光
金马扬
双溪镭
丰盛港

　　那段"太阳旗高挂"的日子所留给人们的回忆，除了轰炸、尸体、刺刀和鲜血，就是流不完又拭不干的泪。战争的残酷不仅仅是轰炸和侵占，"带着幼孩的妇女，眼看日军近在咫尺，又止不住孩子的啼哭声，为保众人性命，无奈下只好亲手将孩子丢到稻田里踩死"，这种骨和肉的分离，像利刃一般硬生生地刺入每个人的心底深处，这样的痛又岂是"锥心"二字形容得了？

陈金桃

逃难妇女把孩子丢到稻田里踩死

陈金桃

陈金桃生于 1926 年，一家八口住在彭亨州（Pahang）的边界小镇直凉（Triang）。

1941 年 12 月，日军由北向南迅速挺进，英军匆匆撤退到新加坡。陈金桃一家靠割胶生活，住在距离市区一英里半的"过港区"（橡胶山）内。由于当时粮食短缺，14、12 岁的两个弟弟只得随父亲到森美兰的双溪镭种田。两个弟弟因不习惯长时间在烈日下劳作，不久后便生"毛丹"[①]，高烧不退。奈何英军撤退时炸毁了大铁桥，他们没有办法渡过湍急的彭亨河支流带弟弟们进城看病。一家人只能眼睁睁看着两个弟弟相继病死。

不久，日军乘火车侵入直凉。他们背着枪到处寻找鸡、鸭等家畜，也四处找姑娘泄欲，同时诬陷当地男性华人是抗日分子，见男人便抓，还把他们赶到直凉"后街"，逼所有人抬头对着太阳罚站。日军说："你们喜欢抗日，就让你们抗日。"若有人忍不住低下头来，便会被日军痛打。

日军也常抓人施以灌水酷刑，再用棍子像擀面那样在他们肚皮上擀。

陈金桃当时 16 岁，她并没有像其他少女那样把头发剪掉，只是盘起头发，用头巾裹着。由于没有钱买布做男装，她只捡了几件母亲的宽大旧衣服来穿。

陈金桃的哥哥走入山里当抗日军，留下嫂嫂和一名稚龄儿子与陈金桃他们一起生活。陈金桃与母亲、妹妹、嫂嫂和几十名妇女一起躲在山芭，只要一听到日军的消息，

[①] 毛丹：俗称"猪毛丹"、"冷丹"、"热丹"，属于暑湿症、虚热症。患病者的体温忽冷忽热，精神萎靡，头重身困，食欲减退，头痛高热；皮肤忽然变赤，色如丹涂脂染，红肿迅速扩大。

便会集体逃到稻田里躲避日军，生怕被日军掳走。年迈的父亲因担心日军问起家人下落时不懂得回答会被殴打，加上儿子不在身边，于是也随同女人们一起避难。

嫂嫂逃跑时带着牙牙学语的儿子。孩子被芭地的茅草割伤，痛得大哭起来。为了不让孩子害得全部人丢命，嫂嫂只好独自带着孩子到明光避难。有不少带着年幼孩子的妇女，眼看日军近在咫尺，又止不住孩子的啼哭声，便亲手将孩子丢到稻田里踩死，如此惨死的婴孩不下十人。

明光是距离直凉三英里的一个小地方。在来往明光与直凉的路上，有一间茨厂（制作木薯粉的厂），该厂的老板与工人们已经弃厂逃亡，留下的那一片木薯园倒养活了直凉、明光两地附近的居民。

陈金桃一家躲在山中，待粮食快吃完时，陈母便偷偷回到橡胶山的家中，取米煮粥给家人吃。有一次，陈母的行踪被正在巡逻的日军发现，他们逼问陈母是不是要接济抗日军。由于陈母不懂得回话，激怒了日军，被日军用枪柄打脸，打掉了两颗门牙。

被打的母亲生气地说，她不是接济抗日军，只是为家人准备食物。幸好日军没有因陈母的顶撞而进一步伤害她，只是随便搜一搜便离开了。

日军占领马来亚第二年，陈父因担心陈金桃的安危，便将她嫁给比她大好几岁的男子。陈父说战乱时期没有嫁妆陪嫁，唯有日后补上。陈金桃还记得结婚当天，没有新衣也没有宾客，梳洗一番后，便与清晨5点来接她的丈夫摸黑骑脚踏车到金马扬，趁天亮前日军未出现时离开。

陈金桃曾听说，日军到明光找粮食时，因垂涎杂货店老板娘的美色，便将老板绑起来，在他面前轮奸了他的妻子，临走前还将杂货店的粮食一扫而空。

金马扬往下三英里便是森美兰的双溪镭，陈金桃的同乡陈发（福建人）住在那里。陈发以种植红烟为生，家中有三个女儿、一个女婿以及一个小外孙。陈发一家在日据时期全部罹难。日军放火烧他的屋子，还将逃出屋外的人刺死，随后将尸体抛回火场中，逃不出的人则被活活烧死。

吴 昆　女子惨被日军强奸

吴昆1918年在中国出生。当日本于1937年侵略中国时，吴昆的大哥被征召上前线抗敌。由于父母不舍得让孩子冒险上战场，便安排当年19岁的吴昆和大哥

逃到马来亚。

吴昆兄弟在柔佛州丰盛港（Mersing）住了3年，后来两人为了谋生而失去联系。吴昆的大哥到怡保去，而吴昆则辗转来到彭亨州，在关丹当裁缝师。

当时关丹有两条主要街道：前街（Jalan Besar）与后街（Wall Street）。后街因彭亨王子常常经过，又名太子街（Jalan Mahkota）。1941年底，日军经由甘孟路（Jalan Gambang）进攻关丹，吴昆和冯姓裁缝店老板一家、邻居共十几人，逃到半珍（Pancing）避难。吴昆还曾逃到"华益园"（Stadium Darul Makmur现址）住了十多天。

这期间来了约10名日本兵要找年轻女子泄欲，但是女孩们都已经躲到森林里去了，日军遍寻不获，便将男人赶出屋子，强奸较年长的妇女。吴昆不清楚有多少名妇女受害，只记得有个四十几岁的妇女也逃不出日军魔掌。

日军将军火配备存放在后街的一个货仓，而军队则驻扎于光华学校。有一名来自雅姆（Jabor）的华人（吴昆不知道此人姓名，只听说他来自关丹13英里外的海南村）因被怀疑是抗日军而被带到光华学校问话。他尝试强抢日军的枪支，可惜失败，被恼羞成怒的日军倒吊在光华学校前的一棵大树上，两天后气绝而亡。

吴昆有一次因没有停下脚踏车向日军行礼而被掌掴。

在局势较稳定后，吴昆重开裁缝店。

吴昆

彭亨

金马仑高原
劳勿
瓜拉立卑
而连突
文冬
淡马鲁
直凉
关丹
半珍
雅姆
柏灵冬山
丰盛港

大伯公山
雅姆
华益园
柏灵冬山
直落丝丝
关丹州回教堂
光华学校
警局
关丹河
中央广场
甘孟路
后街
前街
杨顺喜家
关丹地图
关丹

李国祯 柏灵冬山蒙难者骨骸数之不清

李国祯 1933 年出生在关丹，是家中独子。战前，他和父母住在关丹前街，父亲是一名建桥木工。

1941 年年尾，为了避开日军，李国祯和家人走了两个小时的路，逃到关丹与丁加奴的边界雅姆，在雅姆的橡胶园里住了超过半年。

李国祯记得，当年的雅姆是抗日军活跃区，日军也因此经常空袭雅姆。雅姆的居民只能随时保持警惕，稍有风吹草动就立刻躲起来，以免遭池鱼之殃。李国祯说："我当时常常以空心的大木桐当防空壕，躲在里头。"

后来，李国祯和家人重回关丹。由于父亲在三叔公李胡开的板厂工作（李胡是当时的华社领袖，除了板厂之外还有其他产业），他们全家就搬到关丹河边的直落丝丝（Teluk Sisek）板厂宿舍居住。当时的板厂其实已被日军征用为造船厂。

沿河而建的除了李胡板厂之外，还有关丹码头和关丹海关部。日军以尖木将海关部围起来，改成宪兵部，禁止闲人进出。由于造船厂就在同一条路上，年幼的李国祯在去往造船厂途中，不时听见里头传来叫骂声和哀嚎声。李国祯曾大胆透过缝隙偷窥建筑物里的情况，他看见日军恶狠狠地将囚犯过肩摔，又用枪柄打人，还不断以日语粗鲁地吆喝、咒骂。李国祯说："其实日军知道我在偷看，但我还是个孩子，他们没对付我。"战后，李国祯听街坊们说，日军会在逼供后将囚犯塞进麻袋内，系上大石头，抛进关丹河。

据李国祯所知，日军曾在关丹肃清。不过，当时他和家人身在雅姆，因此肃清情况皆是从其他人口中听回来的。

肃清行动当天，没逃走的人都被集合起来。日军原本准备带走一些人，当时有位嫁给马来人的日本妇女挺身而

李国祯

出，告诉日军被抓的人当中有她的亲属，而她以人格担保这些人都不是抗日分子，日军才同意放行。李胡的儿子也在其中。

肃清当天，有一位战前曾在日本人家里当厨子的海南人也在被扣押者的行列当中。不过，日本老板离开马来亚前写给他的信救了他一命。信中除了有日本老板对这位厨师的赞赏以外，还有对他人格的赞誉。

有一位被吊死在树上的人，李国祯称他为"英雄"。他说"英雄"真名的广东话发音为"chan gong"，可能是陈光。日军怀疑身形魁梧的陈光是抗日分子，便把他抓到光华学校逼供。陈光宁死不屈，更企图抢枪反抗，于是日军用绳子将陈光绑在军车上，绕着前街、后街拖行一圈，陈光并没有当场毙命，而是后来被日军倒吊在光华学校前的大树上，两天后才断气。

关丹还有另一个屠杀场——柏灵冬山（Bukit Pelindung），很多人在此遇难。日军无条件投降之后，许多人到柏灵冬山山脚的沙地（彭亨皇家高尔夫球俱乐部 Kelab Golf Diraja Pahang 现址）捡骨。李国祯当时跟着大人去，他与几个同伴先跑到该处，趁大人还没到来之际，拾起地上的小石子当飞镖，射向倚山壁而立的骨骸。

李国祯说："小时候不懂事，天不怕地不怕，也不懂得尊重死者，现在回想起来都觉得不好意思。"

以骨骸的排列情况来看，遇难者应是倚着山壁站立时被日军杀死。日军随后也没有动手埋葬，所以骨骸还是整整齐齐地排列在山壁上。除了多副斜立的骨骸，沙地里也拾到很多残骸。至于数量有多少，李国祯不太清楚。

宪兵部旁边的南洋酒店，被日军占用为"慰安所"，供他们泄欲。日据时期，日本军官经常开着车子招摇过市，他们有时还会在前街的拐弯处表演"飘移"，同时使劲鸣车笛，引起大家行瞩目礼。

1945 年，日军投降前，美国联军派了 B29 战机到关丹上空对关丹河面进行扫射，警告人们远离该处，然后就投弹炸毁了沿海而建的蚬壳（Shell）油缸。

日军投降后的政权交替空窗期，抗日军暂代政府之责。

杨顺喜 楼上窗户望见施刑场面

杨顺喜出生于 1927 年。8 岁那年她被卖给一位没有子嗣的妇女，之后便随养母搭船到马来亚关丹的宜利。养母是一个商人的原配，养父在马来亚另娶，育有几个孩子。

早期的宜利是个五金店林立的地方，养父经营的五金店位于关丹前街。

战火蔓延到关丹时，养父已经过世。杨顺喜的养母带着她和小妈一家人，走了一小时的路，逃进大伯公山（现广东义山）附近的森林。当时有六七户人家来到此处，大家草草盖了木板房子住下，偶尔从森林里砍一些柴去卖，以换取生计。

日子虽然渐渐安定下来，但大家仍担心日军会对良家妇女意图不轨，不敢搬回家住，于是一家人经常往返两地，以求万全。

杨家在宜利的店铺位于光华学校附近，步行不超过 5 分钟便能到达。店铺斜对面有一棵大树，与楼上窗户的高度相仿，从窗户望出去可以清楚看见这棵长在草场旁的大树。

日军当时主要驻扎在警察局和光华学校，而光华学校的对面便是这片草场，附近设有日军驻守的哨站。

有一天，一个外地来的男人不知何故被日军逮到，被吊在那棵树上一天一夜。他大声唤着"阿嫂、阿婶、阿妈，救命！"哀求人们放他下来。但附近的居民都不敢冒犯日军，只能任由这名年轻人被折腾至死。

还有一次，杨顺喜和家人从楼上的窗户看见日军抓了四五人，命令他们跪在草场上，然后开枪杀死他们。

杨顺喜

南马 **马六甲**

日军占领马来亚后，采取三个主要措施：

（1）掠取本地的战略性物资；

（2）确保日军在本地能够获取足够的生活必需品；

（3）恢复及维持地方的秩序。

比较值得注意的是，日军对马来亚的马来人、华人采取分而治之的管治手段。

由于华人曾大力支援中国的抗日战争，自然首当其冲地被日军以各种不同名目进行肃清及通过大检证加以屠杀，同时更通过华侨协会强迫华人缴纳奉纳金。对于华人来说，这是噩梦连连的惨痛岁月。

日军对马来人则采取缓和及笼络的政策，释放英殖民政府囚禁的马来青年会领导人，协助成立"'祖国'护卫军"，借着他们反英殖民政府的情绪，加强、巩固日军的统治，并且承认各州苏丹的特殊地位，警界及民事服务部门的马来官员皆获得保留。

这种分而治之的管治手段，使得战后的华族与马来族关系紧张，不断发生种族冲突事件。同时，马来民族主义开始兴起，华人意识到自己不再是这片土地的过客，应该联合其他族群在这片土地上争取自由独立的权益。

郑玉妆　*隔壁妇女遭施暴*

郑玉妆生于 1916 年，祖籍汕头。1939 年中国局势动荡，她赶搭最后一趟船到马六甲和丈夫团聚。郑玉妆的家公和丈夫在她南来前几年已先行到马来亚经商。

郑玉妆的夫家在马六甲有三间店（经营杂货和水果生意）。她的丈夫帮助父亲管理生意，生活过得相当安逸舒适。郑玉妆丈夫的三哥来到马六甲后从事教育工作，是东圭纳（Tengkera）中国公学的校长。

郑玉妆在曾昆清路（Jalan Chan Koon Cheng）住了一段时间后，跟着丈夫搬到吉林路（现 Lorong Hang Jebat），帮助丈夫打理杂货批发生意。

当日军即将攻打马六甲的消息传开后，郑玉妆和丈夫即逃到郊区的伊力村（Bandar Hilir）避难。那里有一间隔出多个房间的屋子，分租给好几家人。隔天她就听说日军空袭马六甲，丈夫四哥的店铺也被炸毁。

日据时期，日军的暴行让人闻风丧胆。伊力村的年轻女子只要一听见"日军"二字，便纷纷躲起来。

某天，日军来到郑玉妆的住家，见她怀中抱着 6 个月大的儿子，并没有对她施暴。她侥幸躲过一劫，可是隔壁屋的一个妇女却没有逃出日军的魔掌。他们将该名妇女的丈夫骗到别处后，把她拉到楼上强奸。大家对日军的兽行恨之入骨，却无力反抗，只能忍气吞声。

郑玉妆住在伊力村的那一年，日军曾到过那儿四五次。日军只有在第一次进入伊力村时强奸女子，之后三次都是进屋搜查、抢夺东西。

郑玉妆听邻居说，班底路（Jalan Kampung Pantai）有个开杂货店的潮州人，因被日军搜到家里

郑玉妆

郑玉妆全家福

藏有中文报纸而惨遭灭门。这个消息吓得郑玉妆马上将丈夫以前在中国汕头师范学院运动会上的乒乓球、赛跑项目中得奖的剪报通通烧毁，并将奖杯埋起来。在这之前，日军曾到郑玉妆家里搜查，但因为剪报和奖杯都收在装着冥纸的箱子内，没引起日军的怀疑，逃过一劫。

沈慕尧 全家筹赈会背景 注定难逃日军耳目

　　1923 年，沈慕尧在马六甲古俚街（Jalan Kuli）13 号出生，家门外写着"居安"二字，可是他们一家在日据时期却难以"居安"。这所老房子目前还立在马六甲老街上。

　　沈慕尧的父亲沈鸿柏在古俚街附近开了马六甲第一间印刷馆——明新印刷馆。沈父当年是马六甲国民党支部的侨领。他们的住所表面上是一间民宅，其实是国民党马六甲总部，家中经常接待许多由中国逃到马六甲来的国民党党员。

　　日军入侵前，沈慕尧的三哥沈慕周是培风学校教务长、四哥沈慕羽（马来西亚华教斗士）则是培风第二分校主任。沈家兄弟几人皆积极响应中国抗战，积极参与筹赈救国工作。沈慕周担任筹赈会英文秘书；沈慕羽担任抗敌后援会青年团长；五哥沈慕文在日军入侵前曾任教于培风学校，也曾在《南洋商报》当记者，抗日战争爆发后，毅然回到中国从军抗战，是中国黄埔军校广西分校的军官，官阶至上校；沈慕尧则选择加入明星慈善社乐队、歌咏队及剧团，参与马六甲的筹赈工作。

陈碧玉（左）、沈慕尧

　　1940 年间，由于印刷馆生意不好，他们一家决定搬到三宝井附近居住。日本人占领马来亚后，沈家又再逃到鲁容（Duyong）——一个马来人居多的小村庄，住了一两个月。1942 年 1 月 13 日，沈慕尧在鲁容看见日军的脚踏车队，那是他第一次见到日军。脚踏车队只是抢脚踏车，并没有伤害居民。待马六甲局势较平静后，他们一家又再搬回东圭纳。

两三个月后，日军开始在马六甲进行大检举，从家中抓走了沈慕周和沈慕羽两兄弟，当时在峇株安南（Batu Berendam）橡胶园工作的沈慕尧则逃过一劫。据说，是培风学校一名李姓学生向日军供出沈家两兄弟的名字，日军才会上门抓人。

沈慕周和沈慕羽先后被带到伊力的监牢和被改为宪兵部的明星慈善社，不断接受宪兵的酷刑盘问。4月29日天长节（昭和天皇生日）那天，沈慕羽因大赦而被释放出来，但沈慕周却遭人陷害，被带到吉山（Kesang）橡胶园枪毙，死时仅39岁。而那次被带往橡胶园枪毙的不止沈慕周一人，那是一次集体屠杀。

沈慕羽被释放后不久，又听闻日军要抓人的风声，于是急忙逃到太平后廊（Aulong）。沈慕尧也担心自己迟早会被日军盯上，独自一人搭火车前往槟榔屿春满园游艺场，加入由日本人资助的"樱花歌舞剧团"。沈慕尧在樱花歌舞剧团的庇护下，过得相当安稳，还经常有机会到各处登台表演。

后来，沈慕尧接到弟弟的通知，说在马六甲的父亲病重，要他赶快回家。沈慕尧即刻到州政厅向槟榔屿宣传部长松本提出要返回马六甲的要求，松本发出通行证[1]批准沈慕尧回家。

待父亲病愈，沈慕尧继续留在马六甲，加入了紫燕宫歌台。某天表演完毕，两名日军将他抓到宪兵部，问他是不是森林里的宣传部长。回想当天情景，沈慕尧说："那名日军一连问了我三次，还越问越大声，而我也不知道哪来的勇气，大声回答说'不是'。"

沈慕尧随后从身上拿出彼南音乐协会的会徽给日军看，日军的态度立即软化。沈慕尧这时想起之前松本发给他的通行证，马上出示该证件。日军看后即变得很有礼貌，并安排沈慕尧在宪兵部左侧的房间睡一晚，第二天便放他回去。

隔天一早，宪兵队队长放沈慕尧走时还说："你是第一个在宪兵部住一晚就离开的幸运儿。"从此之后，日军再也没有找他麻烦。

马六甲

亚罗牙也
吉山
野新
武吉南眉
峇株安南
马六甲市
丹绒吉宁
东圭纳
鲁容
伊力
五屿岛

古俚街	三宝井
明新印刷馆	明星慈善社
培风学校	三宝山

---

[1] 控制人民自由通行的证件，凡要离开居住地区的人，必须向警方申请。通行证上日、英文并列，须填写申请者的资料，如地址、姓名、年龄、目的地、旅行目的及有效期等。

1945 年，美国 "B29 空中堡垒"（军机型号）自空中掷下《公告马来亚各民族》宣传单，真正结束了黑暗的日据时期。

日军投降以后，遇难者亲属纷纷前往各处刑场挖掘骨骸。由于沈慕周镶有金牙，因此沈慕尧很快就认出他的遗骸。沈慕尧将哥哥的金牙放在瓮里，与其他殉难者一同合葬在三宝山的殉难侨胞纪念碑。

沈慕尧的侄儿沈慕英，是家中长子。他十多岁时被日军押到泰国修建 "死亡铁路"，从此一去不回，音讯杳然。

林源瑞 隔邻沈家培风老师肃清被逮捕

林源瑞 1928 年出生在马六甲的东圭纳。林源瑞在培风小学念高小期间，刚好是马来亚华侨发动筹赈抗日的巅峰期。校方以徽章记录的方式，鼓励学生每天将部分零用钱捐出来。林源瑞还记得该徽章叫 "七七纪念章"，徽章上面印有 1 到 31 数字的卡片。学生若欲捐献，不论数目大小，老师就在当天日期的号数上盖章。校方此举成功引起学生们的注意，反应热烈。

马六甲侨领还发起了寒衣捐、难童捐和药物捐，除了难童捐须以现金捐献以外，其他两项民众可自行选择捐出物资或金钱；民众也积极响应购买公债券。据悉，马六甲州当时共筹得了 51 万元。

1939 年，一个中国剧团来到东圭纳的景阳戏院演出。林源瑞去看了其中一场戏，名叫 "塞上风光"，故事内容是讲述中国东北一带遭日军侵略。他还记得开演前，马六甲橡胶之父陈齐贤的夫人受邀上台致辞，因为当天的演出由陈夫人赞助。

武汉合唱团随后也来到了马六甲，并在武牙拉也街（Jalan Bunga Raya）的极乐园（娱乐场所，里面有 3 间戏院、1 个歌台）公演。培风学校的学生们包括林源瑞也积极响应，参与卖花、售票的工作。

日军于 1942 年 1 月 14 日入侵马六甲，隔天即宣布占领马六甲。英军不仅保护不了马六甲，还炸毁了陈金

林源瑞

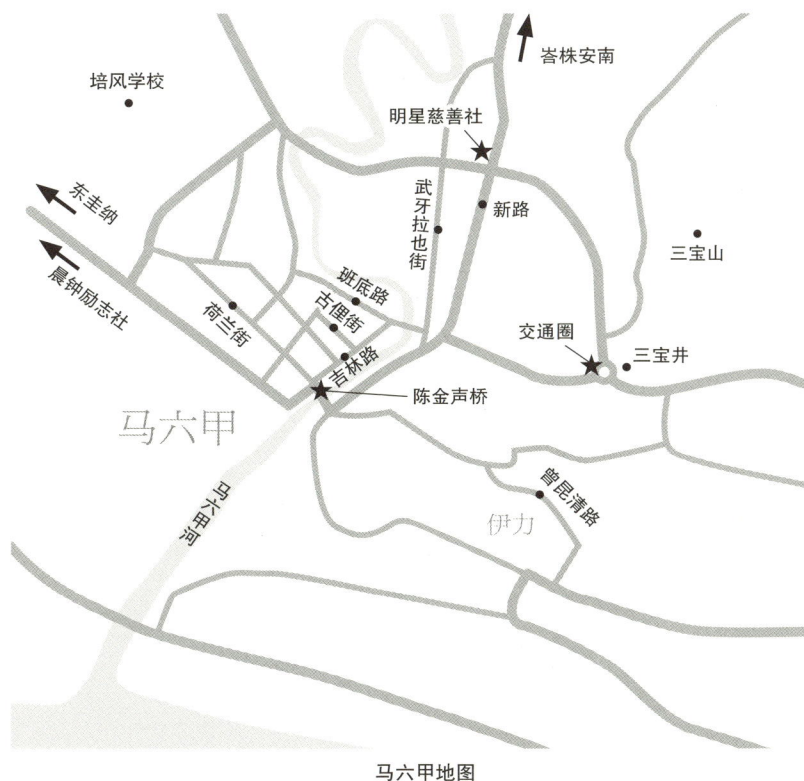

马六甲地图

声桥（Tan Kim Seng Bridge），企图拦阻日军的南下攻势。然而，日军抵步后即铺上军用桥，没有受到任何阻挠。

后来，林源瑞和家人逃到郊外的峇株安南亲戚家避难。当时马六甲市区已空无一人，马六甲名人，如何葆仁、曾江水、吴志渊、陈祯禄、曾有美、黄士元等，均事先逃往乡下或返回中国重庆等地避难。

不久，日军贴出告示，呼吁逃难市民返回家园，一些社会名人和市民陆续回家。占领初期，日军曾贴出告示，通知马六甲每一户人家必须缴纳一块钱，以换取一张安居证。安居证必须贴在住家门口，供日军上门时检查。当时，位于新路（Jalan Bendahara）的明星慈善社被日军占用，改为宪兵部，这里也设有发出安居证的办事处，每天都挤满了人。

原为文化机构的晨钟励志社沦为高阶日军的"高级慰安所"。

马六甲市区内到处设有关卡，路过的市民若没有向站岗的日军弯腰行礼，便会遭到处罚。日据时期，培风学校是其中一个哨站，每天都有日军站岗。有一位曾获英殖民政府授予英国国籍且有钱有势的峇峇[①]，昂首走过哨站，视日军如无物，

即遭到日军拦下问话。峇峇骄傲地回答自己是 "British Subject"（英籍人士）。日军听后非但没有礼待峇峇，反而将他毒打一顿。

日据时期，学子们失去上学机会。林源瑞曾回到培风学校去探看，结果发现日军将学校图书馆内的书全丢了出来。爱书的林源瑞觉得可惜，便趁日军不留意时偷偷拿了一本回去，他还记得那本书是《七君子》。

1942 年 3 月 21 日黎明时分，马六甲市区突然涌现许多全副武装的日军。他们在街上来回踱步，禁止居民外出，不久便举行全市大检举。那一次，奸细带着部分日军到抗日侨领家中抓人。林源瑞听说日军先后逮捕的马六甲名人有：王德义一家七口、柳其杰一家五口、林大典一家三口、许杭（晨钟励志社合唱团团长）、邓敬修、丘集源等。身上有刺青的村民也被日军当作是抗日分子，一并带走。

当时有 4 名日本兵到林源瑞家搜查，林父还拿出茶水招待他们。日军喝了茶以后，看了几眼便离开了。林源瑞原本还很担心《七君子》会被日军搜出，所以在日军到来之前，已将它丢进水沟里。住在隔壁的沈慕周、沈慕羽两兄弟却在这次肃清行动中被逮捕。

那一次共有两千余人被日军抓到空地问话，其中日军认为嫌疑较大的三百多人，被载到伊力的监牢关起来，沈慕周和沈慕羽也在其中。沈家兄弟二人都是林源瑞的老师，沈慕羽曾是他的级任老师，负责教历史，而沈慕周教过他数学。他说："我现在会收集和了解马六甲历史，其实受沈老影响甚多。"

沈慕羽在天长节大赦中被放了出来，其他遭拘留者，包括沈慕周都死在日军的毒手之下。

"九·五"惨案

马六甲郊区旺梨华人坟场（位于 Umbai）附近有个"九·五殉难史志"，坟场里面合葬了 9 位在日本投降之后还惨遭日军杀害的抗日军遗骸。

日本于 1945 年 8 月 15 日宣布无条件投降，在英军尚未回到马来亚的那段政治空窗期，抗日军接管马六甲。当时在马共马六甲特委代表谢重生以及人民抗日军甲州流动队代表雷学的主持下，琼州会馆成立了"人民委员会"，并选出主要负责人：主席谢重生，总务吴世健，治安部主任雷学，社会部主任郑学琛，民意

---

① 峇峇：中国人和马来人结婚后所生的男性后代。

部主任林揆义，宣传部主任林振锡、陈应祯，秘书康景南，委员陈易经、张渺森、彭玉楼、江华成、李金炉、曾才等。其中吴世健、郑学琛、林振锡、陈应祯在日军入侵后曾经被捕，因背负抗日罪名而被判无期徒刑。他们在日本投降后才获释，之后即积极参加人民委员会。

人民委员会除了负责维持治安，还将日军办的报纸①改为人民委员会的报纸——《大众报》。1945 年 9 月 4 日，人民委员会在《大众报》上宣传抗日战争胜利，揭露并谴责日军在统治期间的种种暴行。

翌日，尚未撤离的日军看了报道后怒火冲天，到琼州会馆包围人民委员会，当场拘捕了 14 位成员，并将他们押到宪兵部。当晚 8 时许，日军用货车将他们押到市区数英里外的码头，准备把他们载到五屿岛（Pulau Besar）处决。康景南和张渺森成功脱绑，在车子来到转弯处，趁车速放慢时跳车逃亡。

当船驶近五屿岛时，陈易经和郑学琛双双挣脱绳索，跳海逃生。日军发现后对着海面乱枪扫射，却因天黑而未能射中。陈易经成功保住性命，但不谙水性的郑学琛却不幸溺毙。

隔天一早，野新区（Jasin）抗日军获悉有人被抓后，即刻赶赴五屿岛。他们看见有些侨领被推入水井中，有的断头，有的破胸，死状恐怖。抗日军随后发现了奄奄一息的吴世健、彭玉楼和曾才，立刻将他们送往野新医院抢救，不过吴世健最终还是伤重不治。

除了以上提到的 5 人侥幸生还之外，其余 9 人的遗体（包括从海中打捞上来的郑学琛）被合葬在一处，立碑纪念。

---

① 日军占领马来亚后，其他报纸均停止发行，只准发行属于日本人的报纸。

林木兰

林木兰　为救人委身下嫁日本兵头

林木兰出生于 1926 年，是一名娘惹。父亲在她 9 岁那年就过世了。后母既爱赌又贪杯。后母在赌桌上赢了钱，她们才有钱开饭；如果赌输了，不仅没饭吃，林木兰还会被后母虐打一顿。后母还不让她上学。

林木兰本姓曾，后来后母将她转送给人，她便跟着养父母姓林。后母之后又把她带到马六甲去见她大伯的儿子，并要她认他作干爹。此后，她便与干爹一起生活。

日军占领马六甲后，林木兰跟着干爹一家到武吉南眉（Bukit Rambai）山顶避难。住在山上的马来人吓林木兰说，不穿"纱笼"（sarong）的娘惹都会被日军当成华人抓去强奸。林木兰听后很是害怕，每次出外除了穿"纱笼"，还戴上马来头巾。在山上住了三四个月后，有个"鬼头"（奸细）入山劝他们回市区，他们才走出山林。

下山后，他们住在鸡场街（Jonker Street）。当时日军执行粮食管制，只允许居民用米牌购米。干爹的弟弟已有一张米牌，但家里人口众多，往往吃不饱。因此，他私底下与米铺勾结，多申请了一张米牌。半年后，一个"鬼头"突然上门说要找 John Chan 这个人，因为他在米铺的名单上发现有两个"John Chan"在同一时间买米。"鬼头"见他们说不出个所以然，便把干爹的弟弟带走。"鬼头"临走前对他们说，如果找不到人帮忙，就会把干爹的弟弟押去宪兵部。

"鬼头"还告诉干爹，当时正巧有一个有权势的"兵头"（军官）想娶妻，或许可以将女儿许配给那位"兵头"，以救回弟弟的性命。林木兰的干爹其实有两个亲生女儿，但那名军官却看中了年纪最小的林木兰。林木兰虽然不情愿，但为了救人，她不得不妥协。

同一天晚上，"兵头"带他们到明星慈善社去。楼下的一间房里面挤了六十几名男女，干爹的弟弟就在他们当中。"兵头"叫林木兰从人群中指出干爹的弟弟，待办完婚礼便立马放人。

结婚当天，作为新娘的林木兰只是稍作打扮，换上一件较新的衣服便出嫁了。这位"兵头"在吉里望三支碑苏古（Batu 3 1/3, Klebang）的家中宴请军中好友，还给了林木兰的干爹 2 万元香蕉钞。"兵头"在婚宴中提醒林木兰，若以后她家人再犯错，他不能再搭救了。

结婚以后，林木兰才知道她五十多岁的丈夫姓"Ashigawa"（芦川），官阶相当于陆军中尉。芦川在东京已有妻室，但希望在马来亚能有个伴。林木兰觉得"Ashigawa"这个名字太难记了，便称他为"阿汉"。

林木兰家中有两个帮佣，女工负责打扫房子，男工阿成则负责做饭。由于阿成会说日文，因此他也充当林木兰夫妻之间的翻译员。某天，阿汉吩咐林木兰为他下厨，不懂得烹饪的林木兰叫阿成代劳。当阿汉发现饭菜并非出自林木兰之手时，大发雷霆，还掴了她一巴掌。不过，阿汉担心自己出手过重，随后又急忙请家庭医生帮林木兰治疗。

婚后，阿汉十分疼爱林木兰，也对她的家人照顾有加，家中老小衣食无忧。阿汉到武牙拉也街的赌场（今贵夫人百货公司隔壁）赌博时都会带上她，并教她赌钱，也让司机接送她回娘家团聚。虽然阿汉对林木兰很好，但他不允许林木兰帮别人求情。而生活宽裕的林木兰，平时也不忘将米粮和钱财分给穷人。

林木兰的嫂嫂家坐落在宪兵部后边。某天，她去探望嫂嫂时，在她家楼上的窗口看见日军在向被囚者施酷刑。而她嫂嫂更是经常在夜里听到令人心寒的惨叫声。

林木兰也曾听人转述，某户人家的二儿子因有反日的倾向而被捉去砍头。日军随后在三宝山的交通圈上摆了张桌子，将砍下的头颅放在桌上示众，直到头颅发臭腐烂为止。

知道日军即将投降的阿汉，赶在日

马六甲

亚罗牙也

野新

武吉南眉

峇株安南

丹绒吉宁

马六甲市

东圭纳

吉里望

五屿岛

· 荷兰街
· 明星慈善社
· 武牙拉也街
· 三宝山

张毅杰提供

香蕉钞

135

本正式宣布投降之前，用香蕉钞换了 4 万元叻币给林木兰，并嘱咐她要嫁个好男人。在回日本以前，阿汉将家中所有东西一并烧毁，所以林木兰并没有阿汉的照片与信物。

和平后，村民便开始对昔日为日军效命的"鬼头"算账。林木兰虽是日军之妻，但大家都知道她是为了救干爹的弟弟才被迫嫁给日本人的，因此没人为难她。

林木兰也在之后找到了自己的归宿，现在儿孙满堂。

南马**柔佛**

图源：新山华族文物馆

武汉合唱团

　　1941 年 12 月 8 日，日军在泰国南部的宋卡、北大年及马来亚北部吉兰丹的哥打峇鲁登陆，沿着东西海岸迅速向南推进。次年 1 月，英军已退守至柔佛，以麻河为天然屏障，准备与日军决一死战。1 月中旬，日军分别进军麻坡（Muar）与峇株巴辖（Batu Pahat）。1 月 16 日，麻坡沦陷；1 月 25 日，亚依淡①（Ayer Hitam）和居銮也先后失守；1 月 31 日，所有英军退守至新加坡，日军在晚间占领新山。至此，马来半岛的攻防战结束，日军全面占领马来半岛。

　　日据时期，日军对本地华人采取高压政策，通过大检证与肃清行动，集体残杀抗日分子、共产党员、筹赈会委员，以报复海外华人在日本侵华战争中出钱出力抗日。之前抗战时期，各地人民积极响应筹

---

　　① 此中文地名与槟城的亚依淡（Air Itam）相同。

137

图源：《新马华人抗日史料》

柔佛巷战

赈活动，武汉合唱团等演艺团体就曾到麻坡为中国抗战筹款，在麻坡街场的新民舞台献唱，麻坡成为筹赈模范区，但在日据时期却成为日军针对和报复的对象。

在那段战乱岁月中，柔佛发生了许多惨绝人寰的集体大屠杀事件，包括麻坡巴力士隆、张厝港、文律、居銮"薯廊"大屠杀、新山市区最大的集体屠杀惨案——"认铺大屠杀"、泗隆德茂园大屠杀等。

逝去的生命让人悲痛，幸存下来的人在血染的记忆旋涡中挣扎，将记忆调回那一段布满鲜血与泪痕的悲惨岁月，悲切的眼神、颤抖的声音、紧握的拳头，他们所陈述的不只是历史，而是一次又一次生命中无法承受的痛与恸。

吴朝塔（左）、陈期成

吴朝塔、陈期成　没有道歉　怎么原谅

　　初见陈期成，还未聊上几句，他就突然扬声高歌。歌声回响在新加兰（Senggarang）中华公会木板楼层间，时而高亢，时而悲戚。老人家脸上的两道白眉紧锁，目光炯炯。所唱的歌曲着实难得一闻，一位年过八旬的老人家口中悠扬地哼唱着抗日歌曲，歌词一字一句，清清楚楚，毫不含糊。

　　陈期成出生于 1931 年，在新加兰土生土长。日军入侵那一年，他才 11 岁。因时局动荡，以务农为生的陈家便迁往巴力加心（Parit Kassim）避难。后来，日军魔爪伸到巴力加心，他们举家又逃到较为平静的马弄港（Parit Berong）海港。

　　比陈期成年长 5 岁的吴朝塔忆起当年的屠杀惨况，仍哀痛不已。

　　那是日军侵占新加兰不久后的某一天，日军在巴力加心和吴朝塔当年居住的巴力新邦（Parit Simpan）两个村区共抓了一千多人，并将他们集中在巴力拉惹四加亭（Sri Gading）的一个橡胶园里。该橡胶园当时是属于日本人的，日本人早在日军侵入马来半岛前就已经营该橡胶园。吴朝塔不排除当时先到马来亚做生意的日本人是为日军提供情报的"间谍"的可能，他们在马来亚生活了三五年，不止通晓华语，马来文也难不倒他们。

　　当天，吴朝塔和家人被抓到那儿。据吴朝塔说，日军是以屠杀华人来报复当年华人积极推动筹赈祖国抗战的行动。可是，他家只靠打散工糊口，根本没钱捐赈，却依旧被当成抗日分子带到屠杀地点。尽管看守他们的日本兵只有二十几名，但个个手持武器，又是刺刀又是枪，被抓的村民虽然人数上千，但手无寸铁，谁也不敢反抗。

　　吴朝塔摇摇头说："以前的人都太单纯，不晓得可以决一死战。"

　　同一天，当地华侨组织的人民协调会为了向日军表示欢迎，预备了一车的牛羊牲畜要"进贡"到宪兵部。那时协调会的成员还不晓得日军已到那两个村庄逮捕村民。"贡品"成功地让日本军官相信村民的善意,马上下了一道命令,要部下刀下留人。

　　一车牛羊牲畜换回了村民的生命,但日军并没有因此罢休。他们揪出当地的一名小学教师沈老师和另一位来自巴力拉惹(Parit Raja)被日军声称是英军"走狗"的年轻男子。沈老师曾教过陈期成,而他也是筹赈会的领袖,战前积极号召村民捐钱救中国。

　　日军将这两人吊在橡胶树上。日军头子发表了一番训诫后,就把他们给枪杀了。开枪那一刻,一身傲骨的沈老师奋力转过吊着的身躯,子弹由背部射入他的身体。临死前,他铆足最后的力气,高喊:"要打倒日本!"

　　那段时期还陆续传出有人因为支持抗日而被捉到宪兵部的消息,被捉走的人大都是有去无回。

　　日军在新加兰投弹,其中一枚炸弹掉在椰干厂,引发大火,烧死了三四人。

　　记者访问两位长者时,陈期成一有机会,就唱起不同的抗日歌曲,用歌声穿透那段悲壮岁月,勾勒出那一段尘封的血泪往事。

　　陈期成数十年来反复唱着抗日歌曲,那一串串音符是凄切的生命讴歌。那段岁月太伤人、太揪心,一想起它,陈期成就无法不唱,不能不伤悲。他记得每一双绝望、恐惧的眼睛,他记得每一声悲号。问他怎么还要唱抗日歌曲,歌声戛然而止,老人垂下眼帘,沉寂片刻后,说了一句:"还没有原谅,怎么能忘记?"再问他为何不原谅,老人又反问:"没有道歉,怎么原谅?"他的语气平静,但微蹙的眉间却始终锁着一抹沉沉的、重重的伤悲。

林腾云　帮日本兵照相

林腾云

　　林腾云 1923 年出生在中国海南。1939 年，日本占领海南，他自己一个人逃难到柬埔寨，隔年再辗转来到马来亚的麻坡。

　　林腾云的父亲早前已南下马来亚，自制中药药丸，到处游走兜售，林腾云没办法找到他，只好自己落脚在贪吃街一家同乡所开的"远东相馆"里当学徒，自力更生。

　　几个月后，日军攻占麻坡。按林腾云的说法，日军仿佛一路追着他来，结果薪水还没领就又要开始逃命了。当时，日本军机炸沉了停在麻坡外海的英国战舰"太子号"及一艘从新加坡载米来麻坡的轮船"武林号"。林腾云一听到轰炸声，就赶紧收拾包袱，打算到巴莪（Pagoh）投靠一位同姓老乡。

　　他步行到巴吉里二南（Jeram Bakri），在那里过了一夜，再继续赶路到巴莪十九支（Kampung Paya Redan）。在往巴莪途中，林腾云遇到一位骑脚踏车的好心人顺路载他，使他得以赶得上见正要带着家人到四条港（现称岭章，Renchong）避难的同乡。于是，他和同乡一家人一起住到橡胶园的一间茅草屋里。由于从麻坡走到巴莪的路程约长 18 英里，一路步行过来的林腾云双脚过度操劳，结果两侧膝盖关节发炎，肿痛半年之久，因没钱看医生，只能等患处自行复原。

　　林腾云藏身芭里虽没见到日军的踪影，但他仍十分害怕。为了躲开日军，他每天早上都跑到山里砍一些树枝，到了下午才回去橡胶园。

　　日军占领麻坡后，最初的情况比较混乱，不时耳闻屠杀事件发生。军政府成立后，日军特别委任华侨协会会长黄吉甫管理华人事务，局势渐趋平稳。约半年后，林腾云从橡胶园搬回市区。当时刚好有一家被日军占据的相馆由

海南人侨领何君佐接管，但他本身是个外行，于是交付林腾云打理。

那时候，相馆做的只是日本兵的生意，替他们拍照或洗相片，让他们寄回日本。军队里面有些士兵懂方言，可充当翻译，而林腾云也常通过写汉字来与日军沟通。有些日本宪兵对照相很有兴趣，甚至有个日军队长向林腾云学习冲洗相片的技术。

有一个叫国芬的大队长，曾在相馆里对林腾云述说他们的入侵过程：日军从泰国进入马来亚，几乎没与英军交战，如入无人之境，后来在麻坡打了一场海战，死了几个日本兵；还有激烈的巴吉里一战，日军被英军包围，而日军又再反包围，彼此对峙了几天，当中也有日本兵战死。这些为国战死的日本士兵后来被安葬在麻坡，日本军队替他们造墓，还叫林腾云去拍下这些墓碑，因为他们要把相片寄回东京给死者亲属。

接下来的日子总算太平，但若不小心惹怒日军，还是照样会被对付。相馆在店屋的后半部分，前半部分是林腾云同乡开的剪发店。有一天，日本兵前来剪发，该名同乡刚好去打麻将，没有开店。勃然大怒的日本兵把那人抓去宪兵部，将他的两个大拇指绑起来用利器插入。同乡的伤势虽不严重，但这种刑法却足以让人吓破胆，大家只好提心吊胆，加倍小心地过日子。

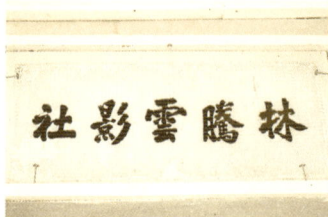

林腾云在和平之后，拥有了自己的相馆

陈庆昌 卖花筹赈 支援抗战

陈庆昌 1927 年出生在麻坡。他父亲曾在中国私塾念过书，却因为毛笔字写得不工整，南来马来亚后找不到一份文职工作，被迫到码头当苦力谋生。如此际遇促使陈父后来规定两个儿子必须每天习字 2 小时，这使陈庆昌和哥哥均练就一手好书法。

陈父挣了点钱以后，在大马路（Jalan Maharani）开了家杂货店。战前，武汉合唱团到麻坡为中国抗战筹款，在街上的新民舞台献唱。年纪小小的陈庆昌，也和同学们一起出外卖花筹钱，边卖花，边高声唱着中华中学（已与化南中学合并为中化中学）校长潘国渠为武汉合唱团创作的《卖花词》。

"先生买一朵花吧！先生买一朵花吧！这是自由之花呀！这是胜利之花呀！买了花救了国家。不是要你爱花，不是要你赏花。买了花救了国家。"

陈庆昌讲着讲着就哼唱起儿时常挂在嘴边的《卖花词》。当时筹赈的纸花并没有定价，大家都以乐捐方式买花，按自身的能力捐款，多多益善。陈庆昌还记得整首完整的《卖花词》，却记不清楚武汉合唱团一共筹到了多少钱。

武汉合唱团走后不久，又来了另一批筹赈队伍——"新中国剧团"。剧团演出的戏剧展现了日军欺负、凌辱中国百姓的情景，逼真的表演让台下的观众个个慷慨激昂，纷纷将身上值钱的东西如现金、金表、戒指等丢上台，以筹赈抗日救中国。那一次，陈庆昌也积极参与卖花活动。

麻坡人热情澎湃的筹赈，使麻坡成为筹赈模范区，麻坡也因此成了日军的眼中钉。1942 年 1 月，日军开始轰炸麻坡，陈庆昌与家人逃难到武吉巴西的一个山村。为了不连累家人，身为筹赈会秘书的哥哥陈润昌独自逃往丰盛港，一直到战后才重回故乡与家人团聚。

有一天，山村里传来风声说日军已到山上来了，年轻

陈庆昌

陈庆昌展示他的书法作品

人和女人连忙躲进芭里，陈庆昌也躲了起来。日军到屋内向留守在家里的老人家盘问，但没受过教育只会讲方言的老人听不懂也无法对答，后来老人家把藏在芭里的陈庆昌给唤回来传话。

陈庆昌礼貌地问："先生们，你们要做什么？"那些军人安抚大家说："不要怕，我们是想要买些猪肉、鸡和鸭。"村民知道日本兵来意以后，就切了一片猪肉，抓了两只鸡、两只鸭给他们。日本兵把所取物品记录下来，要陈家日后到麻坡宪兵部领钱。然而，陈家上下没有一个人有胆去冒险。

陈庆昌一家人在武吉巴西住了大概两个月，待局势较稳定后，便回到店里，却发现赖以为生的杂货店已被人搬空。父亲唯有带着家人搬到麻坡市区的新路。陈庆昌从那时起便骑脚踏车在麻坡与峇株巴辖之间往返兜售香烟，赚钱糊口。

日军后来到麻坡华人侨领家抓人，带走了那时寄居在中华中学董事长家的高姓书记。写得一手好字的高书记来自中国，陈庆昌在中华中学念初一时曾跟他学习书法。高书记后来惨遭日军杀害。

日军投降后，当地华人虽然知道谁是奸细，却没有对付他们，只是在心里蔑视这些人。

黄耀传 轮流替日军劳作

1932 年，黄耀传随父母从中国来到麻坡落脚，住在砂香街（Jalan Sayang）。日军登陆后，他们一家搬到一个沿河而建的小镇头条（现称柔勒，Jorak）避难。在那儿待了一两个星期后，又逃难到武吉巴西的橡胶园。直到日军正式投降，他们才搬回麻坡市区的二马路（Jalan Abdullah）。

二马路属于商业区，黄耀传与家人就住在自家店里的楼上。他们店铺左边隔两三间的房子住了筹赈会主席张开川，而右边隔几间则住了侨领罗美东。

一天早上，两批日军分别包围了罗美东与张开川的家。黄耀传知悉日军抓人，害怕得不敢到外面去看，只能靠听外面的车声、敲门声和谈话声来揣测外头的情况。

几天前，罗美东的药店门口还贴着由日军发出的"此铺是良民"证件。然而，就连这个护身符也难保罗家人的性命安全。

数日后，日军正式列队进入麻坡，在市区举办胜利大游行。黄耀传当时不敢开窗，只敢透过二楼的缝隙偷看。参与游行的全是日军，连续几个小时步行穿梭市区，手持日本国旗，高唱日本歌，以胜利者的姿态向人民宣布他们是这片土地的新主人。

黄耀传一家后来搬回砂香街居住。当时，部分日军驻扎在五马路（Jalan Arab），而砂香街正好与五马路互为直角，黄传耀对经常出入的日军也见怪不怪了。他没有亲眼看见日军打人或杀人，但曾听说日军处死抢劫的村民和纵火烧商店的凶徒。

此外，日军在麻坡市区实行保甲制度[①]，青少年必须轮流为日军劳作。黄耀传也不能幸免，他偶尔会被分派到巴力峇九（Parit Bakar）除草、种菜，每次劳作都获得一牛奶罐的米作为酬劳。

---

① 此制度以10户为"甲"、10甲为"保"，设保正、甲长，以辅助警察执行地方政务，遴选年轻壮丁协助警察维持治安。

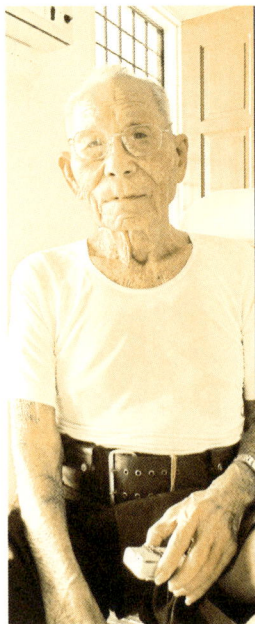

谢隆兴　肃清被点名　险成刀下魂

谢隆兴

1906 年出生的谢隆兴，受访时已逾百岁，耳背得严重，但尚能忆起数十年前的零星片段。

当年，谢隆兴差一点儿就成为日军的刀下亡魂。他在日军展开肃清行动时被点名，当时以为必死无疑，却由于有另一位同名同姓的男子先站出来，让他逃过此劫。谢隆兴的身上布满龙虎文身，但他说自己并不是因为文身而被抓，却也记不清被抓的原因了。

谢隆兴忆述，日军是从龙宝（Jalan Junid，以 Lumpur 为译音，指海边沼泽地）登陆，进入麻坡后就先走到巴东（Parit Jawa）的警局附近，准备在树上伏击英国警察。然而，英国警察早已逃得不知所踪。

随后英日两军在巴东开战，谢隆兴一家与另外两户人家连夜逃到巴力峇九山脚下的菜园。当晚，日军突袭驻扎在巴力峇九的"澳洲兵"（联军），两方在山上驳火几个小时。由于谢隆兴的住所与两军的交火点十分靠近，因此可以清楚地听见枪声。

直到快过农历新年时，谢隆兴才与家人离开菜园，从此在巴东一带的奎笼[1]以捕鱼过活。

金马士
马六甲
玉射
丹绒吉宁
万里茂
龙宝
漳泉会馆
麻坡
巴力峇九
丰兴隆园
巴东
峇株巴辖
新加兰
昔加末
麻河
巴莪
张厝港
巴力士隆
亚依淡
柔佛
丰盛港
加享
巴罗
三板头
永平
居銮
哥打丁宜
芦骨
古来
文律
泗隆
乌鲁地南
士古来
淡杯
新山
振林山
新加坡
巴西古当
华侨中学

① 南洋一带传统的木板寮房，通常建在离岸不远的浅海中，是渔家常年打渔、养鱼和生活的地方。

颜其仁 父与众侨领悲壮就义

颜其仁

1942 年，家住麻坡的颜其仁正在新加坡的华侨中学念初中，寄宿在校。日军一攻入新加坡即展开轮番轰炸，当时住在宿舍的颜其仁，在凌晨五点多看见日本军机投弹后的天空闪现出一片片红光，这让他留下特别深刻的印象。刚好南下新加坡工作的父亲颜迥华，一收到局势开始混乱的风声就顺道把颜其仁带回麻坡老家，隔天全家即搬往玉射（Grisek）的橡胶园避难。

那段时期，麻坡陷入无政府状态，治安败坏，一些劫匪拿着英军战败后留下的枪支到处抢劫掳掠，若不给钱就施行割皮肤、撒盐巴的酷刑。为了逃避劫匪，颜其仁与家人不得不搬回镇上的店里居住。那间店位于大马路，原进行橡胶买卖（统称为"九八行"），日据以后便停业，成了他们的安身之所。

日军占领麻坡后不久，就派马来警长来游说所有的华人领袖返回市区开会，以讨论如何维持治安。日军军官在会上叫侨领们拿钱出来支援刚成立的新政府，结果有的捐 5 块，有的捐 3 块，现场仅筹到百多元。为此，日军军官勃然大怒。

2 月 28 日那天，侨领们再度被叫到漳泉会馆开会，殊不知因此惹来杀身之祸。

针对华人侨领不愿拿钱出来一事，军官拿出一份刊登了麻坡筹赈委员会先前为救济中国筹得巨额款项的日文报纸，按报纸上的名单进行比对。日军按照名单，马上抓走 7 位筹赈会常务，包括颜迥华、郑文炳、李天赐、张开川、林照英、郑友专、罗美东，说是要载往峇株巴辖司令部问话。当时，其余出席者皆被警告，不能把侨领被抓的消息泄露出去，也不允许他们的家属逃跑，否则一律格杀勿论。

当时，颜其仁的家人曾向与会者询问颜父的下落，

郑建荣提供

日据时期的报纸——
《彼南新闻》

但大家为了保全自己，没敢告诉他们实情。日军在 3 月 3 日那天又抓去第二批常务，包括郑明月、林太宗、罗文渔等人。大家听闻侨领们被带走，大为惊恐，于是提议举办一个庆贺日军胜利的游行，免得伤及无辜。而日军为了安抚民心，隔日将第一天被捕的张开川和林照英（林照英的邻居是一位日本医生，彼此关系不错）释放出来。

1942 年 3 月 6 日，大游行结束以后，日军突然进行大搜查。其中一支军队来到市区，捉拿那些被捕侨领的家眷，想来日军为了泄愤，连这些无辜的家眷也不放过。当天，日军先到二马路的罗美东家，将他的家人带上军车，后来转过来大马路那一排店，停在颜迥华的"九八行"店门前，准备抓颜其仁一家。他们家当时共住了十多个人，包括一些亲戚在内。而就在这时，军官的车刚好从另一个方向驶来停在同一排右边角落的郑文炳屋子前面，原本要抓颜家的日军看见军官的车子，就直接驶了过去，与军官会合，暂时放过了颜家。

颜其仁从百叶窗窥见日军军车停在店门前一会儿又走了，就赶紧和家人从后门溜

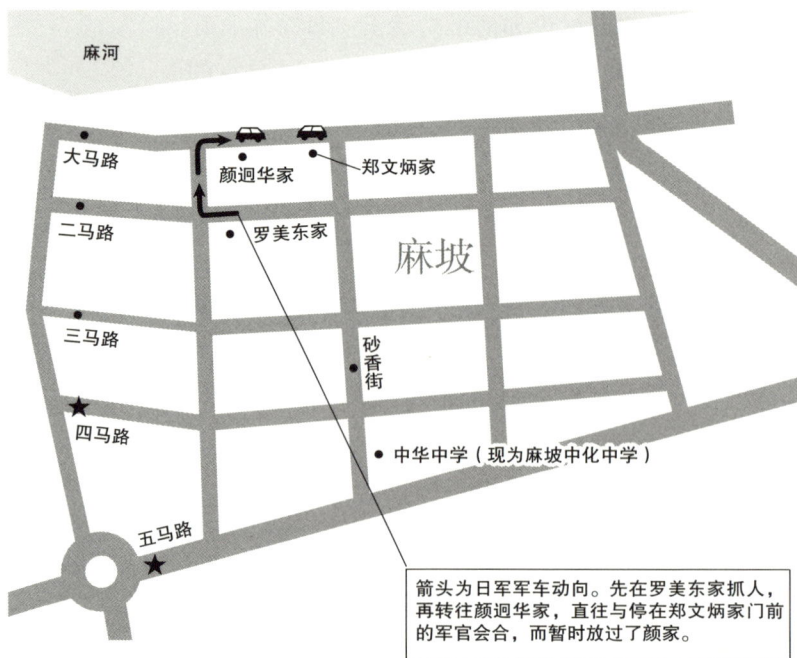

亚依淡第二次世界大战柔佛州华侨殉难烈士公墓

箭头为日军军车动向。先在罗美东家抓人，再转往颜迥华家，直往与停在郑文炳家门前的军官会合，而暂时放过了颜家。

麻坡地图

走，才得以保住性命。不过，一个曾在颜家杂货店打工的店员阿洪，日军进去颜家搜查时，他因担心日军拿走其财物就一直站在外面偷看，结果反而被抓走。

这些侨领的家属和无辜受牵连的住客，于隔日被带到 3 英里外的巴力峇九山上屠杀。据说当时天气骤变，天色突然转暗，顷刻间下起倾盆大雨，仿佛老天爷也在悲泣。至于之前被带走的那些侨领包括颜迥华，先被押往峇株巴辖受到严刑拷问，而后在 3 月 17 日当天，全被带到新加兰路杀害。

侥幸逃过一劫的颜其仁，后来与兄弟逃到马六甲丹绒吉宁（Tanjong Kling），暂住在一个佛庙姑太的家；他母亲则带着弟弟回去橡胶园避难。在马六甲待了约 3 个月后，颜其仁兄弟才回去与母亲团聚。

等到日军投降后，颜家才捡拾父亲的遗骸，埋在殉难者总坟。每年的 3 月 17 日公祭日，他们都会前去拜祭。

颜其仁提供

1946年，麻坡居民举行第一次盛大的公祭，以凭吊在日据时期被杀害的受难者

苏益美 *细述"巴力峇九大屠杀"*

苏益美 1927 年出生在柔佛麻坡。日军入侵马来亚那一年，他与父母及十多个兄弟姐妹一起住在麻坡郊区，以割胶为生。苏益美还记得当时学校里的课本都有抗日内容，甚至唱的都是抗日歌曲，他父亲苏用固也非常支持筹赈活动。

当日军来到麻坡时，大家都把课本和其他各类书籍全数烧毁，因为这些带有抗日成分的书籍若被日军发现，恐怕性命难保。

当时的中华中学有一位通晓日语的来自台湾的老师，在日军入境后即向日军靠拢。为了得到日军的信任，他将记有华侨参与筹赈记录的本子交给日军。于是，日军就按着本子上的名单，捉拿涉及筹赈的抗日人士并加以杀害。

日军在筹赈领袖居住的四马路、五马路插上黑旗。黑旗是日军之间的暗号，

苏益美

意即正于该处进行逮捕屠杀行动，不得干扰。日军在进出口处派军队驻守，任何人只能进入，不得离开。在那两条路上，日军动用了6辆卡车将筹赈会领袖以及他们的家属载往巴力峇九的一个橡胶园"丰兴隆园"进行屠杀。

苏益美的家位于通往丰兴隆园的必经之路上。当时已15岁的他从家中窗户往外看，看到一辆又一辆卡车从他家门前经过，还看到卡车上有位妇人为襁褓中的孩子哺乳。或许那位母亲已预知踏上的是一条不归路，因此喂饱怀中可怜的孩子，让他可以温饱上路。

苏益美有个二十多岁名叫周清的朋友，他到橡胶园买番薯，回来时听到一些不太寻常的声音，便躲在橡胶树后偷看，结果亲眼见证日军如何杀害这一群无辜的百姓。日军用刺刀刺穿他们的背部，再一脚将血流如注的身体踢入遇难者生前自掘的大坑中，然后随便堆土，草率埋葬。这是日军惯用的屠杀手法——"自掘坟墓"，省事又不浪费子弹。

躲在树后的周清还看到日军将小孩抛向空中，再以刺刀刺死。目睹这些血腥场面的他说："吓得脚都软了。"

那一天原本天色晴朗，但当血溅山头时，天空突然像被黑布笼罩般，漫天昏暗，还下起倾盆大雨。

据苏益美所知，被那6辆卡车载走的人中，只有一个二十多岁的年轻人逃出生天。那时有3个人尝试逃走，但其中2人在逃跑中被日军开枪射死，另一位因以蛇形路线逃跑而成功保命，但腿部还是中了一枪。据说，年轻人腿部的枪伤后来用土方（将公鸡的肚子剖开后连着内脏包住伤口）治好。

那位出卖大家的老师自此平步青云，在日据初期意气风发。他经常向日军借车代步，往返于马六甲与麻坡之间买卖煤油，大发战争财。1943年的某一天，他借了车到马六甲的万里茂（Merlimau）买煤油，但汽车发生故障，无法在日军限定的时间内回到麻坡。这件事情让日军军官勃然大怒，把他给杀了。

巴力峇九山上的尸体在日军投降后移葬到亚依淡的总坟。

张锦辉 日军大开杀戒夺走至亲生命

张锦辉 1929 年在张厝港（俗称"港脚"，Kangkar Senangar）出生。1942 年农历正月十三当天，日军第一次围堵张厝港。村民之前已听到日军要来的风声，纷纷跑到大芭避难，张锦辉一家也躲进大芭，因此得以保命。不过，他的大嫂却不幸病逝。

日军在二月初一重返张厝港，意欲杀害村民。而张锦辉和家人当时仍藏匿在大芭。过了一阵子，局势稍微平稳，大家就搬回张厝港，渐渐恢复日常生活，有人回到橡胶园割胶，有人买卖胶汁。张锦辉的父亲和三个哥哥也重回橡胶园工作，而妹妹却得病去世。

1942 年 9 月，日军再次回到张厝港大开杀戒，张锦辉一家终究难逃一劫。早上六七点，日军从马来村过来，包围整个张厝港。第一间被包围的就是张锦辉家的房子，当时只有他、母亲以及三个弟弟在家，日军命令所有人走出房子跟着大队走。

张锦辉从窗口望见正在橡胶园割胶的父亲和大哥直接被日军带走。而当时在另一座山上割胶的两个哥哥，因害怕而紧紧地抱在一起，但最后还是被日军抓去，这是张锦辉后来听一个当时在现场目睹这一幕的朋友说的。

张锦辉和母亲不清楚日军的用意，只能跟着人群走。当时，母亲怀里抱着个婴儿，手里牵着另一个儿子，张锦辉则拉着一个弟弟。母亲因为脚痛而走得特别慢，原在后头催赶他们跟上的日本士兵看见队伍已走远，就索性撇下他们，径自跑开。母亲赶紧拉着几个孩子躲进草丛里。

据知，日军把所有人带到一个园口，直接用机关枪扫射，数十人丧命。张锦辉听见远处传来枪声，却不敢走出来看，一直到傍晚时分才从草丛中出来，只见火光冲天，屋子已全被烧光。母亲带着他们逃到附近的新芭，亦即所

张锦辉

谓的安全区。同年，他们迁往巴吉里的韭菜芭，投靠亲戚，但后来因为家境实在太窘困，只能忍痛将小弟卖给别人。为了挣一口饭吃，张锦辉也被迫在日军霸占的锡矿场里工作，替日本人卖力。

金马士
昔加末
柔佛
丰盛港
加亨
麻河
巴吉里
巴罗
三板头
巴莪
万里茂
张厝港
永平
麻坡
巴力士隆
居銮
巴东
亚依淡
新芭
峇株巴辖
哥打丁宜
芦骨
新加兰
古来
文律
泗隆
乌鲁地南
新山
士古来
淡杯
振林山
新加坡
巴西古当

这场大屠杀令张锦辉痛失四位至亲，当时为了逃亡，也没办法回去捡骨，直至和平后才把家人的遗骸移葬到亚依淡的总坟。

赵楚生　伯父是日军伙头军

赵楚生

百年前，赵楚生曾祖父的兄长跟随港主巫许回川，到永顺利港（现称中江，Tongkang Pechah）开荒拓土，种植甘密和胡椒。当时永顺利港没有道路，仅有一条河流，航运全靠舢舨。

1937 年，赵楚生的祖父带着儿子、媳妇从潮州潮阳来到中江，种植橡胶树。

赵楚生 1939 年出生在中江。战前，柔佛州不少地方的华人抗日情绪高涨，但中江的居民大多是小园主，不像城里市民那般积极参与筹赈活动，因此在日据时期没受到日军滋扰，尚属安全。只有一次，日军命令中江的全部男丁出来帮忙修桥，赵楚生的父亲赵炳嵩也是其中一人。

当时，日军脚踏车队从永平（Yong Peng）下来，在中江七支（现 Munchy 饼干厂一带）与英国士兵驳火。处于劣势的英军被迫撤退到峇株巴辖，临走前还炸毁了连接中江和峇株的中江桥。日军为了继续行进，命令中江所有

年轻人出来帮忙修桥。当时材料短缺，日军就征用街上那一整排店屋的所有门板，拼构成一座木桥。被命令去建桥的男人虽然心里害怕，但想到若反抗也许结果会更糟，就只好听命行事。店主们为了保命，也一声不吭，任由日军随意取用门板。民工花了一两天的时间，就把桥给铺好了。日军过桥赶路，继续他们南下的路程时并没有伤害百姓。

虽然中江没有发生任何屠杀事件，但大家不免担惊受怕，所以不少人躲到山芭里避难。原本住在橡胶园的赵楚生一家人，也躲进了大芭，住在茅草屋里，平日吃番薯、菇类充饥。后来，伯父赵炳松受召到日军占据的椰油厂当伙头军，也把他们一家接去住，生活才总算安定了下来。

伯父之所以被选为日军厨师，也是机缘巧合。赵炳松当时是煮炒厨师，每天从中江骑脚踏车到峇株街（峇九尊隆路，Jalan Bakau Condong）上班，有一次他在路上对日军鞠躬行礼时被认为姿势不正确而被罚站晒太阳，结果日军来用餐时发现没东西吃而大发雷霆，经过一番解释后，日军反而将赵炳松介绍到椰油厂，要他替他们做饭。赵楚生一家迁入椰油厂后，赵父就靠卖椰渣饼（养猪饲料）为生，母亲和大哥则帮日军养猪。椰油厂隔壁正好是日军军营，年仅4岁的赵楚生曾亲眼看见日军喝令那些英军俘虏拔草以及罚他们晒太阳。据知，这间椰油厂原本属于赵平阶，其兄长就是惨遭日军杀害的著名柔佛抗日侨领赵丽生。

日军投降后，赵楚生在新加坡当电器销售员，主要顾客是英军。1971年，英军走后，他转到板厂工作，从锯板、磨机，一直到品质监控。六七年后，赵楚生从新加坡到而连

图源：槟城战争博物馆

被日军俘虏的英国士兵

突（Jerantut）和朋友合资开板厂，可是后来股东闹翻，板厂关闭，他便于 1984 年迁居永平，在一间板厂当品质监控员。后来有一位新加坡老板聘请他到沙巴板厂工作，十年后，即 1996 年他才回到出生地峇株巴辖，亦从事老本行。

吴承基　上千冤魂惨死刺刀下

吴承基

　　吴承基于 1931 年出生在巴力士隆（Parit Sulong），吴父在战前已离世，吴承基与两个兄弟、大姐和妈妈同住。伯父吴先沛在当地经营杂货店，也是活跃于筹赈活动的侨领。

　　日军登陆马来亚后一路由北至南，逼得英军节节败退。巴力士隆居民虽仍对英军有所期望，但也准备随时逃难。由于吴先沛身份特殊，不宜留在巴力士隆，于是率先逃亡到两三英里外的张厝港。张厝港当时成为许多平民的避难所，为数不少的华人聚居于该处，互相照应。

　　日军到张厝港后，派当地马来人去哄骗侨领们出来与日军开会。其实开会只是借口，出席的侨领在会议上被一网打尽，被抓到巴力士隆一间刚竣工还未正式启用的戏院——拉邻戏院（Radin Cinema，当地华人称"南天戏院"，在巴力士隆大街上，现是家具店）。日军抓了侨领后，开始大肆追捕华人，无论男女老少，都不放过，也关押在戏院里。

　　当日军押着成群华人从张厝港往巴力士隆方向走去时，一个年轻人带着老板的儿子成功离队逃走。他们较日军先抵达巴力士隆，赶紧告知当地村民张厝港刚刚发生的事。

　　吴承基一家闻讯连忙逃到一个原始森林。由于走得匆忙，林里又缺乏食物，他们只住了两三天后就逃至 Parit Sentang 住了一个星期，后来回到巴力士隆，知道日军已离开，才重回老家。

　　在那段避难的日子里，巴力士隆发生了人神共愤的惨

南天戏院招牌

南天戏院正面外观

案。日军在巴力士隆用了同样的手段围捕华人。抓到的人分别被关在南天戏院和观音庙附近的一个牛棚里。第二天，日军将从张厝港和巴力士隆两地抓来的上千人分两批带到两个屠杀地点，并施以酷刑。

吴承基的伯父吴先沛和其中一批蒙难者被带到巴力士隆国民小学后的巴力士隆河（Sungai Parit Sulong）。日军在河边用刺刀刺杀他们，然后将他们一脚踢进河里，鲜血染红了整条河。另一批则被带往一个硕莪芭（Sago 种植园）内屠杀。

吴承基的一位亲人吴严庆，那年只有 8 岁，父母在惨案中双亡，小小年纪的他全身上下被刺了十一刀。日军染血的刺刀狠狠地刺穿吴严庆的整个口腔与脸部，血流满面。

负伤累累的吴严庆大难不死，原想去找吴承基一家，但那时他们已逃到大森林里避难，只好转而投靠另一位亲人。该亲戚带着如血人般的吴严庆，找到吴承基的母亲，并交由他们照顾。

吴承基说，由于脸上刀伤的关系，吴严庆喝水时，水会由脸上左右两边的伤口渗出来，十分可怜。母亲用山里的草药治愈了他身上各处的刀伤。

他们从吴严庆的口中得知他的父亲是被日军用刺刀刺向肚脐而死，母亲则被刺胸部下方而致命，他 7 岁的

弟弟也被日军杀死。吴严庆每挣扎一下，日军就会狠狠刺他一刀。他还目睹日军丧心病狂地将襁褓中的婴儿抛向空中，再举刀将之刺死。

被囚禁在戏院的那一天，吴严庆也目睹妇女们被日本鬼子当众强奸，当中还包括他自己的母亲。

局势安定之后，吴严庆离开吴承基家，到外头讨生活。多年来，吴承基曾尝试寻找他的下落，但都一无所获。他说："登报纸找过，但是没用，因为吴严庆没念过书，根本不会看报纸。"

下落不明的吴严庆，至今仍是年过七旬的吴承基心中的惦念。

日军占领巴力士隆期间，抗日军曾打死一个马来人。日军投降撤离后，马来人向华人报复。吴承基记得那时华人妇女与小孩都逃到芭里，男人则留下来保护家园，见机行事。吴承基一家也不敢留在家里，到芭里躲着。

当时有一群马来人拿着巴冷刀冲进多个华人住家内，不管对方是不是抗日军，一律疯狂抢劫、打人、放火、强奸、杀人。

吴承基表示，并非所有马来人都参与了那场排华事件，也有很多马来人帮助华人逃难。

巴力士隆河

屠杀地点：硕莪芭

巴力士隆屠杀案
——发生于1942年2月秒，被杀害者计有675人

巴力士隆是位于麻坡与峇株巴辖交界处的一个小镇。1942 年 1 月 22 日，澳大利亚和印度联军原本准备从麻坡战役中撤退到新加坡，却在巴力士隆中了日军埋伏，激战中不敌日军，数百名军人惨死战场，尸体统统被日军抛入河中；而负伤来不及逃命的战俘，被日军凌虐一番后，用机关枪射死。

这是"二战"时期峇株巴辖境内最惨烈的战役。附近居民纷纷避走他处，数以千计的人来到距离巴力士隆4英里的张厝港。当时道路还未开发，居民主要使用舢板往来于巴力士隆市区与张厝港。

马来半岛沦陷期间，日军滥杀平民的事罄竹难书，激起民愤，在张厝港、铁山（Sri Medan）、武吉南宁、巴吉里及永平都有居民发动组织抗日军，而张厝港更一度成为抗日活动的重要据点。

巴力士隆镇被日军占领后，日军派人安抚居民，假意劝服逃难者回到巴力士隆，随后以居民都是抗日者、共产党员为由，将他们召集起来一一杀害。另有一说，日军展开屠杀是因为居民曾帮助过一位英国士兵。

澳洲兵纪念碑

李裕厚　日军血洗张厝港

李裕厚当年还是个少年，他在巴力士隆屠杀案发生前一日骑脚踏车经过张厝港时被日军拦下，命令他与其他人坐在那儿等候。之后，一辆大卡车将他们载到南天戏院，李裕厚在那里看到母亲与妹妹，母亲伤心地对他说："你也被捉来送死！"

在戏院里聚集的七百名男女老少，都自知难逃一死。被怀疑是抗日分子的村民，有的当场被杀死，有的被折磨，余者则被关押在戏院，等候发落。

被扣押的人群当中，包括参与抗日筹赈的地方侨领，如吴先沛、李塔、黄衍敦、林振丹及蔡京渔。

当晚，日军抢掠被扣者的财物，将约300名男子的双手反绑，关在戏院后方的牛棚。即使手被绑得太紧以致肿胀难耐，也没人敢乱动，因为只要稍微发出声响，就会被日军举棍痛打。与李裕厚关在一起的蔡京渔不堪被侮辱，疼痛呻吟，却被日军打得头破血流，哀叫连连。忽尔，日军一刀刺进他的屁股。蔡京渔临死前，还高喊"祖国万岁"等口号，直到没有了气息……

第二天清晨，李裕厚的父亲与舅父也被抓来。随后全部男子，包括李裕厚被分批带走。途中，李裕厚看见日军用锄头打死一个未满周岁的婴儿。孩子凄厉的啼哭声丝毫没有打动这两个面目狰狞的日本兵，他们还忘形地大笑。

南天戏院侧面外观

　　当李裕厚与其他男性村民被带到育民学校对面的橡胶园时，发现日军已掘好大坑。他们双手被绑，被拖曳到坑边，日军把尖刀疯狂刺进他们的身体，再将鲜血狂溅的村民推入坑中。很多人被刺伤，但仍未气绝，倒卧在坑里哀号。日军见状，用力再多插几刀，直到所有人断气为止。

　　李裕厚排在最后，看到如此血腥的屠杀场面，不禁吓得发抖。他努力挣脱绳子，不顾日军的枪弹，奋力往后跑，一直跑到张厝港对面的新芭，躲在一名胶工的家里。

　　之后，李裕厚返回张厝港，见到二哥时才知道张厝港已在前一日的清晨被日军血洗。日军大举包围村子，见人便杀，远的用枪，近的就用尖刀，村民哀叫呼喊声不绝于耳，二哥躲在芦苇丛生的沟渠里才幸免于难。

镇外山区也难逃厄运

　　日军与英军在麻坡交战时，周良川年方十六。

　　一天，周父在镇上听说日军已开始屠杀村民，并听见枪声，便叫家人到张厝港附近的山区避难，他自己与亲戚周石、婶婶留守家园。不久，日军侵入麻坡，将所有男女押到野外处决，周父等三人遇害，连尸骸也找不到。

　　过了一段时间，周良川一家才敢回到麻坡老家。

不敢收尸，任由尸骸曝露在荒野

　　日据时期，当年18岁的林其留幸运地逃过死劫。他回忆说，由于当时气氛

158

紧张，附近的居民害怕被牵连，即使满山都是尸骸，也不敢有任何行动，只能任由这些遇难者遗体弃置在荒野中。

待日本投降后，林其留才发起收尸行动，与附近居民一起将这些骨骸安葬到亚依淡第二次世界大战柔佛州华侨殉难烈士公墓。

通往张厝港的道路

刘祖华　异族同胞相煎何太急

日据时期，刘祖华的舅舅与朋友结伴到十英里外的新加兰办事。途中，一名马来人警告他们不要再往前走，因为驻守前方的日军可能不会放过他们。于是，他们决定分开走，由舅舅的朋友先去，若他没回来就表示没事。

舅舅久久不见朋友身影，以为没事，结果两人同在文律（Benut，位于柔佛州笨珍县内）被捉。日军用刺刀刺杀他们，舅舅的朋友大难不死，舅舅则负伤回家，两天后不治身亡。

1945年，新加兰由一名来自台湾的军官管治。他娶了当地华裔女子为妻，华人居民都相信他可以保障他们的安全。某日，那位军官带着日军到山里搜寻抗日军的踪迹，却在爬上树查看周遭环境时被抗日军杀死。军官死后，属下马来警员趁机作乱，向曾经在英军或日军面前投诉过他们的华人报仇，不给钱疏通，就要他们的命。

刘祖华一家十分恐慌，却无人可以投靠，加上舍不得

刘祖华

放弃家产，唯有战战兢兢留守家中。

刘祖华说，他知道那次大约有 15 人被杀害。其中一家是做买卖鸦片生意的，平时会向马来警员"进贡"鸦片，可是自从有抗日军当靠山以后，就不再提供鸦片给警员。

这家人在凌晨三点多被杀，暴徒冲进来时，他们还未来得及反应，即遭巴冷刀砍死在床上。

赖姓一家六口也遇害。这家人除了种稻，平时也做打铁生意。日军刚来时，赖母向亲日的马来村长靠拢，不但借钱、借东西给村长，而且送钱。赖母见村长借了东西迟迟不还，便向抗日军告状，想借抗日军之手对付村长。然而，当时碰巧有一名抗日军成员是马来村长的儿时玩伴，把此消息告诉村长，叫他逃走。待事情平息以后，马来村长联合他的堂兄、妻舅和弟弟杀害赖姓一家。

事发时，刘祖华正好在 500 米外的稻田里收割稻米。而赖家的三个女性家眷当时也在田里。刘祖华看见村长的三个亲属走过来跟妇女说话，话毕，妇女便收拾工具跟随他们离开。这时，那三名马来人亮起藏在身后的巴冷刀，当场将她们活活砍死。

刘祖华当时不过是一个 10 岁的孩子，被这血腥的一幕吓得全身发抖，慌张地从稻田里走出来。这时，马来青年刚好走出稻田，对刘祖华喊道："阿弟，你不要再到芭里去了。"当时正值收割期，马来青年还说会派人过来帮忙收割稻米，同时，他们也警告刘祖华不能把刚才那事泄露出去。回家途中，刘祖华发现每个路口都埋伏着村长的"爪牙"。当他来到其中一个十字路口时，突然有马来人从草堆中冒出来。幸好这些"爪牙"的首领认得刘祖华，知道他的叔叔是村长父亲的义子，才给放行。

刘祖华回到家后，将看到的事情告诉父母。父母也深感无奈，却无能为力，只能冒险继续待在这多事之地。

后来刘祖华听说，待在家中的赖家女儿、稚子及孙子也惨遭灭口。当时，他们见到恶人来势汹汹，便把门锁上，大喊"阿妈，阿妈"。附近的居民都听见孩子的叫喊声，可是屋子离芭地太远，在田里干活的赖母没听见。凶徒们闯入屋内，先抢光财物，再杀人。而赖父与两个儿子正好在打铁铺里工作，逃过死劫。

村长的亲信陆续还杀了许多人。刘祖华还听朋友说，住在附近的一些生活贫困的印度尼西亚移民趁乱抢劫，先杀死两家海南人，再将他们身上的金饰甚至金牙统统拿走。

这些无辜惨死的村民的尸体，由当地华人领袖草草埋葬，直到和平后才移葬到义山。

冯笃生 一场腥风血雨落在文律

冯笃生出生于1934年。1940年，战火已蔓延整个中国，住在广东的冯笃生随妈妈乘船离开家乡到南洋。冯笃生说："其实我是被日军赶来马来亚的。"

冯笃生的父亲早在20世纪30年代就已到马来亚谋生，起初在吉隆坡苏丹街帮亲戚打理杂货店，后来辗转来到文律街场的巴刹附近（现在的巴士站所在地）经营杂货店。

冯笃生刚到马来亚的那一年，生活安稳。街上有一间专做日本人生意的日本妓院；也随处可见日籍小贩，有的卖面包，有的卖针线，大家各过各的生活，不见任何异样。

1941年12月，新加坡遭日军空袭后，文律镇开始实行夜间灯火管制。为防灯光外泄，窗户都糊上黑纸，不点街灯（不开灯的意思），也不准露天抽烟，以免引来日军投弹。那段时间，一入夜，街上就漆黑一片。

英殖民政府当时并没有建防空壕，只交代人民在警报鸣响时，躲在树下或家里。而街上的日本人似乎在此之前就已收到消息，突然间消失得无影无踪。由于冯笃生家里经营杂货批发生意，囤积很多货物，父亲用十多包米在店里搭了个防空壕，供家人避难。

大环境的动荡不安让大家惊慌不已，有人逃离文律，也有人从其他地方逃到文律。冯笃生一家三口连同杂货店的股东和伙计，一起逃往文律郊外的巴力吉打（Parit Getah）避难。冯笃生记得离开文律街场前，父亲还设法

冯笃生

搬走一些货物。

为阻止日军南下，英军炸断了横跨文律与峇株巴辖的石灰桥以及距离文律约 4 英里的双兰河（Sungai Sanglang）上的桥，同时炸沉数艘渔船。

其实英军收到日军一路向南挺进的消息时，就已做好弃守的准备，因此日军入侵文律时，英军并没有正面迎战。

1942 年 1 月 29 日，文律沦陷。日军脚踏车队和大批坐军车而至的士兵抵达文律，但只逗留一会儿就南下；攻陷新加坡后，日军才折返文律，进而掀起了一场腥风血雨。

当时文律已成空城，居民大都往郊外避难。3 月 2 日，日军在文律 5 英里外的二河东（Jelutong）出现，并没伤人。这让文律侨领误以为只要对日军示好即可幸免于难。

在那之前，日军已放出风声说两天后会抵达文律，要当地居民热烈欢迎。侨领为免惹怒日军，就召集了一些人去迎接日军的到来。

当天早上，日军比侨领所组织的迎军队伍更早来到文律街场，看见文律犹如空城，日本军官大为震怒。当日军在巴力吉打往文律街场的路上遇到这群前来迎接的村民时，立即将他们押往文律巴刹，并带走了侨领。有人见到日军凶神恶煞，害怕得想逃跑，却被日军枪杀。

早上八点多，这群人被带到文律巴刹，数名日本兵留下看守，其余则在奸细的引路下下乡搜捕。当时的巴刹四周都围上了尺余高的篱笆，要逃生虽不难，但大家以为日本兵只是调查、问话或要求帮忙干点活，之后就会释放他们，所以没人敢冒险逃走。

冯笃生的父亲当天也被邀请加入迎军队伍，但因忙于处理发霉的鱿鱼而来不及参与。迎军队伍离开巴力吉打不久，就传来枪声，父亲心觉不妙，就带着妻儿、同住的杂货店股东太太和另外三个由新加坡逃来的亲戚躲进橡胶园里。

日军到巴力士隆搜捕，与冯家一起在巴力吉打避难的杂货店股东和两个伙计，碰巧那天清晨到巴力士隆办事。他们收到消息后，迅速躲进橡胶园里，过了一段时间，没听见枪声，以为日军走了，一个姓许的伙计便出去查看，结果被日军发现并被带到巴刹。

报纸刊登了新文龙社团祭拜殉难者公墓的新闻

下午两点左右，日本军官开始在巴刹审问侨领和让奸细认人。大约五点，日军用麻绳捆绑所有人，带往屠杀地点。男人被分批带到乐育学校、文律码头及 200 米外的河边屠杀；而女人则被带往距离巴刹约半英里的马来女校，日军奸淫她们后就全数杀死。有些小孩被绑着手脚、蒙着眼睛丢进河里，还在襁褓中的婴孩就被抛向空中再举刀刺死。

这次大屠杀的遇害者达千人，除了迎军队伍，还有日军兵分几路到不同郊区所抓的人，只有少数生还者。杂货店许姓伙计虽然没被日军刺死，但他身负重伤，加上在局势混乱的文律根本找不到医生，只好用土方医治，最后还是身亡。

还有一个当年 5 岁的刘姓小孩，日军没刺杀他，却用布把他包着，丢进河里。河水将小孩冲到桥边，小孩抱住桥柱才得以保命。而他全家十几口人全遭杀害，仅他和两个没被刺死的家人幸存下来。

另外有个 6 岁的萧姓孩子，和父亲一起被抓到文律河边（Sungai Benut），被刺了几刀但没中要害，幸运地活了下来。战后乐育学校复校，他还成了冯笃生的同学。

大屠杀后，日军离开文律，南下新山。当地华人到郊外召集避难的华人回到文律收尸。马来女校遍地都是赤裸的女尸，码头、河边堆积成山的尸体更是令人触目惊心。他们唯有将尸首拉上来就地埋葬。直到 1947 年，才为殉难者拾骨，移葬在新加兰的武吉峇都（Bukit Batu）。

日据期间，日军招募新兵，只有马来人入伍，大多数华人都不愿意入伍。日军为了实行分而治之的阴谋，于 1945 年 5 月放火烧了一座位于新加兰郊区的清真寺，并嫁祸给华人抗日军，煽动马来人排华，引发了排华事件。

6 月 11 日，有几户华人因毫无防备而惨遭杀害，此次排华事件是情况最为严重的一次。冯笃生的父亲当天清晨就已出门，送粮食到马来人的椰园给在园里工作的股东。到了椰园以后，马来园主告知发生排华事件，要父亲在椰园等候，

并答应会助他平安回去。无计可施之下，父亲只能相信园主。次日清晨，父亲依园主指示穿上纱笼，戴上"宋谷"（songkok），乔装成马来人，随园主乘脚踏车到安全的地方。

后来，许多来自新加兰和龙引（Rengit）的华人都逃到文律，寄住在乐育学校。郊外的华人则集中在市区，在华侨自卫团的守卫下，郊区的滋事分子才无法闯进市区。

文律有一个战前就嫁给英国人的日本女人，在日据时期救了很多人，当地人称之为"Puan U"[1]。

---

[1] Puan U是一位四十多岁的妇女，与丈夫定居文律，拥有很多园地。其实在"二战"前，已有很多日本人住在文律，他们骑脚踏车到乡下卖面包，也在镇上开了很多日本茶艺馆。由于Puan U通晓日语，当有居民被抓，她就会上警局替对方求情。很多时候，日军看在她也是日本人的份上，会愿意释放被抓的居民。日军投降后，Puan U把园地送给之前替她打理园地的华裔义子，离开文律后就再也没有回来。

幸存者的见证

下文中的三位老妇人有三个共同点：同样来自文律，同样经历了惊心动魄的日据时期，同样不弃不离地陪伴文律走过了岁月长河。

在文律地方领袖的召集下，三位老妇人聚在一块接受记者专访，她们都已满头银丝，说起话来时快时慢，时而急切地想要抖出当年日军干下的坏事，时而放缓语气，望向远方，坠入时光隧道，努力捕捉那久远却沉痛的记忆。

听着陈亚治用福建话断断续续地回忆当年，感觉她有很多故事要说，重点都记住了，却无法完整陈述事情始末。当年的画面像散了一地的拼图，怎么也拼不成一幅完整的图像。或许也只有这样的"遗漏记忆"，才能让她在一片血腥与悲痛中，拼凑出继续活下去的勇气和力量。

颜 情　黑旗一插　劫数难逃

颜情受访时已 84 岁，问起她的名字，她尴尬地笑着说："我不会写。"

这位老妇人在文律巴力沙央（Parit Sayang）土生土长，家里有个椰园，全家人赖以为生。巴力沙央处于郊区，原本就很偏僻，住户不超过 5 家；日军进入文律时，城里的许多居民都逃到巴力沙央避难。颜家那时的房子很大，因此收留了一些逃难者。其中包括一个上了年纪的日本人，他告诉颜情的祖父颜初佰，只要预备一面日本国旗，对日军表示欢迎，即使日军真的来了也不用怕。

1942 年农历正月二十，果然来了个日军，并把一面黑旗插在地上。由于颜初佰相信日本老人的话，认为日军旗帜能"保平安"，于是安慰大家不用担心，待在家里就没事了。那时家里的女人都已剪短长发、换上男装，虽听祖父这么说，但家人还是感到不放心。

当日早上 6 点多，颜情和家人约十人到草丛中躲了起来，离家时什么都没带上，就只能靠喝草堆中的污水

颜 情

来解渴解饥，直到晚上 7 点多天暗了才回去。

回到家时，他们发现留在家里的祖父、堂叔公颜礼和那个日本人都不见了。祖母认定老伴凶多吉少，难过得冲出家门想跳河自杀，随老伴而去。幸亏颜情及时拉住祖母，不让她做傻事。

原来，日军铁蹄踏上巴力沙央之后，见人就抓，并用船只将抓到的人载到文律码头施以酷刑。颜情并不清楚被日军带走的实际人数，但她记得有两船人，估计超过 50 人。

其实在黑旗插在她家门前的那一刻，即已埋下了屠杀的伏笔。堂叔公被日军杀了，祖父的手臂被刺断了一根筋，肚脐上方还有两处大约 5 厘米长的刀伤，而那位日本老人则成功逃走。

一个星期后，有个马来同胞通知颜家，祖父负伤躲在他家里。颜情的父亲立刻换上马来服、戴上"宋谷"，搭船到文律把祖父接回家。

祖父告诉家人，他站在人群中被刺了好几刀，之后就昏了过去。醒来后才发现身上压着数具尸体，这让受重伤的他动弹不得。为求活命，他迫不得已喝尸体流出的血水，然后逃到郊区。家人们只能用咖啡粉帮祖父止血，并用草药治疗其刀伤。

祖父回家后没几天，15 岁的颜情就匆匆出嫁了。回忆七十多年前的往事，颜情仍然有点害羞地说，婚前曾偷偷去看过未来夫婿一眼。结婚当天，她穿着爸爸的衣服，坐上新郎的脚踏车，就这样嫁到丈夫家。

大概两个月后，家里传来祖父不治离世的噩耗。虽然颜情的夫家与娘家相距不远，但当时的条件不允许她回家奔丧。

堂叔公颜礼的弟弟颜禄当时住在文律头条。屠杀案发生过后几天，颜情的妈妈在另一个屠杀地点——文律某间小学的尸体堆里，凭着之前借给这位堂叔公的钥匙扣认出他来，当时那个钥匙扣放在颜禄的上衣袋里。颜禄一家十口人，都在此次屠杀中遇难。

曾义兰 *妇孺老人也不放过*

曾义兰

曾义兰和颜情一样，也在巴力沙央出生，家里同样有个椰园，只是她比颜情年长 4 岁。1942 年，她已 19 岁，早在两年前就嫁到巴力槟榔（Parit Pinang），巴力沙央家里发生的事情都是家人转述给她听的。

由于日军常抓男丁和年轻女子，因此曾父便带着五个十多岁的女儿逃走，留下怀孕的母亲和两个分别为 9 岁、6 岁的弟弟在家里。父母原以为妇女和小孩被害的危险性较低，就留他们三人在家，谁知日军逢人就抓，将他们双手反绑，带到文律码头。

曾母在挣扎中弄松了手中的绳子，刚好那时她身后就是一条小沟，趁日军不留意，母亲潜入沟中，顺着小沟逃进大芭里，躲了一个星期，后来走到一个马来人家中求救。那个马来人到巴力沙央通知已返回家中的曾父，曾父把妻子接回家休养，后来顺利诞下腹中女儿。

母亲本想带着两个孩子一起逃，但是情况危殆，尤其对一个大腹便便的妇女来说，要带走两个孩子并活着回来是不可能的事。

躲在沟中的曾母窥见日军用木棍猛敲两个儿子的头颅，活生生地将年幼的孩子给打死，不免心中泣血。

巴力槟榔和巴力沙央的住户人数相若，约有 5 户人家，而每户住了十多人，当地居民多以割胶为生。1942 年农历正月二十早上六七点，日军来到曾义兰的夫家。不过，曾义兰和丈夫带着女儿们早已逃离巴力槟榔，躲进深芭，只留下两老看家。

曾义兰的婆婆是个裹小脚的中国女人，老人家因为三寸金莲而寸步难行，根本无法逃难。公公则陪着行动不便的妻子留守家中。或许大家当时都以为日军会放过毫无杀伤力的两位老人。

不幸的是，日军将两位老人带到文律小学，狠下毒手。不仅如此，曾义兰的大伯及其孙子也在逃走的途中被日军逮到，同样遭受毒手。

第二天早上，确定日军都离开了，曾义兰才从芭里走出来。她与家人到文律市区找寻公公婆婆，却未能寻获，只看到一堆叠得很高的尸体，情景骇人。曾义兰说，据当时负责清理尸体的人统计，两个屠杀地点共有两千多具尸体。

回到巴力槟榔的住家后，曾义兰就再也没见到其他邻居，估计很多人已遭日军杀害。

陈亚治　躲起来也难逃一劫

陈亚治

受访时已 92 岁的陈亚治是个童养媳，自小就住在文律街场夫家家里。她丈夫姓梁，从事面食、豆干生意。1942 年农历正月，民众听闻日军已经攻陷新加坡，心想日军下一步很有可能到文律来，于是纷纷逃亡。

陈亚治也与家人逃到距离街场 8 英里的亲戚家附近的烟草芭里避难。大概一个月后，他们听到日军"招安"的消息，才又回到文律街场。陈亚治的公公梁日恢复经营贩卖猪肉生意，挑着猪肉到乡区兜售，生活尚算平静。

陈亚治忆起那时同在街场做生意的邻居，说："很多人全家都被杀死。不是没有躲，大家都躲了，但还是被日军发现，抓出来杀掉。"

抗日军杀死一名日本兵的消息，如同在文律投下了一枚炸弹。日军气得发狂，开始杀人泄愤，文律居民包括陈亚治一家又开始逃亡。可是，她公公出外兜售猪肉时，碰见日本兵，当场被杀死。

日军投降后，麻坡圣摸那（Semerah）发生了一些马来人排华事件，陈亚治的婆婆也不幸遇害。

叶期超 一家住砖窑避日军

叶期超

生于 1936 年的叶期超，与家人居住在居銮豆沙路（Jalan Yap Tau Sah）。她是家中大姐，下有成群弟妹。

"二战"初期，当医生的叔公在屋旁凿了一个防空洞。由于他们担心日军突然来袭，因此每晚都睡在防空洞中，以防万一。

过了一段时间，叶家离开居銮到峇株巴辖的巴力加心外婆家避难。他们见当地比较平静，便把堂姐等亲戚一起接过来住。最后，所有家族成员都集中住在峇株路 8 英里的砖窑里。

这时，日军已经抵达居銮一带。由于砖窑位置隐秘，因而没有招来日军的搜查。不过，他们却经常受到本地警察的滋扰。那些警察见到华人逃离家园，便趁火打劫，将房子与店铺洗劫一空。

叶期超曾听亲戚说，有几个日本兵到巴力拉惹后，一见妇女就强奸，还挟持了一个十五六岁的男孩，把他当挡箭牌。

后来叶父到麻坡工作，全家人也跟着迁徙过去。舅舅听说日军要在峇株巴辖抓壮丁，便到麻坡投靠他们。但年少气盛的舅舅因得罪了奸细而被抓到宪兵部，最后被灌肥皂水而死。

而叶期超的叔父叶约瑟曾与日军闹了个笑话。叶约瑟本来就长得比较秀气，有一次，他在头上夹了一个发

169

夹，一名日本兵误以为他是女人，便摸了他一把，后来发现他是个男的，气得打了他一巴掌。

叶期超还记得，在日本投降前夕，父亲给了她一张一百元香蕉钞。她拿来买了一碗红豆水和两块香蕉糕吃，这算是日据期间最令她开心的事。

"二战"结束后，叶期超回到居銮继续读书，初中毕业后就嫁人为妻，育有 5 个孩子。

张毅杰提供

日据时期通用的香蕉钞

江恩涛 长枪威逼找姑娘

居銮现在人口稠密的豆沙村，在 20 世纪 40 年代只是一片橡胶园。日军入侵前，英军曾在这片橡林里部署，装置了数尊大炮，炮口一致指向北方（因日军从北方南下）。

当时，江恩涛已是个 16 岁的少年。他有一个朋友住在豆沙村，因战火逃到了南峇山（Gunung Lambak）避难，便把房子让给江恩涛一家人住。江恩涛刚搬来不久，就已发现那几尊大炮。

逃难前，江恩涛在火车头街（Jalan Station，有"小印度"之称）一间英文中学求学。英军尚未完全撤离，日本军机就已开始轰炸市区。当时，军机想轰炸火车站，却误将炮弹射向学校，炸毁了整间校舍。幸好学校那时候放假，没有造成任何人员伤亡。

不久后，日军从丰盛港登陆，大举南下。当他们到达居銮时，英军已撤退至新山和新加坡。1941 年末，日军将木制牛车轮的"大炮车"停放在南峇球场上，然后在警察局附近的英文学校驻扎。

当时在火车站栅门附近、旧警局路旁的交通圈（现已铲平）上，竖有 4 根木条，木条上插着头颅。那些头颅皮

江恩涛

金马士
苔加末
麻河
巴莪
麻坡
巴罗
柔佛
丰盛港
三板头
永平
居銮
巴力加心
亚依淡
哥打丁宜
芦骨
峇株巴辖
新加兰
马弄港
文律
巴力新邦
淡杯
泗隆 乌鲁地南
新山
新加坡
巴西古当

- 豆沙村
- 南峇山
- 火车头街
- 南峇球场
- 沙翁五英里村
- 明吉摩河

肤黝黑，看上去像是英军雇佣的库卡兵（Gurkhas[1]，有人称之为"库克兵"），又或许是来不及逃走的英军俘虏。

日军入侵第二年，日军与人民抗日军的冲突日益严重。南峇山后有一避难所，日本人指示侨领卓泗和许炳祥劝人民"出山"。当时沙翁（Sayong）五英里村的许多村民都不愿回到市区，结果遭日军入村屠杀。据说当地有一砖窑，砖窑附近即是杀戮的现场，江恩涛曾到那里祭拜亡魂。

沿着流经毛申路（Jalan Mersing）二英里的"石山河"（明吉摩河，Sungai Mengkibol），可以去到南峇山，而南峇山后的石山，是抗日军的大本营。江恩涛说，抗日军就是在石山处决"暗牌"（奸细）的。

有一次，抗日军看到一个男理发师与"暗牌"谈话，便叫他到南峇山的橡胶园去"收菜"，结果却在石山杀死他。而豆沙村后面的花旗山[2]也经常有日军入山来捕捉抗日军，然后带回宪兵部审问。

江恩涛听说，曾有几个年轻人在近南峇球场的河边被残杀。他们被两个日本兵抓到南峇球场去，一路上不断哭泣。球场边有几棵高大的老树，他们的双手被铁线反绑在树头，到了晚上便被拉到明吉摩河边处决。江恩涛估计那些年轻人大

---

① Gurkhas：18世纪至20世纪，由于尼泊尔属英属印度管辖，他们不少人成为英军的雇佣兵。
② 据说，"花旗"为美国之国旗，而现在的居銮园（Kluang Estate），则为美国人所拥有。办事处前悬挂美国旗，故俗称"花旗山"。

婴儿劫　　　　　　"LAMENTATION AND GREAT MOURNING"

《杂碎画集》里的一幅漫画《婴儿劫》，画出日军将婴儿抛高，举起尖刀往上刺的残忍行径

概是因好奇才到南峇球场看"牛车轮大炮车"（坦克），结果被日军怀疑他们是抗日军，进而加以杀害。

当年，江恩涛听闻此事，出于好奇，便从村里步行到球场看个究竟，却在经过南峇街哨站时忘了行礼，被日军大骂一顿。他赶紧向日军鞠躬行礼，才被放行。该哨站原是一间店，位于"白宫"（白宫大旅店，位于 Jalan Dato Captain Ahmad）附近，相信是为看守大炮而设。江恩涛来到案发现场，只见到一具被割断喉、满脚是血的尸体，尸体身上覆有香蕉叶，其他尸体则不知所踪。

日据时期，毛申路的民天咖啡店楼上设有"慰安所"，有些"慰安妇"随军而来，有些是被强迫的，还有一些却是为名利而自愿为娼的，其中包括某杂货商的女儿。

"慰安所"设立前，日军四处搜寻民女发泄兽欲。江恩涛住在豆沙村时，曾有一名日本兵走进菜园用长枪指着他，要他帮忙找姑娘，否则就开枪。他告诉那个日本兵，女人都躲起来了，日本兵听后并没有伤害他。另外，有一名躲在防空壕的女子被日本兵发现后，被强拉到河边强奸，情景令人惨不忍睹。

萧瑞昌　军营当杂工　酬劳是剩饭剩菜

萧瑞昌生于 1930 年。小时候，他家里有个果园，父亲以种水果和茶叶为生。

日据期间，大哥萧瑞麟加入了共产党，姐姐则在他乡工作。在兄弟姐妹中排行第三的 11 岁的萧瑞昌顿时成了家里的老大，需要外出工作赚钱，为父母分忧。

1942 年，他到日军军营打杂、洗碗，所得酬劳只是兵营的一些剩饭剩菜。他每晚放工[①]后就把日军吃剩的饭菜带回家去。

兵营设于峇株路（Jalan Batu Pahat）一间学校内，与萧瑞昌的家相距不远。萧瑞昌说："刚开始在兵营打工时，几乎每晚放工回家都是边走边哭，因为路太暗了，我那时真的很怕，但是没办法，为了吃饭什么都要做。"不过，日军对小

---

① 放工：即"下班"，是方言词。

孩较没戒心，因此萧瑞昌没有受到虐待。

吃不完的剩饭，父亲拿去晒干，收在桶里，以备日后食用。那时候谁都不知道米粮不足的情况究竟会持续多久，也不知道日军什么时候才会离开。萧瑞昌一家就靠他每天带回来的剩饭，挨过了最艰苦的日子。

那段时期，萧瑞昌经常看到有些女人砍了柴后拿到军营里卖给日军，一些女人还打扮得花枝招展。"那时我还小，不了解这些卖柴的女人为什么那么大胆，打扮得漂漂亮亮到兵营来，我当时也不觉得有什么不妥。"

1942 年初，日军刚占领居銮不久，有一天，萧瑞昌经过四条石（峇株路四英里处）时发现十几个日本兵在屠猪房轮奸一名少女。他躲起来偷看，发现少女的家人当时也在附近，却不敢也无力反抗。待日军发泄完兽欲离开后，家人才扶着已经无法自己走路的少女回家。萧瑞昌已不记得那少女的名字，只记得她是个福建人。

由于父亲常穿靛蓝色土布长裤，有亲中国、抗日的嫌疑，因此被日军带到宪兵部审问。靛蓝色土布其实是当时南来华人习惯用的布料，很多华人家庭都用这种耐磨的粗布缝制成裤子，以便劳作。所幸日军在审问了一夜之后就将萧父放了，没再为难他。

萧瑞昌并没有亲身经历过大肃清行动，只知道实里拉龙（Sri Lalang）曾发生屠杀案，至于详细的情况和原因则不甚了解。不过，他却看过日军吊挂在警局前的人头。"头颅已经变黑、发臭，也已经看不出是什么人了。"

日军投降后，萧瑞昌才有机会重遇已经成了"山芭佬"（抗日军）的大哥。他说："大哥那时威风凛凛，身上穿着军服还有佩枪。他们受到民众的热烈欢迎。由于在森林生活久了，不见天日，原本黝黑结实的大哥变得白里透红，我看了有点不习惯。"

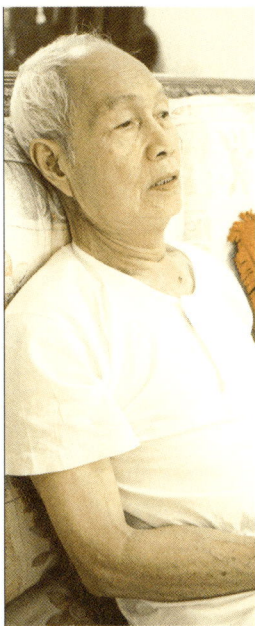

萧瑞昌

谢锦凤 七百华人魂断薯廊村[1]

1941年12月，日军在马来半岛东海岸吉兰丹登陆，由北而下，步步逼近。在日军入侵后，驻守的英军退守新加坡，并于1942年2月15日向日本投降。

这段时期，位于柔佛州中部的居銮也和马来亚其他地区一样，处在战火之中。人们在恐怖、慌乱中纷纷携老带幼逃离城市，到偏僻的乡镇避难。逃到居銮市郊薯廊村（现居銮实里拉龙南洋园）[2]的难民更是多不胜数。

难民大部分是来自东海岸兴楼（Endau）、丰盛港（Mersing）、三板头（Jemaluang）、加亨（Kahang）及居銮等城市的华人。谢发盛一家及其亲友廿余人，也是在这个时候搬到薯廊村。不同的是，他之前在该处已有自己的橡胶园和亚答屋，屋前还有4个可供放养鹿山鱼苗的鱼塘，而其橡胶园正好与日本人的橡胶园遥遥相对。

现在的薯廊景色

当时的薯廊村位于居銮西部，距离岜株路约3英里，坐落在一块较为平坦的地面上，地处几个小丘陵的交会点。这里盖了一排十来间的店屋，其中包括3家猪肉店、2家杂货店、1家理发店等。这一排店的前面是一块空地，平日停放着数辆软篷小汽车。薯廊村随着移居者的增加而繁荣起来。

当时的薯廊村比居銮市安宁，没有窜逃的流亡者，更没有光天化日进店抢劫财物的匪徒。这里虽见不到一兵一卒，但马来亚南部战场依稀传来隆隆炮声，高射炮射击飞机震耳之声，犹如近在咫尺。战斗机经常上下飞翔，互相追逐，左右穿梭。该村村民就在这样的情况下迎接1942年春节……

春节后的不安宁

春节后的一个上午，约10点，阴沉的天空中来了一架又一架太阳旗军机，在空中盘旋，犹如蚊子和苍蝇，黑压压一片。好奇的孩子翘首仰望，指指点点，

---

[1] 此文由谢锦麟提供，1997年5月27日寄自北京。

[2] 薯廊原是一片木薯芭，因此得名，后来才改种橡胶树，这里有一片日本人占据的橡胶园，当地人称"日本胶园"。

数了又数，足足有一百余架飞机。数十分钟后，飞机便往南飞去。轰鸣之声，也远离人们而去。原来日本军机纠集后倾巢而出，准备轰炸新加坡。

不消几天，消息传来，新加坡沦陷了。接踵而来的消息是，日本人杀华人，把华人活埋、斩首示众……消息不胫而走，越传越多。但这一切，薯廊村居民都未曾亲眼看见。

日军最终还是在薯廊村露面了。他们戴着橘黄色软布帽，帽后还延伸着数条犹如鬼魂的飘带，遮挡着耳朵和后脑，端着明晃晃的长枪，好不威风。

日本兵的军帽

郑建荣提供

日军第二次到薯廊村的情况显然大有不同，老百姓的财物变成他们的，挑选中意的，拿了就走。人们见日军未伤人，也就处之泰然。

日军初来时的"文雅"麻痹了人们的恐惧心理，大家都解除了对日军的警惕。但很快，日军便凶相毕露。他们突然走进宅院，把男人、小孩堵在屋里，把妇女推出院外，光天化日之下，他们脱光裤子，依次排着长队，像野兽般扑到妇女身上，野蛮地发泄兽欲。日军道德如此沦丧，用沾满鲜血的双手，撕下日本帝国主义的"东亚共荣圈"当遮羞布。

这次，谢发盛的庄园也未能幸免于难。兄弟晋盛、兰秀及七秀之妻均被轮奸。尽管她们都怀有身孕，日军依旧不放过。

日军离开之后，村民扬言要用火柴头做炸药，报复日军的残酷。他们要炸桥、炸军车，要以军火与日军对抗。人们受到污辱、伤害，激起巨大的复仇怒火，尤其是不到 30 岁的男人，血气方刚，眼见自己的妻子遭到轮奸，耻辱难忍，满胸愤恨。但他们始终没能组织起一股力量，只能在心中埋下深深的伤痛。

在深山安营扎寨

遭此劫难，谢发盛庄园的人们，除了谢发盛一家，其余的妇女、小孩和年轻人共十余人迅速转移到深山里安营扎寨。那里原本仅有一户人家，周围种着十多英亩的橡胶树，被环山紧紧包围。

他们以为这个离薯廊村需 3 个小时路程的地方是绝对安全的，但灾难往往在

遭日军战机炸毁的房屋

人们感到安全的时候就悄悄降临。

对日军的恨——日军血洗薯廊村

　　某天清晨，雾气相当厚重，还未到早上 6 点，十几辆满载日本兵的大卡车，突然闯进薯廊村。荷枪实弹的日军，一下车就分头窜入村民院落。

　　谢发盛的庄园，离镇上只有 10 分钟之遥，日军在公路上出现，大家隐约可见。谢发盛的妻子邓运娣警惕性一向很高，见日军出现，便迅速跑到鱼塘南侧竹篱笆里躲起来。11 岁的女儿谢日新，怕招来不幸，便剃了光头，女扮男装。她在屋外洗澡间用汤药泡脚疾，见日军到了跟前，就藏在洗澡间里，不敢出来，也未被发现。她的爸爸和两个弟弟、一个妹妹，皆来不及躲藏，让日军像赶鸭子一样，撵到镇上，像囚犯似的被关在店屋里。在这里关押的六七百人都是附近的难民，其中还包括日本胶园的割胶工人及其家属。

　　店前的空地上，早已架起了机关枪，朝着被关押的人群，准备扫射。

大屠杀随时开始

　　日军留下极少数的人在镇上驻守，其余日军分别到镇上搜寻难民。日军此刻已是见到华人就杀、见到妇女则先奸后杀。凄厉声、追逐赶杀声响彻薯廊村郊区。

176

太阳西下之前，这些日军拖着兽性的躯壳，赶回薯廊村再次开始更大规模的集体大屠杀。

被关押在店屋里的人群，从早上坐到下午太阳快落山。谢发盛 5 岁的儿子谢锦凰饿得啼哭起来，谢发盛打了儿子，未料让站在不远处的日军看见，反而被日军赏了耳光，教训了几句，日军还拿了个饭团给孩子吃。就在这时，远处的日军纷纷赶过来，开始把人群分开，四五十人一堆。

日军搜集战利品

有七十人左右的妇女、儿童挤在一起。谢发盛的小女儿谢福新也在当中。谢锦凤是谢发盛的长子，9 岁的他竟自己走到日本胶园割胶工人及其家属堆里，稳稳当当地同一位惠州大婶坐在一起。他当时已是居銮华侨小学 3 年级的学生，老师带他们参加过抗日示威游行及抗日歌咏、话剧等募捐活动。每天上学，父亲都会给他两分钱，他把其中一分钱捐献给祖国对抗日本。他在图书馆看过日军把中国婴儿挑在刺刀上嬉戏的画报。刚才日军对待弟弟的虚伪伎俩，瞒不过其幼小心灵。他意识到要设法逃走，要分开逃跑才有生存希望。

一批批步向死亡

被分成一批批的难民，先后被一名日军押着往村庄西部走去。进入橡胶林不远，难民们一个挨一个被粗绳捆绑在一起，像糖葫芦般鱼贯前进。谢发盛明白自己死之将至，便向在身边的弟弟谢兰秀哽咽地说"完了……"，接着日军便往他的肚子一踹，顺势在他的背后迅速刺了两刀，又往他儿子身上刺了两下。谢兰秀同样被日本兵刺了两下，从后背穿透胸膛，他立刻一动不动地装死。日军离开后，谢兰秀伺机解开双手的粗绳，看看身旁亲人毫无动静，便悄然而迅速地离开这个血流成河的屠宰场，箭似的奔向深山老林寻找他的妻女。他带着创伤，流着殷红的鲜血，满怀生存的欲望，半夜赶到妻子的住所。

被抓的妇女、孩子惊惶地等死

妇女及儿童进入另一侧橡胶林之后，迎面一根粗大绳索把他们包围在一起，继而遭到机关枪来回扫射。随着机

关枪的呼啸声，妇女、儿童纷纷倒下，浸泡在殷红血泊中。年仅7岁还没上过学堂的谢福新也在这群人当中。

谢兰秀只身在黑暗的森林中，跌跌撞撞摸索前进，用尽全力，终于逃回深山老林的家。这时已是半夜，一进山门，鸦雀无声，灯火全无，他借着月光，找到赤身裸体已死去多时的妻子的尸体。妻子被绑在一棵橡胶树下，显然是被轮奸后再遭捅死。这惨不忍睹的情景，使他昏厥过去。不久，谢晋盛赶到，救了他。

谢晋盛当天起了个大早，在日军闯进薯廊村前便离开了，到居銮找工作。当天傍晚，他回到镇上，听说发生了大屠杀，便急忙带着巴冷刀，只身连夜赶到位于深山老林的家。他同谢兰秀一样，一进山门，就感到事有蹊跷，一股寒气袭来，使他毛骨悚然。但他毕竟是汽车修理工，开过车，闯荡过原始森林，见过世面的，很快便冷静下来。

妻儿无一幸免

谢晋盛绕道靠近高脚屋之际，横卧的尸身把他绊了一下。他定睛一看，正是自己的亲骨肉谢锦智，不远处一丝不挂地被绑在树上的是自己的妻子。此时，他全看清了，妻子、大儿子、小儿子、小女儿以及妻子腹中还未出生的胎儿，全成了刀下鬼。他的家，就剩下他一人。

谢晋盛没停下，噙着泪水，继续寻找。奄奄一息的陈简华，竟在灌木丛里被他找到。陈简华颈部被日军指挥刀斩进三分之一，未伤及喉管，因此存活下来。陈简华说："鬼子进山时，有当地人同来。"

谢晋盛顾不了自己极度的悲伤，毅然搀扶着谢兰秀和陈简华，一步步走出深山，把他们护送到薯廊村谢发盛的庄园里。

在这次大屠杀中，被日本兵释放的只有日本胶园的华裔工人及其家属。日军释放他们，目的是要这些人帮他们割胶，要不然日本胶园将全面荒芜，作为作战物资的橡胶也将枯竭。谢锦凤夹杂在这群胶工当中。这群人最后纷纷离开，谢锦凤也随着人流，快步跑回家。

谢锦凤在途中听说许多人惨遭杀害，但他始终不相信。回到家以后，他妈妈说："我在竹林中，不断有几只白头翁来回呼唤，心里很不踏实，想必是不祥之兆。"入夜，妈妈盼不到儿女们回来，儿子也望不到爸爸的身影。他们似乎开始醒悟，意识到爸爸、妹妹、弟弟们是再也不会回来了。

恐怖笼罩母子俩

漆黑的夜晚，恐怖的气氛紧紧包围着他们孤儿寡母。他们怕有人向日军通风报信，便不敢嚎啕大哭，只能低声抽泣，时断时续。他们悲愤的声音，刺破了幽深的黑暗。

薯廊村的夜幕在阴森恐怖中降了下来。夜晚，再看不见灯火辉煌，只听见远处传来狼嚎之声。狼群、野猪正在撕咬堆积在荒郊四野的尸体。七百人的尸体，任其撕咬、践踏、蹂躏。谢发盛的至亲骨肉及其本人也正被撕咬，那种声响痛彻心扉，谢锦凤毕生难忘。

薯廊村留下了 1942 年 2 月 19 日（农历正月十九）日军屠杀华人的血腥历史。日军投降后，居銮地区（包括薯廊村）被日军屠杀的死难者遗骸集中在数十口大肚子瓦缸里（直径 1 米余，高约 1 米），安葬在离居銮市 13 英里的亚依淡镇十字路口往南不远处的一个小山坡上，那里矗立着一座十余米高的大石碑，供后人凭吊。

市民在第二次世界大战柔佛州华侨殉难烈士公墓进行公祭

罗保华

罗保华 为生存战战兢兢

罗保华出生于1932年，与家人住在居銮往峇株巴辖5英里（现为实里拉龙华小）的果园里，以务农为生。"二战"时，日军还没到居銮，就已经轰炸居銮好几次了。罗父为防日本军机来袭，在房子一侧挖了一个防空壕让家人躲避，不过那只是一条用树叶、泥沙草草掩盖的深沟而已。

日本军机企图炸毁英国人的军用机场，估计是判断错误，炸弹跌落在离罗保华家大约5英里外的农场。日军随后还连续轰炸了数次，所幸没造成人命伤亡。

待日军踏进居銮市区时，村里600名村民纷纷逃进峇株路6英里的大森林避难。村民自发建起了没有间隔的长屋，仅用布帘或是蚊帐隔开。在这里，一个隔间就住着一个家庭，一家数口就挤在小小的空间里一起生活。

由于逃难的人数众多，还不时有奸细领着日军进森林找人，因此大家都担心会有心怀不轨的人故意走漏风声。只要一听到消息，大家便如惊弓之鸟，四面八方地往森林的更深处逃。逃了几次以后，大家才发现日军根本没来。

距离避难长屋不远的薯廊村里有一个日本胶园。连接薯廊与避难长屋的山路崎岖难行，步行来回两地需要一个小时。薯廊村大屠杀发生时，有一两个到当地探亲的人也被杀害。

罗保华听说，有人向奸细透露薯廊村村民的藏身地点，引日军进园抓人。由于橡胶园属日本人所有，于是日军命令看守园地的印度人前去认人，从被扣押者中挑出橡胶园胶工，而一些与胶工关系好的人也跟随他们站到另一边去，逃过一劫。剩余的人则被日军带到小溪边杀害。

此外，日军还经常骚扰附近的难民聚居区，奸淫掳掠，甚至随便杀人。这样的情况一直到日军正式进驻居銮，实行"招安"政策后才有所改善，逃难的民众也纷纷回到家中。

居銮的华裔老板和园主都必须缴交奉纳金，而侨领包括客家人卓泗，福建人张文双、柯吉耀，以及"万合利"的老板，在日军的胁迫下，都得站出来协助维持治安。

日军"安民"的方法，就是分发良民证。一般民众只要得到侨领的推荐便可申领良民证，有此证即可避免许多麻烦。由宪兵部发出的通行证对经常出埠的人而言，非常重要，一般人难以取得。

治安方面，居銮采用"保甲制度"，委任保正、甲长，管制方法与其他地方大同小异。"安民"之后的日子尚算稳定，电影院有时还有好戏上映。

奉纳金收据

日据时期，有许多居銮华人为日军工作。有的人为谋利而当上奸细，由于奸细相当活跃，几乎每天都有人因被举报而被抓去宪兵部。公报私仇、勒索恐吓是奸细惯用的恶毒手段。只要他们发现某人家中有点钱，便会到宪兵部告发，让日军抓人；随后就去恐吓该户人家，只要对方乖乖交钱，他们便帮忙疏通，让被捕者出狱。罗保华说："幸运的，用钱买出来；

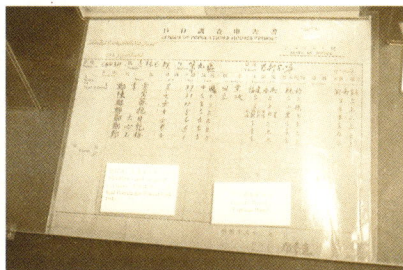

良民证　　　　　户口调查申告书

不幸的，被打死也有。但谁死了也没人敢问。"当年，至少有几百人被关押在宪兵部，大多数是因奸细举报而被抓去的。

罗保华有一位当甲长的堂兄，因为得罪了奸细而被诬告与抗日军来往，被日军抓去虐打、灌水，关在牢里数个星期。他被放出来后，只活了两三个星期，离世时不过三十来岁。

喜爱饮茶的日军经常在"万合利"隔壁的四兴茶室围坐吃茶。有一次，一个补鞋老人经过，看见日本军官的东西掉了，便好心帮他捡起。军官却以为他偷东西，二话不说当场对老人拳打脚踢，活活打死，随后叫人清理现场，像什么事也没发生过一样地离开了。当时身在茶室里的罗保华亲眼见证了这骇人的一幕。

日军刚抵达居銮不久，即开设了日文班，由日本军官教导侨领的子女们日文，

以培养翻译员。罗保华与卓泗的儿子相熟，便跟着他一起去上课。刚开始时，日军借用建国戏院为课室，后来才搬到当时华侨小学、培英小学（现中华一小与中华二小）的校舍上课。

罗保华上了约40天的日文课，会说一些简单的日语，后来因罗父听人说"再继续读会被送去日本"，便不再让罗保华上学，要他回家帮忙干活。

日军经常到村里进行突击检查，如果村民不开门，日军便会破门而入，毒打他们一顿。大部分村民都曾遭殃，因此每当听见日军进村，都会紧闭大门，躲在家中。罗家却与众不同，他们大开门户欢迎日军，当日军进门时，罗保华用日语向他们请安，并出示他的"学生证"。日军见他们家如此"效忠"，不仅没有拳脚相向，还送他们礼物。

有一次，一辆载满日军的卡车驶进村里，车一停，车上的日军统统跳下车。村民以为日军又来打人，便一如往常地躲进家中，只有罗保华一人站在门口张望。

日军戴着"友善"的面具假装与小朋友同乐

原来这是一支为实现"东亚共荣圈"而来与民同乐的"亲善"乐队。军官叫罗保华帮忙把大家叫出来，他便带着军官挨家挨户拍门解释。然而，当所有人聚集在空地上听了乐队演奏之后，竟没有任何反应，气得军官直跳脚。日军命令罗保华带动大家鼓掌，当掌声此起彼落响起时，军官很高兴，临走前还送了罗保华很多礼物。

日据时期，罗家开垦了一片芭地种旱稻。当其他人天天"挨番薯"时，他们家反而天天都有米饭吃，有时还能将多余的米拿去卖。

为了阻止小鸟在稻米开花、结穗的过程中吸走米浆，他与姐姐每天天亮以前，走一小时的山路，到田里"保卫"他们家的稻米。若见到有鸟飞下来，他们就会大声喊叫、丢石子，把小鸟吓走，而且常常守到晚上。所谓"一分耕耘，一分收获"，就因为他们比别人更用心地看顾稻田，收成自然相当好。然而，粮食富足的现象却给他家带来另一个烦恼。

那时候经常有抗日的民运分子冒用抗日军的名义，强迫村民交钱或提供粮食。由于民运分子是地下组织，一般人难以辨认他们的身份。但是，有传言说这些资源大部分都被民运分子私吞，真正交给抗日军的反而不多。

有一天，罗保华一家在吃饭时，被巡视到此的民运分子看见，对他们说："你们家这么好，还有饭吃，每个月记得送几包米来。"自此以后，为了不让人发现，他们便在饭碗上面放满番薯，以掩盖米饭，虽然三餐丰足，却吃得战战兢兢。

居銮有数间"慰安所"，其中一间在后街（即明吉摩路，Jalan Mengkibol），另一间则在毛申路的民天咖啡店楼上。"慰安妇"中，除了被逼为娼的，还有一些是愿意为钱出卖色相的居銮妇女及外地妇女。

南峇球场事件

联军在广岛和长崎投下原子弹的消息在居銮传开，可是驻居銮的日军不但不投降，还突然把全部市民带到已架起机关枪的南峇球场，直到侨领赶来与军官谈判以后，市民才被释放。然而，当中已有几个人因态度不好而被日军当场杀害。

日本投降消息一经证实后，有民众兴高采烈地去买了一面中国国旗插在脚踏车上，招摇过市，路经日军哨站时也不下车鞠躬，触怒了驻守的日兵，被狠狠地打了一顿。

战后，奸细都逃到外地，一些来不及逃走的就被抗日军和老百姓打死。罗保华的一位同村人，原本过得相当潦倒，便在日据时期投靠日军当奸细。日本投降后，他用自己做奸细赚到的钱贿赂抗日军，但抗日军不愿意，最后把他打死了。

另外，某个马来村长仗势欺人，频频向日军举报，而日军往往不经调查就来抓人。村里有很多无辜的人被他害死，罗保华的父亲也差点因为他的诬告而入狱。这名马来村长声称自己刀枪不入，日军撤走后，村里人就将他活埋了。

金马士
昔加末
麻河
巴莪
巴罗
柔佛
丰盛港
加亨
三板头
麻坡
巴力加心
亚依淡
永平
居銮
令金
哥打丁宜
芦骨
峇株巴辖
新加兰
马弄港
文律
泗隆
乌鲁地南
巴力新邦
淡杯
新山
新加坡
巴西古当

· 明吉摩路
· 毛申路

黄明治 叔父黄重吉仗义接济抗日军

黄明治

生于 1927 年的黄明治，在日据时期住在居銮的巴罗镇（Pekan Paloh）。

1941 年 12 月 8 日，日军从北马入侵马来亚，迅速南下，没多久就打到巴罗镇。

黄明治说，当时英殖民政府还信心满满地宣布新加坡为"不会沉的航空母舰"，没想到很快就被日军攻下，英军因此士气低迷。1942 年 2 月 16 日，英军总司令白思华（Arthur Ernest Percival）举起白旗向日军投降，新马宣告沦陷。

"当时，大家听闻日军进占吉隆坡，每个人都很紧张、很害怕，因为听说日本人很残暴。很多有钱人和达官贵人已经逃离马来亚，我的家人没有想过离开，打算留守家园，静观其变。"

巴罗是一个比较偏僻的地方，本是个适合安居的好地方，日军的到来却破坏了小镇的平静。后来，黄明治一家人逃到 3 英里半外的李祖金橡胶园。当时也有很多人到巴罗橡胶园（Paloh Estate）避难。

避难至李祖金橡胶园的大多是商人，他们用两辆货车运载粮食、杂粮和汽油入园，就这样藏在货车上，在那边搭建起简陋的板屋住下。

黄明治说："日军进驻巴罗 3 个月后，就利用奸细放风声，呼吁大家搬回市区，恢复巴罗的繁荣。

黄明治的叔父黄重

金马士
昔加末
麻河
柔佛
丰盛港
加亨
巴莪
巴罗
三板头
麻坡
永平
居銮
巴力加心
亚依淡
令金
哥打丁宜
岑株巴辖
芦骨
新加兰
文律
泗隆
乌鲁地南
马弄港
巴力新邦
新山
淡杯
新加坡
巴西古当

· 李祖金橡胶园
· 巴罗橡胶园

重吉，是一个工商农业巨子兼华社领袖，社会地位崇高，也是中国国民党的海外青年团团长。日军攻打马来亚时，黄重吉带着家人和亲戚到新加坡避难，岂料赶到码头附近时，日军战机正轰炸那里，他的妻舅林世迎不幸被炸弹的碎片炸伤腿。黄重吉为了照顾他，没赶上船，因而留了下来，最后回到吉隆坡。

日军占领马来亚后，设立日本军政部管理马来亚。他们当时想要拉拢黄重吉，并列出优渥的合作条件，即军政部供应原料给黄重吉的工厂，工厂产品的一半要供给军政部，另一半可推出市场，自由出售。

"黄重吉是一位爱国志士，面对当前危机，他决定不做无谓的牺牲，因为在他心中已有一个更大、更好的抗日计划。于是，他暂且忍辱负重，毅然接受日军的条件。"

沦陷期间，外来交通断绝，市场上各种物品严重缺乏，当时黄重吉工厂的产品非常吃香，脚踏车、轮胎、鞋、椰油、饼干、酒、茶叶等利润奇高，日用品的价格天天上涨，短短一个月里，涨了好几倍。

在那个非常时期，黄重吉赚到很多钱，有了财力，他便安排亲信心腹黄世积、黄重涵二人，以大批金钱物资接济抗日军。抗日军得到充足的军粮，力量日益强大，不但对日军造成威胁，也制衡了那些恃势凌人的奸细、走狗。

黄明治说，驻守吉隆坡的日军授意成立治安维持会，第一届会长黄铁山就职后第二年就被抗日军暗杀，顿时让其他奸细、走狗坐立不安。

1943年底，英美联军从南太平洋开始反扑，节节胜利，接着策划反攻马来亚，于是派出在印度受训的136部队，与抗日军接洽，降落在彭亨州的而连突县，以黄重吉农场为基地，准备接应英美联军。

"黄重吉已意识到打败日军、光复马来亚的时机快要到了。他冒着被逮捕杀害、家业全毁的危险，积极支持抗日军与136部队。"

1945年，日军驻霹雳州太平市的情报组接到黄重吉接济抗日军和136部队的情报后，立刻派出特别宪兵小组来吉隆坡追缉黄重吉。他们首先追捕黄重吉的亲信黄重涵，情况十分紧急。黄重涵四处躲避，最后还是不幸被捕。

"我记得1945年初，黄重涵曾带着黄世积的女儿在我父亲位于安邦路的家住了一晚，他们其实是路过吉隆坡要到另一个抗日军基地去，却没把实情告诉我父亲，隔天清晨就离开了。当时我父亲还不知道他们是抗日军成员，后来听说黄重涵被捕才晓得他们的身份。"

黄重吉收到黄重涵的紧急通知后，当晚即带着事先准备好的通行证，由长子黄双镜及三子黄光源驾车载送，一路顺利过关，安全抵达而连突的农场。

"日军严刑逼问黄重涵，证实黄重吉确与抗日军有联系后，马上派兵围捕黄重吉，但他早已安然匿身于彭亨州大森林中的抗日基地。"

不到两个月，即 1945 年 8 月 15 日，日军投降，第二次世界大战结束。

目前，热心支持华文教育和基督教心理辅导事业的黄明治与家人定居在雪兰莪州八打灵再也市。

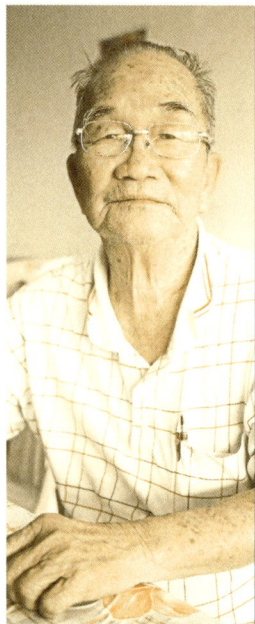

吕文标

吕文标、王启胜 罗才公司千人遇难

1941 年 12 月，日本陆军部队尚未抵达就先派出战机轰炸居銮街场。

当年 13 岁的吕文标与家人住在居銮郊区薯廊村的"日本胶园"里，以割胶和养猪为生。因橡胶市价较高，木薯芭大多已改辟成橡胶园。

薯廊村唯一的街道有两排木板店，当地人称作"店子"。离"店子"两英里外有一个设在橡胶园内的日本人办事处——罗才公司。罗才公司附近有供胶工居住的宿舍，自日军入侵后，许多居銮人纷纷涌到该处避难。可是，就在 1942 年农历正月十六那天，这个原本平静安全的郊区，发生了一场血腥大屠杀。

当天早上 8 点，吕文标在家里看到三辆载满日本兵的卡车往罗才公司的方向驶去。据说，日军见人就拉到芭场里杀死。吕文标是在日军离开之后才知道

罗才公司
金马士
昔加末
麻河
巴莪
麻坡
柔佛
巴罗
永平
★ 居銮
亚依淡
峇株巴辖
新加兰
马弄港
文律
巴力新邦

罗才公司人员遇难的事情，不过，他并没到现场，只听说日军杀了近千人。

吕文标说："幸好不是十五来杀人，否则当天乡亲父老齐聚一堂，死伤肯定更加惨重。"原来当地有一个习俗，每逢正月十五，所有人都会聚在一起宰牛过节。

生于1941年的王启胜也是薯廊人，他当时还在襁褓中，小时候完全不知此事。长大后，他才从父亲口中得知一个外号叫"二八姐"的姑母及其3个孩子在这起惨案中不幸遇害。

姑母当时住在罗才公司附近。其实日军抵达前，她已带着孩子躲到森林里。由于孩子被红蚂蚁咬得满身红肿，他们不得不走出森林，到橡胶园里的一棵树下休息。可是，孩子的哭声却引来了日军，日军将他们母子4人通通刺死。王父后来去收尸安葬。

据吕文标说，捷昌香烟杂货店的老板，是这场屠杀案的生还者。他的颈部被砍，但伤口不深，不足以致命，后被救起。当地人因而称他"斩头佬"。

农历正月十六早上，日军除了去罗才公司，也到"店子"抓人。3名士兵看守被捕者，还派牛奶、饼干给他们吃，假意安抚他们。下午5点多，在罗才公司杀人后的日军回到"店子"，把被捕者分成10人一组，男人与女人、小孩分开，然后用铁线①绑起来，带到附近的河边屠杀。日军以惯用的手法，用刺刀把这些无辜的居民狠狠刺死，再用树枝覆盖尸体。有的日本兵还在尸体上面燃放炮竹②，放火燃烧。

下午5点半，吕文标看到早上那三辆卡车驶离薯廊村。当时，他正和两个弟弟在住家附近的河边玩水，并不知晓河的另一边发生着惨无人道的大屠杀。直到炮竹声响起，他们才在好奇心的驱使下结伴循声去查看情况，发现河边除了满地的炮竹红纸屑，还有一具具双手被铁线反绑的尸体。身在现场的他们当时并没有发现任何生还者，但他们后来听说有两个十多岁的年轻人死里逃生，一个是福宜兴轮胎店的工人，另一个则是卖鸡粥的海南人。

吕文标家附近有一户关姓人家，住着六七口人，包括寄居那里的关扬、关群两兄弟。有一天，他们正在园里拉藤、种农作物，却不知何故惹怒了几个骑脚踏车经过的日本兵。

日本兵将他们包围起来，架好机关枪准备扫射。关扬与关群马上决定一人跑一个方向，以引开日军的注意，让其他人有机会逃生。关群往前跑，跑了没几步就中枪，他跳过一道沟渠，但被跑上前来的日军补上夺命的一枪。关扬则往西跑，

---

① 铁线：铁丝，方言词。
② 炮竹：鞭炮，方言词。

中指被子弹打断，但成功保住性命。

那时，住在附近的吕文标并没有目睹此事，只在家里听见枪声。母亲被吓得腿软走不动，吕文标硬拉起母亲走去橡林躲起来，到黄昏才敢回家。

那次之后，每当听到有车辆经过的声音，附近的居民都会由后门逃跑，躲到已挖好的防空壕中。

王启胜的父亲以割胶为生，当时他们家橡胶园后面的森林是抗日军的活动范围。王启胜的祖父与抗日军素有往来，经常接济他们。

日军知道后，便把祖父抓到居銮的监狱中拷问。监禁期间，父亲曾多次探望祖父，只见祖父被日军折磨得不成人形。祖父自知劫数难逃，便对儿子说："这次死定了！"10天后，祖父果然遭到毒手，一个冯姓奸细通知父亲到监狱领尸。

黄 玩 藏盐属犯法 哥买盐被收押

黄玩1934年在中国出生，4岁时随家人来到柔佛州古来镇（Kulai）定居。其父母与兄嫂都在英国人的橡胶园割胶，依黄玩的说法是"做公司工"，日赚3元左右。

黄家听说日军到来的消息后，便赶紧搬入距古来15英里外一个叫"五百吉"（"吉"是当地华人通用词，即英亩）的芭地。当时有一位大橡胶园业主因为要逃亡，就把橡胶园、公司屋及种植的水果树一并卖给黄父。

当时的"五百吉"犹如一个大新村，黄玩一家住在芭尾。一位住在芭口帮人理发的女子因躲避不及，被日军抓去强奸。日据时期，当地人提心吊胆过日子，就连大树倒下的声音也会吓得大家颤抖。

黄玩与其他孩子只要听到任何风声，就会随大人躲进深芭里，坐在树头等，天黑了才回家。特别是听到日本军机的声响时，他们会立即躲到芭里去，而飞机有时会掉下印着"不要接济共产党"的传单。

黄玩听说，当年在古来二十四碑（现已铲平建成工厂）的深芭里，两个村民蔡金和韩耀挑菜出来卖时被日军发现带走，之后就再也没有回来了。

那段时期，私自藏盐是犯法的行为。由于家中无盐，

黄 玩

18岁的哥哥便骑脚踏车到古来载盐，行经二十三碑时被日军拦截，搜出一包盐。哥哥不但被掌掴，还被踢进沟渠里，痛得他哭喊"妈妈"。日军怀疑哥哥救济抗日军，将他连人带车载到6英里外的古来警察局。两天后，黄父到警局探望哥哥，也被收押起来，关在牢里二十多天后才被放出来。他们在牢里每天只吃番薯，有的番薯甚至已经发霉、腐坏。当时住在士年纳（Sedenak）的叔公黄弯，常常到警察局打探他们的情况。

日军曾把在街上做生意或是上街买粮食的人都带到二十四碑，主要是为了探问抗日军的消息，结果却问不出个所以然。被扣留的人大都被命令在烈日下站几个小时后被放回家

地图标注：
金马士　昔加末　麻河　巴莪　麻坡　亚依淡　峇株巴辖　新加兰　马弄港　巴罗　永平　居銮　士年纳　文律　巴力新邦　古来　沙威　泗隆　新山　新加坡　巴西古当　哥打丁宜　芦骨　乌鲁地南　三板头　丰盛港　柔佛

· 二十三碑
· 二十四碑
· 五百吉芭场

蔡　浅　听到车声就躲到山芭

生于1930年的蔡浅和父母、弟弟、妹妹住在沙威（Kelapa Sawit）的五百吉芭场。一家靠种番薯、木薯、木瓜和养猪为生。日据时期，正处青春年华的蔡浅听说日军抓女孩去强奸，所以只要听到远处传来车声，她就会和其他女子一起躲到1英里外的山芭，等到日军离开后才回家。

日据时期，五百吉比其他地方平静，很少发生日军烧杀掳掠之事。不过，生活依然困苦，当地居民辟地烧芭，种植谷粮。

日本投降前，村里有一种"山雨欲来风满楼"的氛围，

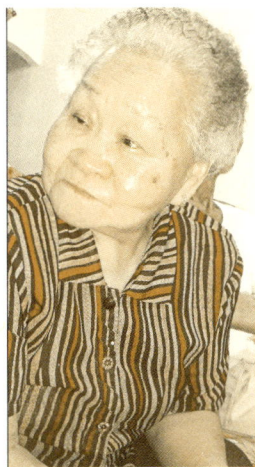

蔡　浅

村民怕日军烧屋杀人，全躲进一位曾姓人士的大屋里度过一天一夜，而这可算是蔡浅当时所遇过的印象最深刻的事。数年后，她方知悉妹妹的家公当时因被怀疑是抗日军而被带到养猪场杀害。

何 东　清明时节杀机频起

何 东

何东1929年在泗隆（Seelong）出生。当年的泗隆分为上下两区，主要生产黄梨和橡胶。何东一家六口就住在上、下泗隆交界处的橡胶园里。

连接着上、下泗隆的路段有许多载着黄梨和橡胶的卡车往返，这两段路各由一人看管，经过的车子皆须缴路费，收入归看守人所有，其中一部分会用来修路、筑路。日军占领期间，道路上车辆绝迹，这两段曾经交通相当繁忙的道路也渐渐隐没于茅草之中。

1941年末，何东见到几个日本士兵骑着脚踏车从他家门前经过。后来，日军脚踏车队不时在该地出没，三三两两分布在山头，似乎欲用人声营造满山都是日军的感觉，日军就是以这种心理战术制造恐慌。

不久，英、日两军在泗隆（就在现在的泗隆新村入口处）交火。红毛兵与雇佣兵①不敌日军，落荒而逃，留下满地枪炮与军需用品。父亲不准何东去碰这些东西，可是一些大胆的村民却把有用的物品如饭盒、水瓶等捡回家去。

日军初入境时，泗隆村人合力在三英里外的地方建了几间长屋，并在屋旁挖了防空壕，以备不时之需。然而，这些长屋始终不曾有人搬进去住。

第二年，何东与母亲及兄弟到雪兰莪州的煤炭山（Batu Arang）投靠亲戚，并在那里打工赚钱。他清楚记得，在1943年清明节的前一天，他们从吉隆坡搭火车到士乃

① 红毛兵为洋人士兵；而雇佣兵是指19世纪初受聘于英国东印度公司的廓尔喀人，被征召加入英军，是英军的一支常备部队。

（Senai），然后步行回泗隆。

回家路上，他们连一个人影也没看见，不久后才听说所有居民都已被日军抓去，而他们也同样被日军带走。大家被赶到一排旧店屋前面，在"高佬"①的公司空地上集合，一直到下午时分才获准回家。可是，大家始终搞不清楚日军为何要这么做，不过，也有可能是因为何东当时年纪太小，已记不清细节。

何东从一些逃难到泗隆买粮食的村民口中得知，同一天晚上，距离泗隆约两英里的德茂园，发生民房被烧、居民被杀的惨案。当地原住有一两百人，加上到那里避难的数百人，难以确定蒙难者的实际人数。隔天有三十余人从德茂园逃出来。

另有十多个泗隆人后来在家中被日军带走，从此下落不明，大家都推断他们已遭到不测。

泗隆的西南方有一个叫"三百三吉"（有三百三英亩）的芭地，周围都挖了小沟（当地人称"围山水"）。德茂园屠杀案发生几天之后，又有三四个人被日军带到何东家附近的沟边，被活生生打死。何东说，难以形容那些受害者的叫声，但当时还是个孩子的他，听起来只觉得非常凄惨。那些人被打死后，就被弃尸该处，他们的家人闻讯后赶过来收尸。

日据时期，也有不少人从新加坡、新山逃到距离何东家约三英里的集美学校（现已成种植园）附近一个称为"老园"（客语译音）的橡胶园避难。然而，该地发生了一场瘟疫，陆续有人死亡，害怕被传染的难民纷纷搬离该地。当时的传闻说，病患死前没有任何征兆，上午还好好的一个人，下午就突然死了。在这场瘟疫中，共有数十人病死，而后被葬在集美学校附近。

---

① 高佬是一个海南人，由于个子高大，大家都叫他高佬而忘记他的真名。

叶清泉

叶清泉　德茂园大屠杀

叶清泉 1933 年出生在雪兰莪州的沙登村（Serdang）。日军投降后不久，他们举家迁到泗隆，至今已六十多年。叶清泉曾任泗隆村长及地方议会主席，因此非常熟悉泗隆的历史。他从老前辈的口中得知日军在德茂园大屠杀的经过。

1942 年清明节当天，日军进入泗隆，把附近的两三百名居民全抓到橡胶园（即现在的泗隆华小前面）去，准备大开杀戒。事因日本军队几天前从士乃去泗隆的途中，有一两位日本兵被抗日军杀死。所幸泗隆有一位曾姓华人暗探告诉日军这里的居民全是良民，没有抗日分子，日军听信他的话，释放了所有人，泗隆的居民才得以保住性命，逃过死劫。

一两天后，日军从泗隆转到约两英里外的德茂园（现称罗斯谷园），展开一场惨绝人寰的大屠杀。

德茂园园主黄德茂当年在园中盖了一所大宅，日军侵占马来亚后，黄德茂一家到别处避难，空置的大屋顿时成了来自四面八方的难民的暂栖之所。这些原本为了逃难才来到这里的人们，始终逃不过命运，仍成为日军屠杀的对象。日军一个晚上杀了两百多人。据说，只有一个 3 岁的小孩逃出来，后来却下落不明。不久以后，泗隆附近的人前来收尸，把骨骸埋在大屋前面或芭园附近，德茂园仿如一个乱葬岗。

德茂园公司办公楼

刘华光   血就像水一样流了出来

刘华光于 1930 年出生。日军侵占马来亚时，刚上小学一年级的他上课还不到三个月，就被迫停学，跟随家人从上泗隆黄梨芭逃到山芭里避难。

他们白天住在芭里，下午才出来找木薯、番薯等食物充饥。由于山芭范围很广，日军难以搜索，因此他们一家侥幸逃过德茂园大屠杀一劫。

事发当天，刘华光的父亲听到风声，午后就带着刘华光出外探个究竟，目睹屠杀后的惨状。日军对整个橡胶园的居民施以毒手，无论老少，皆死在无情的刺刀之下。据说，约有四百人惨遭日军杀害。刘华光和父亲先后进入两间屋子，只见遍地尸首，共有十多人丧命于此。最令刘华光难忘的是，日军连小孩子也不放过。那孩子死状恐怖，背部有很深的刀痕，血就像水一样流了出来。由于当时险象环生，前去收尸的士乃华侨协会代表，只能把这些蒙难者的尸骸草草埋在大屋旁。

日军当时也实行"三光"政策①，据说下泗隆一间木板屋里有三四十人被活活烧死。有一次，刘华光也差点命丧日军枪下，幸好他当时拐了一个弯，躲进沟渠里，日军没看见他。若照原路向前走，他也许已经没命了。躲在芭里那段期间，刘华光与友人在好奇心的驱使下，常爬上橡胶树看远处日军执行灌水酷刑。

1944 年，刘父病逝，刘母带着孩子到沙威的亲戚家暂住。不久后，日军宣布投降，刘华光在街上看见他们举白旗撤离。

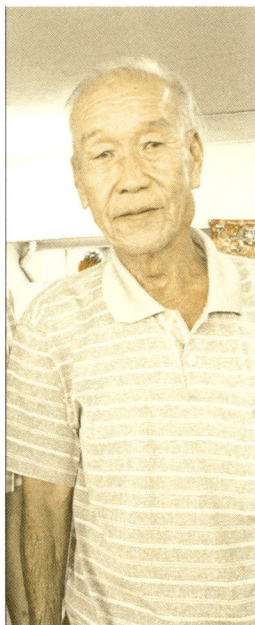

刘华光

---

① "三光"政策即抢光、烧光、杀光。

曾天传 不曾见日军踪迹

曾天传

1914 年出生的曾天传受访时已 96 岁高龄，对日据时期的记忆已模糊。他说，那段日子虽不曾见过日军身影，但还是难免忧心忡忡，害怕日军随时进芭场伤害他们。为求自保，曾天传安分守己地在自己的芭里工作，不闻不问外面的事，平安度过这段动荡岁月。尽管曾天传的芭场与德茂园仅相距 1 英里，可是他对德茂园大屠杀一无所知，也不曾耳闻。

符广安 说安民却杀不停

符广安

符广安 1930 年在柔佛州武吉巴西古当镇（Pasir Gudang）的马赛城（Kota Masai）出生。他们一家原本住在一个名为"汉阳园"的橡胶园里，后来辗转搬到 3 英里外的乌鲁地南镇（Ulu Tiram）的"万孚园"。

乌鲁地南，过去被当地华人称为"德兴港十三碑"，是个华人聚居地，约有居民一千人。万孚园则是个以生产橡胶为主的小村镇，全镇只有七八间店。

符广安的父亲当年向英殖民政府申请了万孚园中的十亩地，主要种植橡胶树以及一些黄梨。符父除了打理橡胶园之外，还在乌鲁地南街场开了间咖啡店，做点小生意。

1941 年，符父在日军入侵前两个月不幸病逝。家人已预见一家之主骤逝后的生活肯定会比较艰苦，但没想到日军竟在此时攻入马来亚，掀开历史上血腥的一页。

日军攻占乌鲁地南后，符广安一家便开始逃亡，当时有一百多人跟他们一起躲进偏僻的森林里。他们先住在张景宽橡胶园的"公司屋"，之后才逃进连接橡胶园的森林里。

符广安回想当时的情况："日军杀到这里，我们就逃到另一个地方，边逃边躲。其实，那时没有一个地方是绝对安全的。"

日军抵达时，乌鲁地南镇仿如一座空城，日本兵便开始往郊外搜索。避难者原以为日军不会进到森林来，岂料还是被两名日本兵发现了他们的行踪。日军穿着背心，身上带了把刀，在看见他们的当下并没有采取任何行动，只望了对方几眼，然后比手划脚问他们有没有食物，村民那时已没有多余食物可以分给他们，日本兵逗留一会儿便离开了。大家误以为这两名日本兵不是刻意到森林搜索，只是误打误撞碰见了。

华侨学校校长庄中波当时也在逃亡队伍中。遇见日本兵的一星期后，市区传来日军安民的消息，庄校长便安排一些年轻人回去乌鲁地南街场探听情况。结果日军非但没有安民，还把回到市区的人抓了起来，带到大沟边（现乌鲁地南新村的无名大沟，当年橡胶园主为了排水而挖掘的大沟）和警察局后面的防空壕，用铁线将五六个人绑在一起，然后一一刺杀，据知，此次约有两百人被屠杀。

屠杀消息传到橡胶园，庄校长遂召集大家讨论对策。众人认为若同时被日军发现，将会有更多的人命伤亡，于是决定分开逃难。符广安一家与亲友约10人，结成小队另觅出路。然而，前路茫茫，他们最后又回到了万孚园。

而在这次大屠杀惨案中，约有5人成功负伤逃出，其中一人是抗日筹赈会委员罗万泰的儿子罗善策。罗万泰被带到大沟边杀害，11岁的罗善策被刺了五六刀，脸、手、胸口和肚子都有刀伤，但侥幸活了下来。

除了罗万泰，乌鲁地南抗日筹赈会的其他领袖也难逃日军毒手。据悉，被杀害的领袖共4人，包括抗日筹赈会主席游登玉（海南人）、杨清泉（福建人）、王应文（中医师，海南人）和罗万泰。他们都是新民小学与中山小学[①]的董事。日军假借问话之名把游登玉、杨清泉和王应文带到新山宪兵部，结果一去不回。

半年后，待局势较为稳定，符广安一家才回到市区去。他们发现咖啡店里的东西几乎被抢光了，只剩下太重搬不动的家具。

日据时期，日军强迫橡胶园园主缴交奉纳金，像符家这样的一个小橡胶园竟也须缴纳两百多叻币。因为拿不出这笔钱来，他们的橡胶园被日军没收了。

为了尽早同化本地华人，塑造和平共荣的假象，日军叫几个年轻力壮的男丁在乌鲁地南镇的交通圈建了一个牌楼，上面写着"支持日本建设东亚共荣圈"。

[①] 为了促进团结精神，当地华人于战前将这两所小学合并成华侨小学。

牌楼下有日军站岗，南上北下经过乌鲁地南的人都看得见这个牌楼，路经的人都必须下车向哨兵行礼。

战后，人们在大沟及防空壕挖出难以计数的骨骸，后移葬至新山哥文茶（Kebun Teh），并树立殉难烈士纪念碑。

邓宏发

邓宏发　无情枪柄蹂躏父亲

邓宏发于1925年出生。20世纪40年代，他一家五口住在古来新街场，父亲邓德盛是胶工。

当时的古来镇人口众多，非常繁华热闹，有戏院、汽水厂等。1942年，日军脚踏车队初到古来，奸淫掳掠，残忍无比，令人惨不忍睹。

为了躲避日军，邓宏发与家人逃到住家后的橡胶园，只剩父亲一人在家。日本兵闯入屋里，用绳子把邓德盛绑起来，像拉狗一样把他拉出门，并把他和其他五个人一起拖到半英里外的一个地方。

日军用枪柄把邓德盛和另一个人打得半死，再踢下沟渠。满身伤痕的他们后来慢慢走回市区。其余四人被毒打了一顿后，就被拉上军车，从此音讯全无。

有一次，一个古来的奸细在打麻将时被人开枪打死。日军闻讯前来，包围了整个街场，下令所有人到巴刹集合，

柔佛
丰盛港
巴罗
三板头
居銮
哥打丁宜
沙威 芦骨
古来
文律 泗隆 乌鲁地南
巴力新邦 新山
新加坡
巴西古当

邓宏发一家人当时也在场。日本军官非常生气，用枪指着他们大骂，后来有侨领站出来向军官解释说奸细不是被村民杀害的，而是抗日军所为。日军接受他的解释，才允许村民回家。

邓父的朋友有个长得十分标致的女儿。一次，奸细带着日军搜他家时，日军见这个少女漂亮，便告诉奸细自己很喜欢她，恰巧奸细也对这个少女一见钟情。奸细私下递给少女一张字条，教她向日军推说自己已有婚约。

然而，少女的祖父不答应把孙女嫁给奸细，还说："谁若想要娶我孙女，我就一刀刺死他。"后来，日军发现奸细欺骗他，感到气愤不已，便对奸细下了毒手。

徐德成、徐竹妹 搬不完的家

徐德成（1929 年出生）、徐竹妹（1934 年出生）和家人住在距离沙令（Saleng）市区约五公里外的一个橡胶园里。一家二十几口靠割胶为生。

日军攻占新加坡前，新山各地有三百多人涌入位于沙令火车路旁、离沙令市区半英里的育德学校避难，日军后来在此大屠杀，这三百多个逃难者始终逃不出日军的魔掌。

徐德成（左）、徐竹妹

其中一个在沙令十英里外开药材店的周姓男子，倒在尸堆中装死，得以逃出生天。周姓男子一路躲避日军，却找不到其他人帮忙，辗转之下来到徐家。据他所说，蒙难者的尸体全都被推到椰树下的鱼塘里。周姓男子在徐家住了十天左右，期间他还教会徐德成制作酒饼。伤愈之后，他就离开了徐家，躲到别的地方去，而他们从此再也没见过这个人了。

当时年纪尚小的徐竹妹还记得，晚上常听见日本军机飞过的声音，家中也不敢点灯，怕成为轰炸的目标。

马来亚沦陷以后，徐家一次又一次地搬家。初时，徐父在屋后挖了两个大洞，供家人在危难中藏身。但他们始终觉得不安全，便搬到隔壁的园子——瑞林园（位

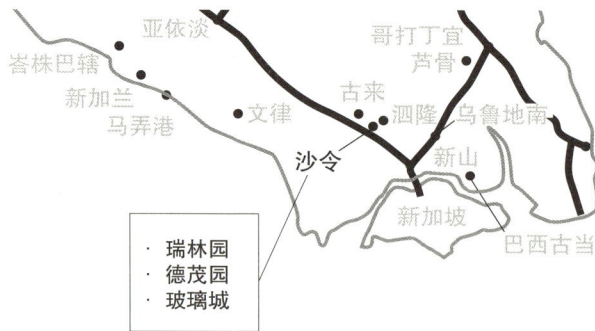

于古来十九里，Swee Lam Estate），用森林里的大叶片搭盖简陋的房子住下。后来也有不少居民搬来这里住，居民宰牛的血腥味引来了山中的老虎，经常在村民居住的周遭徘徊低吼。徐德成的伯父不放心，又搬回家去。某日，日军进入他们住的芭地，强奸了几个躲避不及的女人。在家里只住了两个星期左右，他们一家人又搬迁到离家大约七英里、更为偏僻的德茂园避难。

德茂园是赫赫有名的实业家黄德茂名下的橡胶园，日军侵占马来亚后，园主全家逃到外地，他的豪宅大屋遂成了避难者的临时住所。徐家在那里住了几个月后，因抗日军在那一带越来越活跃，只好又搬回家去。回到家中不到一两个星期，便发生了德茂园惨案。据徐德成忆述，惨案发生的一两天后，一些沙令人到德茂园收尸。徐德成还记得其中一个蒙难者名叫"石山"。

后来，徐德成举家搬到玻璃城（Poh Lee Sen），住在黄梨园里，恰巧日军又来到当地肆虐，他们匆匆逃回家，并决定放弃逃亡的念头。他们在自家门外种番薯、木薯，过着"吃不饱、饿不死"的苦日子。

日军投降前夕，由于黄梨园的居民与抗日军来往频密，日军便强迫徐家所住的那个橡胶园内的几十户人家，集体搬到疏散区，并下令所有人不准回到之前的住所。村民被强迁后，他们所种的菜和番薯无人采收，田地逐渐荒芜。由于当时粮食严重不足，约有 12 名居民偷偷回去采收蔬菜，却不幸被驻守的日军发现，通通被抓走。徐德成和徐竹妹还记得，这些人当时身穿工作长裤，头戴斗笠，光着上身被载走。据说他们被载到疏散区半英里外的一个防空壕后，被日军乱枪扫射而亡。

这一行人中只有一人逃脱。他后来阐述当时情景，原来他们都被围在铁丝网里，无路可走；而他也知道凶多吉少，只在心里默念"华光大帝保佑我"，结果竟大难不死。

林光庭 躲入深芭安度烽火岁月

林光庭住在沙令街场，战前家里经营咖啡店"悦来茶室"。日据时期，他们全家人躲到山芭里，而他也不曾遇见日军或目睹杀人事件。待局势安定后，林光庭一家才又搬回家中住。

林光庭

张 敬 学校避难遭杀害 村民无一幸存

1941 年 12 月，日军从北面攻入马来亚的消息很快传遍全国各地。当时年仅 12 岁的张敬刚念完小学三年级，学校正在放假。他在沙令市区看见一辆辆载着英军的军车驶向新山，猜想他们应该是准备撤退到新加坡。不到两个月时间，日军就占领了新山。

马来亚沦陷后，张敬当时就读的育德学校也暂时关闭。一些从新山等地逃亡而来的难民，以为学校还是比较安全的，便住进了这所空置的校舍里，约三百人。1942 年元宵节当天，张敬的父亲杀了一头猪，拿到学校去卖，张敬也跟着父亲一同出门。做完生意后，他们还去了出嫁了的姐姐家一趟，嘱她回家过年。

还没回到家门口，他们就惊闻日军黑旗队到育德学校围堵那群难民，展开血腥大屠杀。惨无人道的日军把男人全都杀光，女人则先奸后杀，之后放火烧毁校舍。张敬的家距离学校只有一英里，可以望见不远处的育德学校。隔壁家的年轻男孩事后对张敬说，当时看见火光冲天，浓浓黑烟升起。幸好张敬和父亲在日军下毒手前已离开那里，侥幸逃过一劫。

张 敬

听闻这起屠杀事件后，原本住在橡胶园一带的张家，赶紧收拾包袱，偕同邻居，日夜兼程往瑞林园后方的大山芭逃去。少女们都把长发剪短，换穿男装。住在大山芭里的日子极为艰苦，经常缺粮。住了十几二十天后，他们还是决定"听天由命"，搬回老家，以耕种和养猪糊口度日。

后来，日军发出安民告示，呼吁逃难的人民回来生活。他们还派出二十多个日本士兵成立警备队，维持地方治安并捉拿抗日军。日军也在当地开设日本普通学校，虽然规定必修日文，但学生还可上华文课，张敬也曾在那里念了半年书。

曾庆东　临投降仍逃不出日军魔爪

日据中期，日军逐渐收起屠刀，人民稍微安下心生活。但在 1945 年，日军投降前竟作最后的垂死挣扎，在沙令逮捕抗日志士，曾庆东的父亲曾石仁最终难逃日军魔掌。

曾庆东当时只有 8 岁，就在日本投降的 40 天前，日军将曾石仁从家里带走。当时，他们一家住在旺记路客家村，父亲拥有橡胶园和黄梨园，家境算是富裕。白手起家的曾石仁是筹赈会侨领，曾积极响应筹赈祖国运动，因而成了日军迫害的对象。当时有个叫杨苟叔的人听到风声，经过他家时便叫曾石仁赶快离开。尽管曾母也一直催促丈夫逃走，但他因为担心大儿子的安危（当时曾庆东的哥哥在十八里农场工作，曾被叫去替日军修补铁路），到庙里祈福而拖延了一些时间，结果被日军逮到。

父亲被带走时，曾庆东边哭边抱着父亲的脚。后来，日军又另外抓了刘玉、蔡凹等 6 位侨领，在曾庆东的大屋过夜，第二天才带到沙令大路旁的防空壕严刑拷问，最后将他们虐杀至死，就地弃尸。曾庆东的母亲听闻丈夫的死讯后，哀痛欲绝，一直叫人帮忙去取回尸体，却没人敢去领，直至日本投降后才将曾石仁的骨骸拿到新山总坟安葬。

曾庆东

曾石仁遗像

李 式 　杀人鲜血抹在少年发上

李 式

日据时期，出生于 1929 年的李式与父母住在士乃的海南港。海南港虽名为"港"，却不靠海，是一个普通农村，从黄德茂戏院后方的一条小路能通往那里。李家种植瓜果蔬菜以及养猪，一直过着自给自足的生活。

距离士乃市区约一英里的云记园，是由一个惠州人所开的橡胶园，土地面积有几百英亩。李式曾听闻当地有人被杀害。据说，事发时日军还命令一个 18 岁的少年站在一旁，每用刺刀杀一人便将血抹在少年的头发上，杀了二十几人后，少年已满身是血，日军这时才愿意放他回去。回到家中，少年把事情经过告诉家人，不久他就因惊吓过度而大病，不到三四天就死了。

平时，会说华语的日本兵会派人到村中采收村民种的菜，每星期三四趟。倘若村民好好地与日本兵商量，他便会付钱。

日军每次进村时，海南港的女人会分成三五人一组，一起躲到深山里。每一次听说日军要来的消息，她们便互相知会，一起逃走。日军曾一家家搜索女人的踪迹，看见女人衣物便问："姑娘 mana（在哪里）？"大家回话说："姑娘 takda（没有）。"日军听后并没有为难村民。

李式听说，一个日本兵到一户人家里搜查，见有秀丽女子照片，十分钟意，便令"暗牌"找到她，并把她掳走。女子的哥哥后来去寻找妹妹，结果反而被杀害。

陈燕鸣

陈燕鸣　充满血腥味的"认铺大屠杀"

陈燕鸣生于 1929 年。日军侵略马来亚那一年，他刚小学毕业。

陈燕鸣忆述，1942 年 1 月 31 日那天，英军炸毁了长堤（现新柔长堤），企图阻止日军进入新加坡。当天，陈燕鸣的父亲决定放弃油站生意，与堂兄一家由新山步行到振林山（Gelang Patah）的橡胶园避难。

但振林山是日军去往新加坡的必经之路，当地很多年轻人都被日军征用，帮忙扛炮弹进入新加坡。

陈家住在振林山没多久，因见日军时常进出该地，便举家迁到沙令。他们沿着铁路走，途中还看见坐在军车上的日本兵，最后来到沙令仅有的一排店屋，与在那里避难的数百人挤住在一起。

日本攻陷新加坡的一两天后，陈母在半夜里做了一个梦，梦见一个老人叫他们即刻离开，不能有半点拖延。陈母起床以后，便告诉陈父此事。陈父就陈母的梦境与堂兄讨论，才发现堂兄的母亲也梦见同样的事。于是，两家人急忙收拾行李，摸黑离开沙令。在没有月光的荒野中，四周一片漆黑，他们沿着铁轨，一直走到古来的中华橡胶厂。

天亮以后，他们才获悉日军在凌晨四五点包围了沙令。天一亮，女人与小孩被驱赶到学校，留在店屋里的男人则通通被杀光。日军随后还放了一把火，意图毁尸灭迹，把一切烧得一干二净。这些遇害

者的尸骨在和平之后就地埋葬。日军投降后，原位于十七英里已成废墟的沙令村，重建在两英里外的现址上。如今的沙令旧址上，仅留下当年那道火车铁栅门。

逃到古来后，陈家住在橡胶厂里，那边同样住满了人。十天后，他们又沿着大水管一路走到淡杯（Tampoi）。淡杯精神病院附近有几排英国人建的"浮脚厝"（福建话，"高脚屋"的意思），跟长屋的结构相似，每间七八尺长，陈燕鸣一家便在这里落脚。

一天早上八时，来了一辆载着日军的卡车，停在精神病院的办事处前。日军要办事处职员转告难民，若想恢复自己在新山的生意，各店铺老板必须前去认铺。尽管母亲有些担心，但父亲决定前去认铺。父亲穿着长袖衣服和长裤，衣冠整齐地随着其他商人上了军车，当时陈燕鸣站在"浮脚厝"上目送父亲。日军在车上问陈父从事哪一个行业，他答说"老师"（陈父曾在麻坡教书），结果被日军赶下车。陈父一心想回新山认铺，便趁日军不留意，让朋友把他扶上车。但是又再次被日军发现，还被日军拿枪指着，逼他回家去。一辆辆的军车开走了，只有陈父一人被留下。

军车停在当时洋人俱乐部的草场（现钟楼旁的空地）。当大家发现草场上已挖好一个个大坑时，惊觉大事不好。日军用铁丝网和绳子将他们的手捆绑起来，再用刺刀把他们刺死，推到坑里。估计有一千多人遇害，只有一两个人装死逃了出来。这就是新山市区最大的集体屠杀惨案——"认铺大屠杀"。蒙难者大部分是商人，也有部分是商人的伙计或家属，以男人居多。而这些详情都是陈燕鸣事后听回来的。

他们猜想日军是因为不满新山华人大力支持筹赈，才决定以认铺为名，将新山的商界侨领一网打尽。战后，死者亲属才去捡骨，将其安葬在哥文茶的公家。

屠杀案发生一星期后，新山市民被准许返回自己的店铺做生意。陈燕鸣回到

"二战"时期两军激烈交战

新山后，在日军设立的日本学校念书。他记得除了日文以外，其他科目都用中文教学。当时，有一个日本军官来到学校巡视，随后他把校长廖秋史叫去训话。原来这个日本军官发现有一个叫黄怡保的学生在桌面上写着"打倒日本帝国"一行字。所幸这位军官受过高等教育，比较宽容和理智，不至于大开杀戒。

苏国兴（左）、苏国基

苏国兴、苏国基

见证日军拍渡海登陆纪录片

苏国兴 1931 年在柔佛州新山市出生，是家中长子；弟弟苏国基则生于 1935 年。

1930 年，他们的父亲苏炳衡在依布拉欣路 9 号（No. 9, Jalan Ibrahim）开了新山第一间印务馆——"苏炳衡印务局"，一家人就住在店屋楼上。

苏炳衡印务局

当时的依布拉欣路是一条长街，共有 70 多间店屋，如玩具店、理发店等，当中有几间店是日本人开的。

1937 年，"卢沟桥事变"点燃了中国抗日的烽火，激起了南洋华人群起筹赈抗战的热情。那时，苏国兴和弟弟在宽柔小学上课，他还记得每间课室都有一个贴着"爱国，救国！"字样的筹款箱，同学们一来到课室便把一分钱投进罐子里。苏家两兄弟每天都有三分钱的零用钱，一分钱用来救祖国，余下的才拿去买云吞面填饱肚子。苏国基至今还收藏着一分钱的硬币以作留念，他笑着说："那个年代的一分钱是可以救国的！"

1941 年 12 月 8 日，大约晚上 11 时，新山人都听见了"砰"的一声巨响，可是大家都不知道发生了什么事。苏国基还记得母亲那时很惊讶地问："今天天气这么晴朗，怎么会有雷声？"

他们开窗一看，才发现驻守在对岸海港的英军用军用大灯往高空照射，数量不明的日军战机在新加坡上空低空盘旋，随即掀开

日军列队渡海登陆新加坡

英军高射炮和日军战斗机的火拼轰炸。

第二天，英国警察开始到依布拉欣路逮捕在这里做生意的日本人。

当时虽然还没见到日军踪影，但市民已经纷纷逃亡。大部分新山人往北逃，但也有人从柔北南下新山。苏炳衡在路上遇到逃往新山的难民，跟他说日军在古来杀了很多人，劝他不要逃去那里。当时，谁也不知道哪里才是安全的避风港，只能毫无目的地乱逃，但求避开日军。

苏家先逃到士古来（Skudai）的橡胶园躲了几天，之后听说日军在附近杀人，便逃得更远，到了士乃后再往古来的方向去。抵达后，他们全家人住在父亲朋友的黄梨园里，靠近大森林。这个居住地点利于藏身，他们白天躲在森林里，晚上回到黄梨园过夜，若有任何风吹草动，便可以立刻躲进森林里。

日军占领新加坡后，新山市区一片死寂，杳无人烟。日军定下召集"认铺"的日期、时间、集合地点，让奸细四处发布消息，要匿藏在各处的铺主出面"认铺"。

"认铺"那天，苏炳衡因有事耽误而迟到，当他来到集合地点时，运载铺主的军用卡车已经开走。也因为这样，苏炳衡侥幸躲过一劫。铺主们被日军载往屠杀地点杀害，日军随后将尸体推入事先已挖掘好的大洞里。

"认铺大屠杀"后，新山逐渐恢复平静，人们陆续回到新山市区生活。苏家回到依布拉欣路时，发现从1号铺至10号铺包括9号的苏炳衡印务局，均被飞弹击中，全数烧毁。

英军在撤离新山时炸毁了新山与新加坡唯一的通道。日军赶紧抢修吊桥，并派兵划船渡海登陆新加坡。日军在第一次渡海的晚上宣布戒严，新山市民也都不

战后重新创办于丁加奴街3~5号的苏炳衡印务局，后拆除改建为和昌大厦

苏国基示范以前的印刷技术

敢踏出家门半步。他们后来听说，日军晚上渡海时，遭到驻守新加坡的英军袭击。英军点燃两个灌满油的油桶，滚向海岸边的红树林，烧死了很多准备登陆的日军。

渡海的第二天，来了一支日本摄制队，要将军队渡海登陆的一幕拍成纪录片。因之前是在夜晚渡海，无法拍摄，所以需补拍。日军再次下令戒严，然后模拟前天晚上划船渡海的情形供拍摄。

苏家住处的角度刚好看得见对岸的军港，苏家兄弟觉得很有趣，便从门缝处偷看日军拍摄，成了这段历史的见证人。

日军投降前，他们常常看见联军战机轰炸日军。每当战机飞抵，警报响起时，大家就急忙躲进防空壕里，以免遭受池鱼之殃。苏家两兄弟还记得装有四个螺旋桨的战机是B29型号的军用战机。

1945年8月15日，一架战机在新山上空飞过，丢下宣布日军投降的传单。这段延续了三年零八个月的血腥岁月，在人们的欢呼声中终于宣告结束。

苏父后来在新山丁加奴街3~5号（现在的和昌大厦地点）租了一间店，重开苏炳衡印务馆。后来，苏炳衡印务馆迁至黄亚福街（Jalan Wong Ah Fook），一直营业到今天。

李惜芳　假借修桥名目残杀男丁

李惜芳

李惜芳1931年在新山出生。日军入侵马来亚之前，她一家九口住在坡底（新山近海处）。李父从事运输业，拥有一间车房和四辆罗里。而车房楼上就是他们的住所。

1942年初，传来日军轰炸新加坡的消息，许多居民觉得坡底不安全，纷纷逃往一个马来村——甘榜芦骨（Kampung Lukut）避难。李惜芳的父亲和几个朋友在那里合租了一间马来人的房子住下，一个月后，日军呼吁躲在郊外的人们返回市区生活。

由于李家有罗里,因此他们比其他逃难者更快离开甘榜芦骨。李惜芳说:"我们走的时候,那里还住着很多逃难的人。"

父亲原本打算返回坡底的住处,当时坡底的两排店屋已被烧了一排,李父的车房虽没遭殃,但是坡底已成空城,不宜居住,李家于是搬到哥打丁宜(Kota Tinggi)街场龙望路(Jalan Lombong)的其中一间店屋居住。该店屋是李父运输公司的其中一个股东所拥有的,共住了二三十个相熟的亲友。

李惜芳第一次在街场看见日军是在 1942 年农历正月初十(阳历 2 月 24 日)。几个日本兵拿着竹竿追着鸡跑,并当场把鸡杀死。

隔天中午,街场来了几个日本兵,手握刺刀,挨家挨户吆喝,要每一家的男丁都出来。日军说他们需要男丁维修英军撤退前炸毁的桥。所有男丁都不敢反抗,乖乖跟着他们走。

李父在日本兵来找人时,正好在楼上,因此没被带走。但是同住一间店屋的亲友之中,至少有 5 人被带走,其中一个是李惜芳的伯父。

当天下午 4 时左右,李惜芳看见一个身形矮小、约莫 13 岁的小男孩跑了回来。他告诉大家,被日军带走的大人全都被杀了。听到这个噩耗,大家难掩悲伤,不过还是第一时间赶紧躲到橡胶园里,担心日军随时回到街场斩草除根。

李父带着家人逃到 2 英里外的苏庆龙园避难。他们抄小路走了大约半小时,才抵达橡胶园的"公司屋"(胶工宿舍)。

其实日军找人时的"要男人帮忙修桥"的说辞是骗人的。这一百多位男丁被带到培华学校后面的甘榜吉兰丹(Kampung Kelantan)。日军命令他们挖掘水沟,待挖好后,日军便反绑他们的手,再用刺刀将他们刺死,随后一脚把血淋淋的尸身踢进水沟里,砍了些椰树的叶子盖在尸体上面。蒙难者当中,除了龙望路店屋的那群人,还有一些是日军从坡底抓来的华人。

李惜芳有三位亲友负伤,都从死人堆中逃了出来,他们是表叔陈诘发、陈诘炎及表叔的表弟。

他们三人在一位熟人的帮助下,来到"公司屋"投靠李家。李惜芳亲眼目睹亲人的身体满是刺刀刺过的痕迹,鲜血淋漓。由于家里没有治疗刀伤的药,家人只好到芭里找些草药,用口嚼碎后敷在他们的伤口上。三人的双手也留下被捆绑的明显伤痕。

李家在苏庆龙园住了九天,白天都躲在森林里,晚上才回到"公司屋"睡觉。因为父亲认识橡胶园园主,所以可以从他那里取得一些食物供家人充饥。不

柔佛
金马士
昔加末
麻河
巴罗
丰盛港
三板头
巴莪
永平
居銮
麻坡
亚依淡
峇株巴辖
哥打丁宜
新加兰
文律
古来
泗隆 乌鲁地南
马弄港
淡杯
新山
新加坡
巴西古当

- 坡底
- 甘榜芦骨
- 苏庆龙园
- 甘榜吉兰丹
- 哥打河

过，他们还是觉得住在那里不太安全，于是决定搭小舢舨往顶港（哥打河的上游）去。李惜芳还记得，他们晚上来到河边等涨潮，大概午夜12时河水涨高后才开船。她说："等到累了，我们就窝在没有水的沟里睡觉。"

到了顶港后，他们在另一个橡胶园的工人宿舍里住了大概一个月。尽管那里没有日军侵扰，但不少同住的亲友却因患上霍乱和肠炎而病死，包括李惜芳的二姐李雪贞（12岁）、弟弟李润才（7岁）和李良财（5岁），以及另外四个亲友。

培华学校后面曾发生屠杀案

由于当时物资缺乏，家人只好把床板钉成寿板，将逝者埋葬于哥打丁宜医院后面的公墓。

自1942年1月11日开始，日军在哥打丁宜见华人就杀。这项疯狂的举动持续了9天，在甘榜芦骨避难的人也不能幸免，同样遭到了日军的毒手。日军投降后，李惜芳搬回龙望路，她曾亲眼看见谢俊昌运输公司的工人从甘榜吉兰丹挑了一袋又一袋的白骨出来。

岑炳祥　尖刀刺进父兄身体　唯父幸存

岑炳祥1933年在哥打丁宜出生，从小住在马威路（Jalan Mawai）的"旧劏猪房"

（现 Mayres Hotel）旁。岑父在福成德火锯厂当罗里司机，负责运输木材。

当时的哥打丁宜只有两条公路，一条通往居銮街场的龙望路，另一条则通往丰盛港的马威路，当地店屋主要依着这两条路而建。

日本人很早就已在哥打丁宜活动，在海墘街（Jalan Tepi Sungai）及林亚相街（Jalan Ah Siang）各有一间日本人开的店，其中一间是日本妓院，附近的 Asahi 大橡胶园也归日本人所有。这些日本人平时以日语沟通，也不常与本地人来往。英军在撤退时本已部署要对日军反击，却不幸走漏消息，这一群在当地生活的日本人即被怀疑是通风报信的间谍。

日军登陆马来亚后，英军经常拉响警报，通知居民有空袭。因此，民众已做好心理准备，平日无事就待在家中，尽量不出门。

岑炳祥一家决定逃到岑父的老板所开的林场去避难。他们从马威路往树林走 6 英里，才抵达伐木工人居住的"公司屋"。父亲与两个哥哥因放心不下，且见日军还没来到哥打丁宜，便返回家中，以防有人来烧屋子、抢财物。

当时，岑炳祥的兄长听说英军在班兰（Pandan，旧称十碑）的米仓还有很多粮食，许多人往返两地取粮也无事。于是两个兄长想去搬粮食回家，才走了一半路程，便发现日军已大举杀到乌鲁地南十三碑。他俩匆匆回到马威路与父亲会合，打算逃回芭场。但岑父见天色已晚，叫他们待在家中过一夜，天一亮才动身，谁知日军竟早来了一步。

当他们清晨起床时，发现已被日军包围，想逃也逃不掉了。据说这一队日军是先锋部队，军车上插着黑旗，从班兰一路杀到乌鲁地南。除了岑家，还有数十户同住一区的人家被日军重重包围，捆绑带到大沟渠旁列队。岑父排在两个儿子的后面，眼见儿子被刺而跌入沟中时，他也装作被刺，倒卧沟里。站在他身后的那人被刺后跌在他背上，因痛楚不堪而挣扎着乱动。日军见状后，再向他补上一刀，

岑炳祥

刺刀穿透那人身体，也一并刺伤了父亲。岑父静待日军走后，才慢慢爬出来，回头发现两个儿子早已气绝。他只好忍着哀痛，一路直奔"公司屋"，途中还遇到一位善心妇人为他敷刀伤药。岑母盼回了岑父，却从此与两个儿子阴阳分隔。遇难者的血染红了马威路的那条小河。

龙望路 4 英里又被称为鲁姑园（因种植 Duku① 而得名），日军把人抓来这里集体屠杀，任由遇害者曝尸荒野。由于那一年的土地"异常肥沃"，因此 Duku 大丰收，且果肉鲜甜多汁。

平静了一段时日后，另一支日军部队又来到哥打丁宜。他们安抚民众，并叫躲在深山里的居民返家。岑家的屋子已被烧毁，他们只好搬到福成德火锯厂住。火锯厂距离市区大约半英里，位于柔佛河（Sungai Johor，又称哥打河）河边上。

后来听厂里的工人说，日军曾命令工人修建英军撤退时炸毁的铁桥。桥修好后，这二三十位工人却因没及时离开而被日军拦下杀害。当时岑父已带着家人躲入山中，因此逃过一劫。

柔佛河现景

局势安定之后，火锯厂交由日本海军管理。当年的柔佛河十分宽敞，船只可通行，方便海军往来。海军很照顾火锯厂的工人，因为他们需要木材，加上火锯厂工人常帮他们锯木、劳作，所以海军会定时派米给工人

---

① Duku是一种热带水果。

作为酬劳。

从火锯厂通往市区必须经过一座木桥，当时的警察局（现已废置）就设于木桥旁。有一队日军在警察局驻守，另有一日本兵在木桥上站岗，凡过桥者都要向日本兵鞠躬示好。岑炳祥听说不好好鞠躬的人会被打，所以他每次经过时总是毕恭毕敬地向日军行礼。

日军曾杀了两名抗日军，并将他们的人头放在桥头和桥尾的桥墩上示众。当时小小年纪的岑炳祥每次过桥都匆匆走过，不敢抬头看。

郑新玉　日军脚踏车队疯狂杀戮

郑新玉

出生于 1932 年的郑新玉，是个土生土长的哥打丁宜人。郑父在只有一排店的街场上经营洗衣店，主要做马来人和政府部门的生意，他们一家五口也就住在街场。

日军南侵的消息传来后，街场上已没有人开店，所有村民都躲在屋里，无人外出，门窗紧闭。店屋后面是一大片橡胶园，有好长一段时间大家只敢在较为安全的店屋后方活动，小孩结伴在屋后游戏。因此，当日军从丰盛港的方向骑着脚踏车来到哥打丁宜时，全村村民都懵然不知。

日军包围街场，绕到店屋后面见人就抓。村民惊见日军突然出现，吓得连跑带跳地冲进屋里，关上后门。当时在外头玩耍的郑新玉和弟弟，也仓皇逃进屋里，害怕得紧紧抓着母亲的衣角。他们原本已被日军盯上，因日军忙于捕捉其他人，无暇理会这两兄弟，他们才可以逃出生天。

日军逮捕了郑新玉 14 岁的大哥和约 30 个来不及跑回家的邻居。他们被绑起来拉到培华学校（位于街场 200 米外的甘榜吉兰丹）附近靠河的矮树林。郑新玉全家心急如焚，却束手无策，只能眼睁睁看着家中长子被拖向屠杀场。

下午四五点，日军展开大屠杀。培华学校附近的市议会里有一个和郑家相熟的印度工人，他在傍晚六点多前来告知郑父，说看到郑家大儿子和一群人被日军刺死。郑家

当时其实早已料到长子将遭不测，却束手无策；长子被杀之后，母亲终日以泪洗面。

日军屠杀后将尸体草草埋葬，蒙难者家属因担心惹怒日军，不敢前去收尸。一场大雨后，埋得浅的尸体曝露在外，还被野狗叼着到处跑。过了七八个月，骸骨七零八落遍布整个山头。日军吩咐华人雇几个工人来拾骨，之后用印度人的运货牛车载到市区附近埋葬。该埋葬地点现已被规划为华人义山，并给当时冤死的人建了一座"万灵墓"。

郑新玉那时站在路旁，看着五车满满的骨骸被运走。估计当时受害者多达上百人，一部分是遭集体屠杀的街场居民，另一部分则是被日军陆续杀害的橡胶园居民。由于骨骸众多，根本无法辨别出死者的确实身份。

万灵墓

当时年仅 10 岁的郑新玉和几个伙伴在好奇心的驱使下，偷偷走到宪兵部去偷看，亲眼看见了日军折磨平民的残暴手段。日军安排熟谙闽南语的士兵盘问被怀疑是抗日分子的华人。若受审者不招供就会被灌水，当水将肚皮撑得满满时，日军就用力踩压他们的肚皮。日军常施此酷刑，被捉到宪兵部的人十之八九都不能活命。

日军也曾砍下抗日军的头颅公然示众，放在当时的哥打丁宜街场，滴着血的头颅旁写着死者的姓名和罪状。

郑新玉忆述："其实被杀的人，不一定是真的抗日分子，其中不乏是被诬赖和冤枉的。"

据他所知，虽然女人都剪短发、穿男装，但还是有很多年轻女子遭日军蹂躏。受害女子遭玷污后投诉无门，只能将屈辱往肚里吞，她们当中也有一些人选择搬离伤心地。

局势较为平静后，日本人开始强制要求当地人学习日本文化。郑新玉曾到被日军占用的培华学校念了一年多的"日本书"、唱日本国歌，基本的日语发音到今天他都还记得。

不懂日语的郑父，在经过日军哨站时，仅作九十度弯腰示好。然而，日军却不满意郑父的表现，捆了他一巴掌，以示惩戒。此后，郑父再怎么不愿意也还是学会了"o ha yo"（早安）、"kon ni chi wa"（你好）。1944 年，日军发出通告，允许并鼓励村民开荒种植，土地以后将归垦荒者所有。郑父趁此机会开垦了 10

英亩农地，靠卖农产品赚钱，生活有了明显改善。

1945 年，日本投降后，村民冲到日军住所，把所有能用的东西通通带回家。郑新玉那时也去搬了两辆脚踏车、两桶豆酱及其他日用品。原本他还拿了把日本刺刀，但在途中被抗日军没收了。

后来，英国人重返马来亚，香蕉钞作废，土地连同农作物全被英国人充公了。父亲一把火将 20 米袋的香蕉钞化为灰烬，然而这三年零八个月的苦难以及丧子之痛，永远都无法泯灭。

杨永业　围剿文丁芭场大屠杀

杨永业 1926 年在森美兰州的小镇文丁（Mantin）出生。父亲在他小时候就去世了，一家四口靠母亲割胶维持生计。身为家中长子的杨永业，在八岁那年就须随母亲到橡胶园帮忙。

马来亚沦陷前，杨永业一家住在文丁街场附近，那时的街场仅有两排店。日军入侵的消息传到文丁后，村民分成三批，逃往两三英里外不同方向的山芭避难，盖建茅草屋充当临时居所。

日本军队来到文丁两三天后就开始大屠杀。杨永业后来听说其中一批村民的藏匿地点遭日军围剿，死了两三百人。这些被杀的村民多数是在街场经营生意，结伴一起逃亡的小商人。听到这骇人的消息，大家都害怕得躲在茅屋里不敢外出，生怕日军找到他们的避难所。

杨永业

据杨永业所知，惨遭血洗的芭场，几乎无人幸存，只有一名三十多岁的乡民成功逃出，那时他身上被砍了 7 刀，一息尚存。

杨永业一家在芭里住了一个月左右，就搬回街场附近的老家。日军那时候开始安民，要求每户人家缴交奉纳金。杨家缴不出钱，唯有把家里值钱的东西悉数交出。凡交奉纳金的村民都会领到一面日本旗，只要将旗帜贴在家门口，就可以避免日军登门为难。

而那些交不出任何值钱东西的家庭，却经常受到日军骚扰，不过手段还不至于太过强硬。另外，日军规定市民必须申请一张工作证，才可以恢复工作。

搬回老家后，杨母在住家附近耕种，而 15 岁的杨永业和 12 岁的弟弟则到锡厂工作。该厂在战前原是橡胶和椰油加工厂，属于林姓老板所有，后来被日军占据，并改为锡厂。

杨家两兄弟每天工钱四毛半，每个星期可获得一条面包，工作满一个月就有六斤米，因此他们家生活还算稳定。现在，杨永业定居柔佛州，过着平静的生活。

丘家营

血流帝问港　尸体堆满湖中

帝问港①，一个已在历史洪流中消失的繁华小镇，却还活在老一辈人的记忆中。

当年的帝问港，分为老港和新港。生于 1930 年的丘家营，小时候就住在老港街场，家里的大人都在附近的南洋橡胶园工作。此橡胶园在战前由日本人经营。

1941 年年杪，马来半岛传来日军入侵的消息，各处人心惶惶。帝问老港的居民也意识到战火迟早会蔓延到此，于是纷纷在住家附近挖掘防空壕，以备日军战机空投炸弹时有处可藏。

不久，日军铁蹄还是踏进了帝问这个原本淳朴的乡村，残酷地在当地居民的生命中烙下血红的印迹。

日军抵达一两天后就开始举起血刃，大开杀戒。日军把抓到的人都带到街场上的培养小学，当晚就杀了二十多人，其中包括曾教过丘家营华文、来自中国的邓老师。

丘家营全家和三叔一家共十多口人一早就已躲入芭里，因而没被带往培养小学。然而，他的三叔终究难逃一劫，因为当时走得太匆忙，什么东西都没带，三叔为了安抚哭闹的小孩而返回家中拿食物，结果被到家搜查的日军发现，从此一去不回；另外两个邻居也在冒险返家的途中赔上性

丘家营

① 帝问港，又称池文港，坐落在现在的班卒村（Kampung Panchor）附近，紧急法令时期后即荒废，现已改为一个鱼塘。

命。他们三人被杀后，被弃尸防空壕里。原为救命而挖掘的防空壕，最后成了三叔和邻居的长眠之处。

第二天，日军开始到原属于英殖民政府的新芭和七芭搜查。这两个毗邻的橡胶园，由于靠近大森林，因此被日军视为抗日军出没的黑区，促使日军对这两个芭场采取更残暴的对付手段。

村民万万没想到日军突然闯进橡胶园，他们来不及躲进深芭便惨遭屠杀。日军持刀带枪，杀人放火，新芭和七芭的两三百个居民无一幸免，据说只有少数人成功逃脱。丘家营有几个住在当地的亲戚也遇难身亡。

丘家营的姐夫姓陈，自小住在新芭。大屠杀当天，他的父母到离家两英里外的地方工作，傍晚七点多在回家路上遇到日军拦路，结果再也回不了家。他带着四个弟弟妹妹逃到深芭里，得以保住性命，而当时已八十多岁的婆婆跑不动，最终卧尸家中。

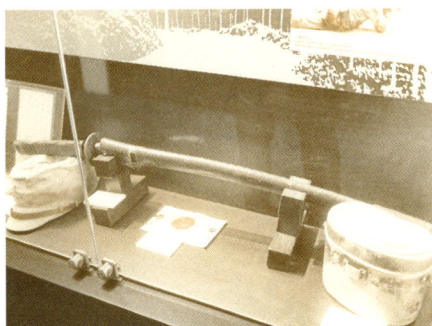

日军刺刀

所有尸体都被日军丢进一个个山猪湖里。山猪湖深十余尺，原是用以捕捉山猪所设的陷阱，一个山猪湖可装下十多具尸体。后来，蒙难者的亲属重回新芭和七芭，发现所有的屋子都被烧成灰烬，而山猪湖满布血肉模糊、不成人形的尸体。血淋淋的画面让人看后心惊胆战，亲属也无法好好安葬他们。

丘家营和家人躲了一个星期后，听闻日军安民的消息，才从芭里出来，回到家中。那时，日军驻扎在帝问老港街场，其他逃难者纷纷返回家园，开始过新生活。怎知过了几天，日军再度包围街场，将居民赶往培养小学集合。

日军通过翻译对居民训话，警告大家不要资助抗日军。不仅如此，日军还安排战前经营南洋橡胶园的日籍经理当场认人。丘父有两个在南洋橡胶园一起工作的同事，一个姓张，一个姓钟，都曾参与筹赈活动。日籍经理指证他们，日军将张家六口人及钟家五口人全部带走，他们自此一去不返。

此外，当时还有好几个南洋橡胶园的工人也被带走，他们并非筹赈成员，而是在工作期间得罪了日本人，因此遭到报复。

在这之后，虽然仍不时听到日军杀害疑似抗日军的人，但生活还算平静，丘家营还到日本人经营的炭窑株合公司工作。据他所说，距离老港六英里的帝问新港也有日军杀人，只是不太清楚实际情况。

邓洪顺

邓洪顺 那些人被点名后一去不返

生于 1916 年的邓洪顺是广东新会人。15 岁那年，他跟叔叔一起下南洋，在东甲（Tangkak）落脚。他们在杂货店工作，早出晚归，一天的工资只有一角钱。不久后，邓洪顺的兄弟也来到马来亚谋生。

勤奋工作的邓洪顺存到了一些钱，便与杂货店老板在距离东甲七英里的砂益（Sagil）合资买橡胶园。当时还没过农历新年，可是他们听说日军已快侵入。为了避难，邓洪顺和老板及家人一起逃到大森林附近的橡胶园里。过完年后，粮食吃完了，他们回去杂货店，才发现货物都已被搬空，什么也不剩。

一天清晨 7 点，日军逐家拍门，把所有人都叫到草场去。当时街场共有十几间店，有数十人在那里集合列队，不久即有奸细出来指认，被点名的有七八人。日军当场并没有对他们动粗，只是将他们直接带上军车载走，而这些人从此音讯全无。

事发三天后，邓洪顺骑脚踏车经过东甲离砂益一英里半的斜坡时，闻到了尸臭味，才发现被带走的那几个人就被弃尸在该地。在遇难者中，有一些是邓洪顺不认识的外埠人。

江怀民

江怀民 拉美士路大屠杀

日军大举侵略柔佛时，年仅 9 岁的江怀民正在念小学一年级。江父的橡胶园坐落在永平巴罗路（Jalan Paloh）一英里半，不过当地没有学校，所以他只好寄住在叔叔家中，到市区的小学求学。叔叔的住家离市区比较远，附近都是茅草芭，处于森林边缘；叔叔则在大森林里的炭窑厂工作，他曾说只要再往森林里面走一百码便能看见老虎。

一天，江怀民的叔叔与长工到镇上赌博，一听"黑旗军来了"，便作鸟兽散。叔叔的脚踏车不见了，只好抄近路走路回家。日军开着挂上黑旗的军车沿途抓人，骑着脚踏车回家的长工在半途即被拦截；叔叔走的是山芭路，逃过一劫。最后约有 280 人被带到茅草芭和橡胶园的交界处，惨遭杀害。

据说，当时有两名英军从马口港到永平老街场时被日军抓住，随后日军开始到马口港实地侦查情况。头两次侦查，他们都没有采取任何行动，村民随之开始松懈下来。未料到日军第三次进来，把所有村民带到拉美士路（Jalan Labis）四英里半集体屠杀。

当时，橡胶园里有一间"红毛屋"（双层独立式洋房），住着一户庄姓福建泉州人。日军屠杀时，把庄家人全绑在一起，后头还有几百人跪着等死。日军挥刀刺死所有人。日军离开后，庄太太和二儿子、小儿子以及其他一些人没被刺中要害，大呼救命，他们的求救声传入本已走远的日军耳中，日军回头对他们补了几刀。

日军真正撤走后，两个儿子抬着伤势严重的庄太太逃离现场，可是庄太太与小儿子因失血过多而死在半途中，只有二儿子保住性命。他后来逃到同姓的远亲家，遇见逃过劫难的妻子与孩子。而江怀民一家人则逃入炭窑附近的大森林，后来才搬回家中。

在这起屠杀事件中，只有这位姓庄的二儿子和另一位姓张的村民存活下来。庄家二儿子慢慢康复。当时学校停课，江怀民搬回家里住，他每天早上都会到隔壁家，看庄家二儿子的妻子为他上药。当时药物极为缺乏，她仅能用黄药水为他清洗伤口。江怀民细数过他身上疤痕，共有 17 条大大小小的刀痕，每一条长约 5 厘米，背后还有一个用皮鞋踹伤的明显伤痕。

庄家二儿子在日军屠刀下逃过一死，但后来却在英国重返马来亚统治时期被警察开枪打死。

张姓男子后来不知何故上吊自杀了。

金马士
昔加末
麻河
巴莪
麻坡
巴罗
柔佛
丰盛港
三板头
永平
居銮
哥打丁宜
亚依淡
峇株巴辖
新加兰
文律
古来
泗隆
乌鲁地南
马弄港
淡杯
新山
新加坡
巴西古当

· 永平巴罗路
· 拉美士路

张景章

张景章 筹赈会主席拒供名单遭枪毙

张景章于 1927 年在峇株巴辖出生，是家里的老大，另有两个弟弟、三个妹妹。父亲张怡柱从事橡胶生意，他到橡胶园收购橡胶之后，载到巴力拉惹转售给橡胶厂。

张景章一家和亲戚住在巴力拉惹对面港一个叫双溪妙（Sungai Biau）的小村。双溪妙离巴力拉惹约六英里，仅有约二十户人家，其中，华人、马来人各占一半。

1941 年尾传来日军入侵马来亚的消息，居民都恐慌不安，掀起粮食抢购热潮，导致许多人买不到米。所幸双溪妙两英里外的双溪蓝布（Sungai Rambut）有二十英亩的空心菜田，大家就靠那一田空心菜度过日据初期的艰难时刻。

双溪妙的芭里经常藏有抗日军，他们会向居民讨取粮食，华人通常都会伸出援手，但马来人却不然。他们一看到抗日军，便会立即通知驻扎在巴力拉惹的日军。日军会立刻赶过来搜查。

1942 年初，日军召集峇株巴辖二十多位中华商会领袖开会。可是，侨领却被日军骗到峇株巴辖的山脚，一一被机关枪射毙，卧尸在事前挖好的坑里。这起屠杀事件中只有一个潮州人幸存下来。日军投降后，他带领大家找到侨领的葬身之地，挖出骨骸并合葬在亚依淡的公墓。

双溪妙的马来区长是张景章的邻居，他的女婿贝育（Beyok）是个非常随和的人。一直以来，各族都和平共处，相安无事。直到 1943 年，贝育不知何故遭到抗日军杀害。

这起事件惹怒了马来区长，他跑到巴力拉惹向日军投报，并带来了一队日军搜捕凶手。当天早上十点左右，日军除了搜捕凶手以外，还将双溪妙和双溪蓝布附近两百多个居民全都抓到巴力拉惹中华公会后面的空地上集合。张景章和妈妈、妹妹三人也被抓去。

就在此时，日军突然把巴力拉惹中华公会的筹赈会主席——一名叶姓中医师带到现场。大家都很惊讶，以为他之前已就义。日军将他绑在一棵橡胶树上，在两百多人面前对他严刑逼供，还使出灌水压肚等残忍手段，要他供出其他筹赈会委员的名字。

叶医师宁死不屈，始终没有供出昔日战友。他后来遭日军连开三枪，魂断枪口下。大约下午四时，日军长官向百姓训话，要他们引以为鉴，不要背叛大日本帝国，否则就会步叶医师后尘。训话完毕之后，日军长官随即解散集合的人群。

张景章还记得，有几个被带往集中地点的人，在当时的华人地方领袖曾伯源的担保下获释。曾伯源是中华公会筹赈会委员，也是光南学校董事长，但他在日据时期向日军靠拢，帮日军做事，因而深得日军信任。

原本大家以为日军在当天的肃清行动中只杀了一人，但回到双溪妙后，住在张景章家附近的光南学校校长陈阴治在路边发现其丈夫的尸体。没有人知道他因何故被日军杀害。

冯仁侯　父被冤枉遭虐致死

冯仁侯生于 1926 年，家中除了父母，还有一兄一妹，全家住在南亚港（Teluk Sengat）。大伯父、伯母也和他们一起住。南亚港位于柔佛河口，由水路通往新加坡并不远。冯父拥有一艘小电船（马达快艇），平时载送村民往返南亚港和新加坡樟宜，以此为生。

1942 年日军轰炸新加坡时，16 岁的冯仁侯正在新加坡念书。日军投下第一颗炸弹之后，冯仁侯便在父母的催促下，回到了家乡。

英军在马来亚沦陷前就已撤走，或许是因为走得太急，不少枪械随意弃置。有人趁乱捡起这些武器，打家劫舍，

冯仁侯

219

抢百姓的钱财、粮食、烟草等，使得原本已动荡不安的局势更为混乱。

有一天，一批三十多人的匪徒来到南亚港，专抢钱和鸦片，甚至还嫌南亚港人太穷而对他们拳打脚踢。冯父本来还算是个有钱人，但因平时赌博输了很多钱，加上战乱时几乎倾尽家产来屯粮，手上现款已被用尽。冯父被劫时因交不出钱财，贼匪就用刀背把他的背部劈得一片青紫，最后在村民的解围下，贼人才住手。临离开南亚港前，贼人还把抢来的米粮洒落一地，只允许老人捡起。

同一天下午，日籍经理到南亚港附近的橡胶园巡视时，不巧被这伙匪徒打死了。得知此消息后，村民非常惊慌，不是因为自己的家财被劫，而是担心日军会来算账，于是纷纷逃走。冯仁侯与哥哥收拾了简单的行李，分别逃到丹戎美（Tanjung Buai）和新山班兰（Pandan）。家中剩下年迈的长辈与年纪尚幼的妹妹，他们无力逃跑，只能留在村内，听天由命。

当晚，日军果然闻讯赶至南亚港调查。所幸村里的马来人向日军解释，说明匪徒并非来自本村，日军才放过他们，转而将矛头指向邻村人，大开杀戒。

冯仁侯一路划了几个小时的舢舨才抵达丹戎美。他在舢舨上过了一夜，然后停靠在河边，徒步走到新打山（Sungai Papan），抵达时已是下午3时，却没料到日军也来到新打山。全村人被日军赶到村口的一块空地上集合，没有人敢躲在家中，生怕遭对付。手持机关枪的日军包围整个村子，一名日军长官叫村民不需害怕，因为他们只是想让村民知道日军的厉害。

冯仁侯和几个相识的朋友站在一起，他们心里盘算着：若日军开枪，他们将不顾一切拔腿就跑，若逃跑时被打中，也就只好认命，如没被打中或许还能逃过一劫。军官在众人面前拔枪出来，对准一大塑胶桶开枪，轰出了一个大洞。在日军耀武扬威之后，村民才被允许回家。

冯仁侯觉得待在新打山同样不安全，便打算回丹戎美取回小船。当天傍晚，还没到丹戎美，他就看到滚滚浓烟、火光满天。丹戎美全村八十几人惨被日军杀害，仅有一个叫阿成的海南人逃出生天。冯仁侯遇到阿成时，见他手上还有被捆绑过的痕迹。阿成告诉冯仁侯，日军用铁线及绳子将村民的手绑起来，再以机关枪扫射。当时阿成站在河岸附近，趁乱挣脱绳子跳入河中，才保住一命。冯仁侯的舢舨也遭殃了，被大火烧出一个大洞，所以他只好另想办法回家。

一天夜晚，大约凌晨 3 时，冯仁侯一家被敲门声惊醒，日军叫他们到屋外列队。当晚没有月光，隐约可见除了日军以外，还有一个戴着面具的男人。该蒙面人指着冯父，日军便立即将冯父带走，其余的人则被赶回屋里。

隔天中午，冯仁侯与一众同乡到橡胶园找父亲，但直到下午五六点，仍找不到。正要放弃之际，他突然听到远处传来极不寻常的鸟叫声，循声走到那里，惊见父亲躺在地上，枝叶覆身，人已断气。冯仁侯还记得，父亲当时脸朝下，双手反绑，衣服被扯破，满身都是血。冯仁侯他们找不到木板，就只好用树干系着父亲的四肢，抬回家去。

父亲的死状深深地烙印在冯仁侯的脑海里。当他娓娓道出当时收尸的情况时，想到可怜无辜的父亲遭到如此残暴对待，禁不住嚎啕痛哭起来。他亲自为父亲净身时，看见父亲身上共有 23 道刀伤。在那个兵荒马乱的年代，他们也只能草草安葬父亲。

后来冯仁侯才知悉父亲是被奸细所害。那个奸细常与冯父一起赌博，也不知冯父如何得罪了奸细，竟被他诬告为抗日分子，而且还被冤枉私藏枪械。父亲一直以来都只是在海边活动，甚少进入橡胶园，更不可能藏械，根本不会是奸细口中"在树林活动的抗日分子"。

事后，家人担心日军会再回来，便让冯仁侯离家到对岸的南投港躲避。那里人烟稀少，冯仁侯自己盖了间小屋住，只有一个樵夫住在附近。冯仁侯以种植木薯和番薯为生，若有多余的木薯就拿去换盐。

　　过了一段日子，冯仁侯见情势日渐稳定，便搬回家中。然而，日军又再找上门，说要审问"抗日军的儿子"，将冯仁侯捉到柔佛河边上的班卒兵营去。来到班卒码头时，他看见一个之前被抓去审问的南亚港人被打得眼肿脸肿。那人见到冯仁侯时只是摇头，匆匆说了句"抓到了就惨了"，又被日军带走了。后来听说这个同村人不久后就被虐待致死。冯仁侯被带到兵营，还未被正式审问，就已获释。原来，相熟的马来自卫团团长阿末帮他说情，告诉日军，冯仁侯头脑有问题，问什么都是白问，所以日军才会放过冯仁侯一马。

　　满脸沧桑的冯仁侯以平淡的语气说："我能活到今时今日，已是最大的福报，其他一切都已过去了。"